リーン顧客開発

「売れないリスク」を極小化する技術

シンディ・アルバレス　著
堤　孝志
飯野 将人　監訳
児島 修　訳
エリック・リース　シリーズエディタ

本書で使用するシステム名、製品名は、それぞれ各社の商標、または登録商標です。
なお、本文中では™、®、©マークは省略しています。

Lean Customer Development
Building Products Your Customers Will Buy

Cindy Alvarez

Beijing · Cambridge · Farnham · Köln · Sebastopol · Tokyo

© 2015 O'Reilly Japan, Inc. Authorized Japanese translation of the English edition of "Lean Customer Development". © 2014 Cindy Alvarez. This translation is published and sold by permission of O'Reilly Media, Inc., the owner of all rights to publish and sell the same.

本書は、株式会社オライリー・ジャパンがO'Reilly Media, Inc.との許諾に基づき翻訳したものです。日本語版についての権利は、株式会社オライリー・ジャパンが保有します。

日本語版の内容について、株式会社オライリー・ジャパンは最大限の努力をもって正確を期していますが、本書の内容に基づく運用結果について責任を負いかねますので、ご了承ください。

本書への推薦の言葉

シンディは、素晴らしいサービスを提供してくれました。本書『リーン顧客開発』は、顧客を明確に理解するための実践的な手法に光を当てます。「顧客が誰か」「真のニーズは何か」を理解し、明確な仮説を作ることで、製品開発担当チームは、顧客が本当に望むものを設計し、開発し、テストすることができるのです。誰も望まない製品を開発する愚を犯さず、人々の暮らしに最高の体験をもたらすことだけに集中できるのです。スタートアップと大企業のどちらにとっても、この本に書かれている顧客開発の手法は必須です。この本を強く推薦します。

　　　　　　　　　　　　　　　　　　　　ビル・スコット《Bill Scott》
　　　　　　　　　　　　　　　　　　　　PayPal UIE シニアディレクター

シンディは、顧客との継続的な対話の重要性の核心を突いてきます。この本には、顧客との会話やユーザーテスト、フィードバックセッションを最大限に活用するための実用的な手順がぎっしりと詰まっています。シンディは、ユーザーのニーズや仮説の妥当性についてのチーム内での共通理解を促進するリサーチプロセスについて、詳しく説明してくれます。この素晴らしいステップ・バイ・ステップ・ガイドを、製品開発ツールの武器の1つとして活用してください。

　　　　　　　　　　　　　　　　　　　　ジェフ・ゴーセルフ《Jeff Gothelf》
　　　　　　　　　　　　　　　　　　　　『Lean UX』共著者

いま企業は、「自社の企業文化に継続的な学習とイテレーション（反復）を取り入れること」こそが、唯一の競争優位であると気づき始めています。Microsoftを含む多くの大企業にとって、これはパートナーとして顧客と関わる方法をあらためて学び直すことを意味しています。『リーン顧客開発』は、あらゆる規模の企業が、製品開発と並行しながら顧客についての深い理解を実践していくための方法を教えてくれる本なのです。

アダム・ピゾーニ《Adam Pisoni》
Microsoft バイスプレジデント

これは大変な本です！ この本には、具体的な手順、確固とした事実、実証済みの技術が詰まっています。もう、「適切な市場に向けた適切な製品の開発」ができない理由を見つけることはできないでしょう。この本を読み終えてから、最初にわたしがしようと思ったことは、もういちどこの本を読み返すことでした。2番目にしようと思ったことは、オフィスを飛び出してスタートアップの5つのアイデアを試すことでした。これはそれほどまでに素晴らしい本です。

アリスター・クロール《Alistair Croll》
Solve for Interesting 創設者
『Lean Analytics』共著者

相手がフォーチュン100の大企業であるとき、その顧客が何を求めていて何を購入したいのかを理解することは、口で言うほど簡単ではありません。『リーン顧客開発』は、わたしたち起業家がすぐにオフィスから飛び出し、市場や想定を検証（または反証）するための実用的で実践的なガイダンスに満ちています。

ラビ・ベラーニ《Ravi Belani》
Alchemist Accelerator マネージング・ディレクター
スタンフォード大学 Fenwick & West Lecturer of Entrepreneurship

エリック・リースによるまえがき

　スティーブン・ブランクの考え方がすでに広く知れ渡ることになった今となっては、彼が『アントレプレナーの教科書』を自費出版したときに、誰もその声に耳を傾けようとしなかったことには、驚きを隠せません。わたしは幸運にも、投資家、メンター、友人として、スティーブンと共に働く機会に恵まれました。スティーブンは勇敢にも、製品開発で用いられている厳密なアプローチが、スタートアップのビジネスやマーケティングにも応用できるというアイデアを主張しましたが、それがアントレプレナーやベンチャーキャピタルに真に理解されるまでには時間がかかりました。スティーブンの主張に触発されたことは、わたしたちがスタートアップの概念をとらえなおすきっかけになりました。彼はこの理論を「顧客開発」と名づけました。

　顧客開発の考え方は、サンフランシスコのベイエリア地域を越えて広がり、いまではリーンスタートアップのムーブメントに不可欠な要素になりました。今がまさに顧客開発に注目し、現場からサクセスストーリーやヒント、トリックを集めて共有するのに最適なタイミングです。その実現にうってつけの人物がシンディ・アルバレスです。シンディは、リーンスタートアップの黎明期からエバンジェリストとして活躍し、初期段階のスタートアップからフォーチュン500の大企業（最近では、MicrosoftでのYammerのユーザーエクスペリエンス・ディレクターとして）に至る幅広い企業で経験を積んできました。新世代のアントレプレナーに向けて、顧客開発の基本を説明する本を書くのに彼女ほどふさわしい人はいません。

　「アントレプレナー」という言葉からは、自宅のガレージで新技術に取り組む若者のイメージを思い浮かべます。しかしここでわたしは、この言葉を異なる意味で使おうと思います。「スタートアップ」の中には「極端な不確実性を持った条件下において、新しい製品やサービスの開発を目指すあらゆる事業」という考え方が含まれてい

ます。そして「アントレプレナー」とは、その変革を主導する使命を帯びたすべての人々を指しているからです。ガレージで起業したばかりの人であれ、ベンチャーキャピタルからの投資を受けたスタートアップで働く人であれ、企業や非営利団体でイノベーションを推進している人であれ、すべてのアントレプレナーに共通するのは、イノベーションを原材料にして、現実世界の成功に転換するプロセスを求めているということです。

　小さな企業も大きな企業も、革新と成長をもたらしてくれそうな明快で反復的なアプローチに目を引かれがちですが、本当に実践するためには、既存の顧客や見込みの顧客と新たな方法で対話をしなければならないことに気づくはずです。スタートアップの目標は「開発すべき製品を、できる限り早く明らかにすること」です。そしてリーンスタートアップとは、アントレプレナーの成功率を向上させるためのさまざまなコツの集合です。「適切な製品を作っていることを確認するには？」「部門横断的なチームをうまく機能させるには？」「メンバーに責任を割り当てるには？」。リーンスタートアップの方法論とは、こうした問いに答えるものでもあるのです。

　顧客開発は、従来のマーケティングリサーチ手法とは異なります。顧客開発では、顧客のニーズや好みを理解し、ユーザーエクスペリエンスの内側に踏み込んで、顧客が製品やサービスを使う方法を知ることができます。さらに、科学的な実験手法を用いて、学んだことをテストすることもできます。わたしたちの目標は、単に「顧客の行動を理解すること」ではなく、「顧客の行動を変化させ持続可能なビジネスを開発する方法を学ぶこと」なのです。

　顧客開発では、スタートアップの短期間での成長の原動力を得るためにミクロのスケールでテストを数多く実行します。このことは、想像よりはるかに難しいものです。顧客開発を行なうメンバーは、学んだことを共有／統合していくために、真に部門横断的な方法で連携しなければなりません。マーケティング、エンジニアリング、オペレーション、カスタマーサービス——つまり社内の全員が、密接に協力しなければならないのです。古い意味でのマーケティングやセールスの経験がないエンジニアやサイエンティストであっても、顧客の口から直接、人々が製品について何を考えているかについての話を聞くことになるでしょう。最終製品を顧客に提示するのが当然と考えている営業チームであれば、新製品の営業の際に顧客から得るフィードバックこそが、イノベーションプロセスの中で価値があることに気づきます。カスタマーサポートは、トラブルの火消しをするだけではなく、顧客の要求を満たす大きな役割を担っていることに気づきます。

既存顧客や見込顧客と対話をする準備を済ませた後でも、リーンスタートアップの実践を始めたばかりの人は、多くの疑問を抱えていることでしょう。「完成していない製品の話に時間を費やしてくれと、どうやって相手を説得すれば良いのだろうか？」「最善の顧客から、相手にうとまれることなく価値ある情報を引き出すには？」「自分たちが正しい方向に進んでいるかどうかを、製品発売開始前にどうしたらわかるのか？」

シンディはこうした問いに答えてくれます。また、それ以上のアドバイスさえ提供してくれるでしょう。彼女は顧客の要望ではなく、現在の行動に注目することで、プロセスの探索フェイズにおいてもアントレプレナーが地に足をつけておくのに役立つ方法を示してくれるのです。「実際に行動を変えたり、お金を使ったり、新しい何かを学ぶことはコストがかかります」と彼女は力説します。「願望と意志を、区別しなければなりません。その違いを明らかにするためには、相手に対する話し方に工夫が必要です」。

つまり、探索的な顧客インタビューを有効な実験として行なうためには、柔軟な発想が必要であることを意味します。あるときシンディは大手銀行クライアントの調査のために「ファイナンス情報のセキュリティに不安を感じていますか？」という質問をします。インタビューをした10人の顧客はすべて「はい」と答えますが、そのような答えからは必要としているインサイトは得られません。そこで彼女は表現を変えて、「母親の旧姓と社会保障番号を紙に書き出してくれたら、インタビューの謝礼として50ドルを渡す」と顧客に伝えます。「男性はさっそくボールペンをつかんで、紙に書き始めました。わたしはすぐに彼に書くのを止めてもらいましたが、わたしは彼が自分の思った通りに反応したのを確認できました。セキュリティに非常に不安を覚えると言った直後、男性は50ドルを目の前にチラつかされただけで、大切な情報をわたしに渡そうとしたのです」。

リーンスタートアップの旅に出かける人へのアドバイスがあります。それは、あなたが顧客にとって何が重要かを理解しているつもりだとしたら大間違いだということです。大企業であれ、活気に満ちたスタートアップであれ、次の画期的な新製品の開発を望む企業であれ、急成長に対処する方法を学んでいるスタートアップであれ、さらにダメ押しで言うなら、開発しているのが消費者向けのアプリであれ、大規模な工業用エンジンであれ、「顧客にとって何が重要か」を理解することは常に困難なのです。

リーンスタートアップのプロセスは、わたしたちにすべての答えを与えてはくれま

せん。リーン顧客開発も同じです。わたしたちの願いは、あなたがこの手法を活用することで、仮説を可能最短で検証し、顧客に優れたサービスを提供し続けられる会社を作れるようになることなのです。

エリック・リース
2014年4月14日
カリフォルニア州サンフランシスコ

監訳者まえがき

　本書はエリック・リースがシリーズ監修する「リーン・シリーズ」第4弾の位置づけとなる『Cindy Alvarez, Lean Customer Development：Building Products Your Customers Will Buy』（O'Reilly Media）の全訳だ。『Running Lean』『Lean UX』『Lean Analytics』に続く本書は、リーンなプロセスのなかでも、とりわけ「生身の人間である顧客との対話を通じて顧客を徹底的に理解することの重要性とその実践的／具体的なコツ」を掘り下げている。『アントレプレナーの教科書』（翔泳社）『スタートアップ・マニュアル』（翔泳社）『リーン・スタートアップ』（日経BP）といった先行書で主張され受け入れられたコンセプトを、日々の具体的な実務の中でどう実践するのかについてのガイドブックである。

　「リーンな顧客開発？　はあ？」と思ったあなた。あなたはまったく正しい（笑）。エリック・リースは顧客開発モデルの創始者であるスティーブン・ブランクの薫陶を受け、アジャイル開発の方法論と組み合わせて「リーン・スタートアップ」を唱えたので、そもそも「顧客開発」という言葉の中に「リーン」の意味が組み込まれている。だから「リーンな顧客開発」という言葉は、「本当の真実」とか「無料のギフト」と言うのと同じ同義反復である。実はこの点は、わたしたちが原著者のシンディ・アルバレスを訪ねて聞いたとき、彼女自身も認めていた（笑）。本当は「ツカえる顧客開発」とでも題したかったんだけど、でも、まあリーン・シリーズだからね。細かいことはご容赦ということで。

　シンディ自身も強調している通り、本書の対象読者は「サンフランシスコやシリコンバレーといったスタートアップにとっての先進地域（ベイエリア）の、新進気鋭／独立のアントレプレナー」ではない。この点はとりわけ重要で、「リーン・スタートアップ」を読んだ日本の読者のなかにも「まあ、そりゃこういうことができたらい

けど、日本の大企業の勤め人である自分には所詮無理な話だよなあ」と感じる人が多くいることだろう。そんなあなたにこそ読んでもらいたい本なのだ。

　シリコンバレーのスタートアップを取り巻く環境の熱量、密度やスピード感について語るのは類書に譲るとして、ひとくくりに「アメリカ」といっても、ベイエリアの外のスタートアップ環境は、日本のそれとそれほど変わるわけでもない。またどこの国も大企業が宿命的にかかえる「非リーン的体質」は共通なので、そこで働く勤め人は日本のみなさんと同じ悩みを抱えているのだ。

　シンディが顧客開発を実践しているのは、企業内SNSサービスを運営するYammerだが、この会社は2008年の創業から急成長を遂げたあと、2012年にMicrosoftに12億ドルで買収され、以来その子会社になっている。彼女はいまやYammerの枠を超えて、Microsoft横断的な顧客開発の普及促進のリーダーになっている。想像して欲しいのだが、Microsoftみたいな巨大企業の中で買収されたばかりのちっぽけな会社（失礼！）にいるシンディが「リーン」を実践することの難しさと言ったら、それはもう悪夢だろう！ ところが、彼女は実にしなやかな自然体のアプローチでそれを克服して着実に普及させている。詳細は本文を読んでいただくとして、「リーン」とか「MVP」といった用語にこだわらず、その場の企業文化に沿った表現で、顧客開発の「実を取って」いることがわかっていただけるだろう。これは大企業で顧客開発に取り組もうとしている読者に共通するヒントである。

　本書を監訳した堤孝志と飯野将人は、顧客開発モデルおよびリーン・スタートアップを中心とする起業ノウハウの研究や普及啓蒙（リーン・ローンチパッド）と、それを実践する起業家に投資を行なうラーニング・アントレプレナーズ・ラボ株式会社（LEL）を共同経営している。リーン・ローンチパッドの対象は当初、起業家予備軍（＝今は組織に属していながら起業を目標にしているあなたのことですよ！）だったが、現在では大学や研究所の理工学分野の研究者、修士／博士課程の学生、大企業における新規事業開発担当者に広がりを見せている。「顧客開発」や「リーン」というコンセプトは、ベイエリアではもはや一過性のブームであることを超えて定着している。日本でもLELに依頼をいただいて、自治体の地域産業振興、研究成果の事業化取り組み等で指導する機会は増えており、常識になりつつある。ところが、学んだ理論を実践するため顧客インタビューをする段になると、にわかに腰が引けてしまう起業家が実に多い。「言うは易し、行うは難し」を痛感するのだ。でもそれはシャイな日本人の特有の問題ではなく、本場米国でも同じなのは本書を読んでいただければわかるだろう。本書は「理屈はわかった。でも知らない人にリーチして顧客インタ

ビューするなんて——」という、多くの愛すべき人々にとっての格好の応援歌だ。本当はLELがこういう本を書きたかったが、先を越されてしまった。

　本書の訳出に先立って、サンフランシスコにシンディ・アルバレスを訪ねたが、本書の文章にも表われている通りの、肩の力が抜けたチャーミングな人だった。こっちがあれこれ聞きたくて訪ねたはずなのに、気がついたらこっちの事情もしっかり聞かれていたのだ。さすがは顧客インタビューの達人である。ごく普通の気さくな人という印象ながら、顧客開発という「普通の人々のための起業論」を体現している。それこそが彼女の非凡性なのかもしれない。

　本書の監訳のチャンスを頂戴したオライリー・ジャパンの髙 恵子さん、的確な翻訳で我々の監訳をスムーズにしてくださった児島 修さん、どうもありがとうございました。

2015年3月
ラーニング・アントレプレナーズ・ラボ株式会社
堤 孝志
飯野 将人

はじめに

シンディ・アルバレス

わたしたちは「ユーザーにとって良いこと」はわかっていると思っているが、ほとんどの場合、それは間違いだ。どれほど優れた企業や個人であっても、それは同じだ。

——アダム・ピソーニ、Yammer CTO

スタートアップでは、オフィスの中に事実はない。あるのは意見にすぎない。

——スティーブン・ブランク

2008年、あるスタートアップで働いていたときのことです。上司がわたしの机の上に、スティーブン・ブランクの『アントレプレナーの教科書』をポンッと置いて言いました。「これは必読だ。素晴らしいことが書かれているぞ。この本から学ばなくちゃいけない」。

ブランクは同書のなかで、自らが20年間に渡って8社のテクノロジースタートアップで経験した、さまざまな失敗（と成功）について語っていました。そして、その経験を通じて、スタートアップには、彼が「顧客開発」と呼ぶプロセスが欠けていると認識するに至ったというのです。この本を読んでわたしが痛感させられたのは、自分がこれまでに犯してきた、そして身のまわりの会社でも目にしてきた失敗でした。つまりわたしたちは、「自分たちが作っているものは、顧客が本当に求めているものなのか」という検証を怠っていました。業界知識や製品知識があれば、顧客インプットの代わりになると考えていたからです。

また、同書で紹介されていた技法にも、なるほど、と思わされるものがいくつかありました。それらの技法の中には、自分で使ったことがあるものも含まれていました。もちろん、それはわたしがスティーブン・ブランクみたいに賢かったからではありません。不確実なことが多く、予算も専任チームもない状況で仕事をしなければならなかったユーザーエクスペリエンスの専門家として、わたしはこれらの技法を自力で編み出す必要に迫られていたのです。

『アントレプレナーの教科書』を読んだ後、以前から取引をしていた顧客との会議に臨みました。それは簡単な会議でした。わたしたちの製品を気に入っていた顧客は、わたしの上司による今後の製品リリースについてのプレゼンを、うなずきながら聞いていました。会議が終わりに近づいたころ、テーブルを囲んでいた人たちが、会議の終わりを意味するお決まりのジェスチャーを始めました——ノートパソコンをパタンと閉じ、資料を束にして整え、挨拶をするために名刺を財布から取り出し始めたのです。

そのとき、わたしは質問をしました。「次のリリースについては、いま説明したとおりですが——ちょっと聞いてもいいですか？ 製品をさらに便利で価値あるものにするために、何か追加できることはないでしょうか？」

わたしは、答えが得られるとは期待していませんでした。

顧客チームのプロジェクトマネージャーが、少し間を置いて言いました。「そうですね。リコメントウィジェットによって、多くのエンゲージメントが得られるようになり、収益も増えてありがたく思っています。でも、わたしたちのサイトのすべての

ページが均等にマネタイズできているわけではありません。一部のページには他の 10 倍から 20 倍以上の価値があり、そのためにページビューのコミットメントを設けています。もし、これらのページの促進にさらに注力できれば、もっと多くの収益をあげられると思うのですが」。

わたしは会議室を出て歩きながら、上司に言いました。「1 年近くもあの顧客と仕事をしてきて、わたしたちの側から一度もあんな質問をしなかったのは信じられませんね」。

それから数週間、わたしはさらに多くの顧客から話を聞きました。ビジネスパートナーとの関係はどうか、収益向上のために何が役立っているか、購買の意思決定者は誰か——。こうした対話によって、わたしたちの製品への変化は大きく促されました。その結果、売上は 3 倍に増加したのです†。

この短い対話は、わたしがリーン顧客開発と呼ぶものの好例です。顧客には、たった一つでも良いから質問をすべきです。それは、良い製品を作ることから、顧客を成功に導くことへの視点のシフトを意味します。このあらたな視点によって、わたしたちは新しい方向へと導かれ、時間を節約し、収益を増やせるようになるのです。

これはシンプルな公式です。まず顧客が必要としているものを理解し、次にその知識を使って、顧客が喜んで代金を支払ってくれる製品やサービスを作るのです。

本書の対象読者

この本は、サンフランシスコ・ベイエリアでスタートアップしようとする創業者のようなタイプの人たちのみを対象としているのではありません。

なぜならこうした人たちは、すでにエリック・リースの『リーン・スタートアップ』やスティーブン・ブランクの『アントレプレナーの教科書』を読んだ（少なくとも、読もうとした）ことがあるはずですし、さらにオライリーのリーンシリーズの本にも目を通しているだろうからです。ベイエリアには、変化や実験を受け入れるスピーカーやブロガー、同業者がたくさんいます。見込み客自体も、新しいことに対す

---

† このエピソードをきっかけに、当時わたしが務めていたこの会社が、前例のないほどの成功を手にしていれば、素晴らしかったでしょう。しかし、実際にはそうはなりませんでした。顧客との対話から生まれた製品の軸が定まったことで、製品の売上は増え、さらなる顧客も獲得できました。しかし、ビジネスモデルをあまり考えていなかったことが、会社の致命傷になりました。もし時計の針を巻き戻して、事前にこの本を読むことができていたら、わたしはカギを握っているのが、重要なパートナーである広告会社だったことに気づいたと思います。広告会社はわたしたちより早くから、市場が傾きかけていることを知っていたからです。

る許容度が高いエリアなのです。

　この本は、こうした恵まれた環境にはいない、起業家や新事業／新製品の担当者向けに書かれています。

　『リーン・スタートアップ』を読んではみたものの、「いいことが書いてあるぞ——でも、実践するにはどうすればいいのだろう？」と思った人。

　スタートアップで働いている人、あるいは大企業に勤めてはいるが「スタートアップで効果的な戦術を大企業でも使わない手はない」と考えている人。

　わたしはベイエリアでキャリアを築いてきましたが、そのほとんどの時間を、このような人たちとの仕事に費やしてきました。保守的な顧客や、変化を嫌う業界（金融や出版、医療、法律、建設業界など）の顧客を相手にするスタートアップでも、何社も働いたことがあります。2012年に勤めていたYammerがMicrosoftに買収されてからは、リーン手法のエバンジェリストとして、Microsoftの従業員に、スピードが速い、仮説駆動型の文化にいかに適応するかを指導してきました。

　つまり、わたしには読者のみなさんの痛みがわかります。そして、スタートアップか既存企業かを問わず、これらの戦術をどのように適用すれば良いかを示すことができます。

　この本の対象読者は、テクノロジー企業やオフラインビジネス、サービス業、大企業、保守的な業界、規制の厳しい業界などで働く、製品こそがすべてという考えを持つ人たちです。特に、次のような人たちを想定しています。

- 次に出す製品を成功させる確率を高めたいと考えているプロダクトマネージャー、デザイナー、エンジニア。

- 大企業で、すばやく、スマートに仕事を進めようとして苦労している製品中心主義の考えを持つ人。

- 誰も買わない製品を作ってしまう前に、市場や製品アイデアを検証したいと考えている起業家。

　この本では、顧客開発の実際を理解するのに役立つ事例を、数多く紹介します。事例で扱う企業は、スタートアップから既存企業からまで、多岐に渡ります。製品の種類もさまざまです。消費者向け製品、企業向け製品、ソフトウェア製品、サービス、

さらには食品の例も取り上げます。

この本で紹介する顧客開発のシンプルなアプローチは、製品分野や組織規模にかかわらず役に立ちます。このため、自分に関係のある業界の事例だけではなく、ぜひすべての事例を読むようにしてください。それによって顧客開発の原理原則が学べるからです。

顧客開発を実践できるのは誰か？

顧客開発を実践するために必要な、バックグラウンドやスキルは何でしょうか？必要なのは、次の3つの資質だけです。

学ぶことへの飽くなき探究心がある

顧客に、自分（または上司）の間違いを証明することになるかもしれない質問をするのは、気が引けるものです。しかし、これは成功にとって不可欠です。

不確実性を楽しめる

顧客開発は予測できません。始めてみなければ、何を知ることになるかはわかりません。新しい情報を明らかにしながら、迅速に判断し、状況に適応していく能力が求められます。

現実を受け入れ、それを周囲に伝えていくことへのコミットメントがある

前提としていたことが、後になって間違いであるとわかることも少なからずあります。新たに学んだ事実にもとづいて、関係者を説得し、考えや計画を変えてもらわなければなりません。

この3つの資質があれば、この本を読むことで、顧客開発をすぐに実践し始められるようになるでしょう。また、この本で紹介する戦術の背後にある、社会心理学（つまり、それらの戦術が機能する理由）についての理解も得られます。企業はそれぞれ異なっています。このため、この本で紹介する技法を機能させるには、上手く状況に合わせていかなくてはなりません。このとき、技法が機能する理屈を知っていることが、大いにものを言うのです。

顧客開発の実践にはたくさんの人が必要であると感じている人がいるかもしれません。実際には、たった一人でも、顧客開発を進めていくことができます。

あなたが新たにスタートアップを創業したのなら、顧客開発を実践するのはあなた自身です。

わたしの経験では、複数名で顧客開発を実践している組織であっても、誰か一人が全体を調整、統括しているものです。この本を通じて、わたしが読者であるあなた一人に対して語りかけるスタイルをとっているのも、そのためです。

オライリーのリーンシリーズとの関係

この本も、エリック・リースの『リーン・スタートアップ——ムダのない起業プロセスでイノベーションを生みだす』(邦書：日経BP) に触発されて書かれたシリーズのうちの一冊です。どの本も、リースの本に書かれているアイデアの一つを押し広げたり、実践するための細かい手順を示しています。

ただし、本書を読むために、事前に『リーン・スタートアップ』やこのシリーズの本を読んでおく必要はありません。

そもそも、リーンとは何か？

「リーン」とはもともと製造業の用語で、自動車メーカーのトヨタで生み出されました。リーンでは、「プロセスから無駄を排除すること」と「最終製品が顧客の望むものになっていること」を重視します。

顧客開発は、リーンの一部だと考えることができます。なぜなら、それは製品開発プロセスから無駄を省き、顧客が望む製品を作ることに導くからです。

顧客開発はリーンスタートアップのコア要素であり、リーンシリーズの他の本でも言及されています。ただし、本書『リーン顧客開発』がユニークなのは、顧客開発をすぐに実践する方法についての説明に、本全体を費やしているところです。また、スタートアップと既存企業の両方を対象にしている点もユニークです。これは現在、リーン戦術があらゆる規模と種類の企業で使われているという事実にもとづいています。本書の内容は、スタートアップで働いていなくても実践できます。むしろ、本書

わたしが本書を書いた理由

　顧客開発は成功のために不可欠です。にもかかわらず、きわめて不十分な形でしか実践されていません。わたしが考えるその主な理由を4つ挙げます。

- 自らのアイデアを過信するあまり、視点にバイアスがかかっている。

- 業界知識があるので、アイデアの検証を省いてもかまわないと考えている[†]。

- 製品の完成前に顧客を見つける方法がわからない。

- 顧客開発に関する既存情報のほとんどは、それが必要な理由を延々と述べるものであった。このため、具体的にどう実践すれば良いかがわからない。

　わたしは、自分や他の多くの人たちが犯してきたのと同じ過ちが、これ以上、あちこちの会社で繰り返されるのを見たくありません。
　この本では、リスクを減らしてアイデアから利益を導くために、顧客開発について、何をどのようにすべきなのかと、その理由をはっきりと説明していきます。

本書で学ぶこと

　この本では、顧客開発を実践的に学習していきます。図1は、プロセスの概要を示しています。この図の各ステップを見れば、それぞれがどの章で取り上げられているかがわかります。
　「1章　なぜ顧客開発が必要なのか？」では、顧客開発の実践では、まず最初に、組織内で生じる抵抗に対処しなければならないという事実を学びます。
　「2章　どこから始めるべきか？」では、想定の明確化、課題仮説の書き出し、ターゲット顧客プロフィールのマッピングを行ないます。

[†] これは、チームに業界知識が豊富なメンバーが揃っていても同じです。優れた実績と業界の専門知識をもつ、そうそうたるメンバーのチームが、製品を失敗させてしまう例は、枚挙にいとまがありません。リースが言うように、「ほとんどの場合、ビジネスプランは、意見や推測に溢れ、ビジョンや希望が散りばめられている」のです。

「3章　誰と話をすべきか？」では、ターゲット顧客を見つける方法と、その顧客と話をする方法について説明します。

「4章　何を学習すべきか？」では、顧客の行動や課題、不満を効果的に明確にするための質問の種類と、それらの質問が効果的な理由を詳しく見ていきます。

「5章　オフィスから飛び出せ」では、顧客へのインタビューの成功例を詳細に説明します。「自己紹介の方法」や「相手に話をさせる方法」「顧客の行動やニーズについての、詳細で示唆に満ちた答えを引き出す方法」を学びます。

「6章　検証済みの仮説はどのように見えるのか？」では、それまでに獲得したインサイトをまとめて、製品やビジネスに関する意思決定に役立てる方法を示します。

「7章　実用最小限の製品をどのように開発すべきか？」では、さまざまな種類のMVPと、それらが有効に機能する状況について説明します。

「8章　既存顧客がいる場合の顧客開発」では、期待を適切に設定する方法、顧客を安心させる方法を見ていきます。大企業や保存的な業界、規制の厳しい業界で働いている人、販売サイクルが長い人でも、顧客開発を実践できることを示します。

「9章　継続的な顧客開発」では、毎日のルーチン業務のなかで顧客開発を実践し、既存顧客とのやり取りを活用して、継続的にインサイトを得ていくための戦略を提供します。この章を読むことで、顧客と話をする機会を増やす方法についての新しいアイデアが得られるはずです。

「付録　効果的な質問」では、効果があることが実証済みの質問と、それを使うタイミング、質問によって得られるものについて説明します。

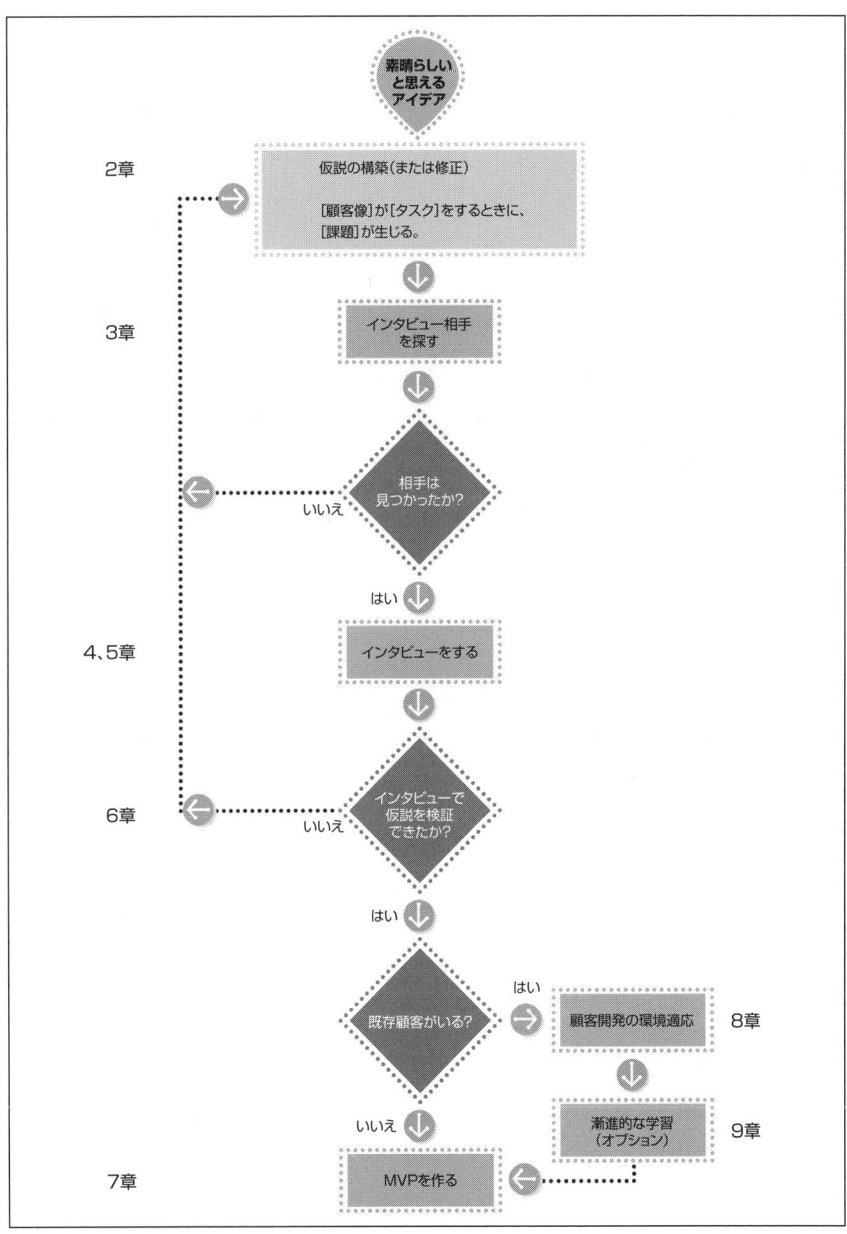

図1　顧客開発とは、仮説検証と学習のための継続的なプロセスである

謝辞

　まず、長年に渡って、この本で紹介した戦術を顧客に試すことについてわたしを信頼してくれた以下の人たちに感謝します。ハイテン・シャー、ピーター・ヘーゼルハースト、ティム・シーハン、ジム・パターソン、ペイバン・タパディア。

　娘のジャスティン・リンは、どれくらいわたしの尻を叩けば筆が進むのか、そのさじ加減を正確に知っていた点で、大きな賞賛に値します。同じく娘のセレナ・リンの方はもう少し直接的でした──「ママ、いつ本を書き終わるの？」

　アイデアの洗練と活用によって、製品チームと製品そのものをより良いものにしてくれた、Yammerでのわたしの素晴らしいリサーチチームのメンバーであるモーリーン・ビー、ヴァネッサ・パフリン、グレース・オマリー、ジェイミー・クラブ、プリヤ・ナヤックに感謝します。

　人の紹介や、提案、本書のアウトラインのレビューや参照情報の確認、本書の執筆のきっかけとなった講演の推薦──さまざまな形で支援をしてくれたすべての人々に感謝を。特に次の方々にはお世話になりました。ヘンリー・ウェイ、トレバー・オーウェンズ、バービック・ジョシ、アンドリュー・ウルフ、ジョン・ペティート、ユージン・キム、サラ・ミルスタイン、そしてもちろんエリック・リースとスティーブン・ブランク。本書の企画にゴーサインを出してくれたメアリー・トレスラーと、大小さまざまなアイデアに形と構造を与えてくれたデブ・キャメロンのふたりの編集者。レビューアーのトリスタン・クローマー、マーカス・ゴスリング、ロバート・グラハム、フィリップ・ハンター、チャック・リュー、マシュー・ラッセル、トム・ボーツ、そして、特にレーン・ハレー。レビューアーたちの示唆に富んだアドバイスや批判的意見によって、この本は素晴らしい方向に導かれたのです。

目次

本書への推薦の言葉 v
エリック・リースによるまえがき vii
監訳者まえがき xi
はじめに xv

1章　なぜ顧客開発が必要なのか 1
　1.1　最初の課題はオフィス内にある 2
　1.2　顧客開発とは何か？ 3
　1.3　リーン顧客開発とは何か？ 4
　1.4　顧客開発と誤解されるもの 6
　　　1.4.1　顧客開発はスタートアップだけのものではない 6
　　　1.4.2　顧客開発は製品開発ではない 6
　　　1.4.3　顧客開発はプロダクトマネージメントに
　　　　　　代わるものではない 7
　　　1.4.4　顧客開発はユーザーリサーチではない 8
　1.5　顧客開発はなぜ必要なのか 8
　1.6　成功確率を高めるには？ 10
　1.7　顧客開発についてのFAQ 14
　1.8　顧客開発を効果的に実践しよう 16
　1.9　次のステップ：さあ、始めよう 16

2章 どこから始めるべきか？ 19
- 2.1 演習1：想定の明確化 21
  - 2.1.1 位置について、用意、ドン！ 21
- 2.2 演習2：課題仮説の記述 25
- 2.3 演習3：顧客プロフィールのマッピング 27
- 2.4 次のステップ：ターゲット顧客を見つける 32

3章 誰と話をすべきか？ 33
- 3.1 製品を開発する前に
  どうやって顧客を見つければ良いのか？ 35
  - 3.1.1 顧客はなぜ話をしたがるのか？ 36
- 3.2 エバンジェリストユーザーの重要性 36
- 3.3 人を動機づける3つのこと 37
  - 3.3.1 他者の役に立つことを幸せと感じる 38
  - 3.3.2 他者から賢いと思われたい 38
  - 3.3.3 物事を改善しようとすると、目的意識が生まれる 39
- 3.4 どのように顧客を見つければ良いのか？ 40
  - 3.4.1 身近な人に紹介してもらう 41
  - 3.4.2 インターネットで呼びかける 44
- 3.5 どのようにインタビューを実施すべきか？ 57
  - 3.5.1 顧客の自宅やオフィスを訪問する 58
  - 3.5.2 中立的な場所での対面インタビュー 59
  - 3.5.3 電話インタビュー 59
  - 3.5.4 ビデオチャット／ビデオコール
    （パソコン画面を共有する場合もあり）を使う 60
  - 3.5.5 インスタントメッセージ 60
- 3.6 フォローアップ 61
  - 3.6.1 電話インタビューのスケジューリング 63
  - 3.6.2 対面インタビューのスケジューリング 64
  - 3.6.3 インタビューは間隔を空ける 66
- 3.7 インタビューのトラブルシューティング 67
  - 3.7.1 誰も反応してくれなかったら？ 67

	3.7.2	インタビューの場に相手が現れなかったら	68
	3.8	次のステップ：顧客開発インタビューの準備を整える	68

4章　何を学習すべきか？ 71
	4.1	顧客開発の基本的な質問から始める	72
	4.2	顧客は自分たちが何を欲しがっているのかを知らない！	74
	4.3	何を聞くべきか	78
		4.3.1　顧客がすでにしていることは何か？	80
		4.3.2　どのような制約が顧客を押しとどめているか？	86
		4.3.3　顧客のフラストレーション（またはモチベーション）を高めるものは何か？	93
		4.3.4　顧客の意思決定、支出、価値判断の方法	94
	4.4	次のステップ：顧客開発インタビューの実践	96

5章　オフィスから飛び出せ 99
	5.1	模擬インタビュー	101
	5.2	記録すべきか、せざるべきか	101
	5.3	適切なメモの取り方	103
		5.3.1　書記役をメンバーに加える	105
	5.4	インタビューの直前	107
	5.5	最初の1分間	107
	5.6	次の1分間	110
	5.7	会話の流れを保つ	111
		5.7.1　誘導尋問を避ける	114
		5.7.2　掘り下げる	115
	5.8	脱線は生じる	117
	5.9	「欲しい物リスト」は避ける	119
		5.9.1　機能から離れる——課題に立ち返る	119
		5.9.2　魔法の杖の質問	121
	5.10	製品仕様についての話を避ける	122
	5.11	話が長引いたとき	123
	5.12	最後の数分間	124

	5.13	インタビュー後 126
	5.14	オフィスを飛び出せ、今！... 129

6章　検証済みの仮説はどのように見えるのか？ 131

- 6.1 健全な懐疑主義を保つ 133
  - 6.1.1 相手は「あなたが聞きたいこと」を
    語っていませんか？ 133
  - 6.1.2 顧客は本気で欲しがっているのか、
    それとも単なる願望なのか？ 133
- 6.2 メモの管理 136
  - 6.2.1 1つの電子ファイルでメモを管理する 137
  - 6.2.2 要約を作成する 137
- 6.3 チームを招集して新情報を共有する 139
- 6.4 どれくらいの数のインタビューが必要か？ 142
  - 6.4.1 インタビューを2回終えた後
    ——学ぶべきことを学んでいるか？ 143
  - 6.4.2 5回目までのインタビュー
    ——アイデアに興奮する相手が1人はいる 145
  - 6.4.3 10回目までのインタビュー——パターンの出現 ... 147
  - 6.4.4 何回インタビューをすれば十分か？ 148
  - 6.4.5 インタビューを十分に実施すると
    相手の発言に驚かなくなる 154
- 6.5 検証済みの仮説はどのように見える？ 155
- 6.6 次にすべきことは？ 158

7章　実用最小限の製品をどのように開発すべきか？ 161

- 7.1 MVPはどのように活用すべきか？ 162
- 7.2 MVPの種類 163
- 7.3 プレオーダーMVP 165
  - 7.3.1 ケーススタディ：Finale Fireworks 165
  - 7.3.2 使用例 166
- 7.4 オーディエンス開発型MVP 167

		7.4.1	使用例	168
	7.5	コンシェルジュ MVP		168
		7.5.1	ケーススタディ：StyleSeat	169
		7.5.2	使用例	171
	7.6	オズの魔法使い MVP		172
		7.6.1	ケーススタディ：Porch.com	172
		7.6.2	使用例	173
	7.7	シングルユースケース MVP		174
		7.7.1	ケーススタディ：Hotwire	175
		7.7.2	使用例	177
	7.8	他社製品 MVP		178
		7.8.1	ケーススタディ：Bing Offers	178
		7.8.2	使用例	180
	7.9	MVP を作成した後に、どうすれば良いか？		180

8章　既存顧客がいる場合の顧客開発 183

	8.1	MVP の概念を適合させる		185
		8.1.1	欠陥のあるものを提示しない	185
		8.1.2	魅力的だがフェイク	186
		8.1.3	最小限より実用性を優先	187
	8.2	適切な顧客を見つける		193
		8.2.1	不適切な顧客を通じて適切な顧客を知る	193
		8.2.2	製品がなくては生きていけない人を見つける	194
	8.3	顧客の言葉こそ売り込みに効く		197
		8.3.1	顧客を観察することで市場リスクを低減させる ...	198
	8.4	顧客を見つけたら、徹底して説明する		199
		8.4.1	あなたは質問をしている ――具体的に何かを作っているわけではない	200
		8.4.2	「目的は調査です」と繰り返す	202
	8.5	ストーリーテリング・デモ		203
	8.6	匿名での顧客開発		205
		8.6.1	新たなアイデンティティを身にまとう	206

		8.6.2	顧客ではない人と話をする	206
	8.7		製品の使い方を示してもらう	208
	8.8		製品の使い方を説明する	216
	8.9		顧客開発は大企業でも有効	220

9章　継続的な顧客開発 223

	9.1		すでにオフィスを飛び出しているのは誰か？	224
	9.2		ドアをノックするのは誰だ？	228
		9.2.1	機能追加を要求されたとき	230
		9.2.2	機能の問題か？ デザインの問題か？	232
		9.2.3	バグとエラー	233
		9.2.4	今週の質問	234
		9.2.5	バイアスを認識する	235
	9.3		顧客開発のサイクルを循環させる	236
		9.3.1	情報の収集	236
		9.3.2	顧客開発の成果を共有する	237
	9.4		準備完了	239

付録　効果的な質問 241

	A.1		顧客開発インタビュー全般で使える質問	242
		A.1.1	前回＿＿＿＿をしたときのことを教えてください	242
		A.1.2	もし魔法の杖を振って［タスクの実行］方法を何でも変えられるなら、何をしますか？	243
		A.1.3	＿＿＿＿のためにどのようなツールを使っていますか？	244
		A.1.4	［ツール］を使い始めたとき、どのようなメリットを期待していましたか？	244
		A.1.5	どのくらいの頻度で＿＿＿＿を行ないますか？たとえば先月は何回行ないましたか？	245
		A.1.6	この現象が発生した場合、どの程度の時間やお金が追加コストとして発生しますか？	246

	A.1.7	他に誰がこの問題を体験していますか？ 248
	A.1.8	＿＿＿＿＿を行なう（または使う）とき、その直前に準備していることはありますか？ 248
	A.1.9	ユーザーリサーチやベータテストにご参加いただけますか？ 250
A.2	既存製品に関する質問 252
	A.2.1	［わたしたちの製品］を使用するとき、最初に行なうことは何ですか？ 252
	A.2.2	わたしたちの製品で日常的に行なっていることのなかで、あなたにとってもっとも有益なのは何ですか？ 252
	A.2.3	もし、［要求された機能］があったとしたら、あなたの暮らしはどのように良くなるのですか？ ... 253
	A.2.4	他の顧客は、［課題］を体験していると言っています。 253
A.3	効果があるなら、質問を続けること 256

索引 257

1章
なぜ顧客開発が必要なのか

自分自身も含め専門家は、製品のどの機能が、どの程度、ユーザーの役に立つのかを見極めるのは下手であるものだ。いかに知恵を絞ったアイデアでも、実験してみると役に立たないことはあまりに多い。ソフトウェア業界におけるアイデアの成功率は、50%未満と言われる。Microsoftにおいてもアイデアが当初の想定通り効果を発揮する可能性は3分の1に過ぎない。

——ロニー・コハヴィ、Microsoft パートナーアーキテクト

神はわたしたちに舌を1つ、耳を2つ与えた。話すことの2倍、人の話に耳を傾けるためだ。

——エピクテトス

製品が成功するカギは顧客が握っています。

どんなに製品が優秀でも、革新的で美しく、かつ手頃な価格であっても、顧客に購入してもらえなければ失敗です。製品の開発に時間と労力を使いきってしまうのはナンセンスです。製品と並行して顧客も開発すべきです。少なくとも製品開発と同じだけの時間を、顧客のニーズや課題を理解し、適切なソリューションを特定することに使うべきです。それが顧客開発です。

「顧客とは誰か」「顧客は何を必要としているか」「顧客はなぜ、いかにして製品を買うのか」についての想定を問い直すことが、ビジネスのリスクを減らすことにつながるのです。顧客を科学的に理解することによって、有効なビジネスモデルを確立し、顧客が求める製品を開発しやすくなるのです。

素晴らしいでしょう？　でも理論は実践しなければ意味がありません。わたしがこの本を書いたのも、実践してもらいたいからです。リーンの考え方を十分に理解していながら、実践しようとしない残念な会社が、何百社とあります。

1.1　最初の課題はオフィス内にある

組織にとって顧客開発の考え方を受け入れるのは抵抗があるものです。

ほとんどの人は、顧客開発のコンセプトに対し、「我が社には長い経験と多くの製品と何百万人もの顧客を通じて培ってきたノウハウがある。ゼロからスタートしろだって？　バカげているね」と反発します。

もちろん、本当に「ゼロからスタートしろ」などというつもりはありません。誤解しないでほしいので、あらかじめいっておきましょう。顧客開発は、それまでのコンピテンシーを捨てて、ゼロから新しい何かを作るわけでないのです。どうか、顧客開発を推進しようとするメンバー全員が、顧客開発の意味を受け取り、顧客開発が組織のコンピテンシーをどのように強化してくれるのがについて、正しく理解してください。先入観を持ってしまうと、顧客開発を始めるのは難しくなります。

「製品開発」についてならば、マーケティング、カスタマーサポート、ユーザーリサーチの全員が意味を理解しているものです。しかし、「顧客開発」とは耳慣れない言葉です。誰もが懐疑的になりがちです。

顧客開発を推進するメンバー全員が、スタートアップに関するカンファレンスに参加していたり、スティーブン・ブランク自身に啓発されている、といった最良のコンディションでない限り、顧客開発に取り組むためには、まず社内を説得する必要があります。

この章では「顧客開発とは何か？」（あるいは、顧客開発でないものは何か）、「なぜそれが必要か？」「誰がそれを実施できるか？」について考えます。また、顧客開発へのよくある批判にも回答します。

1.2　顧客開発とは何か？

顧客開発とは何でしょうか？　何か既存の活動を置き換えるものでしょうか？　それとも新たな活動なのでしょうか？

「顧客開発」とは、「製品開発」に対応する概念です。製品開発の方法論は多くの人が理解していますが、顧客開発の方法論を理解している人はほとんどいません。でも顧客が本当に欲しがるものを理解していなければ「誰も買いたがらないものを開発してしまう」リスクが高まります。

顧客開発とは、ビジネスが成立するための大前提について、仮説検証を繰り返すアプローチです[†]。

- 顧客は誰か？

- 顧客の問題やニーズは何か？

- 顧客の現在の行動は何か？

- 顧客が進んで購入するソリューションは何か（製品が開発前／未完成であっても）？

- 顧客の意思決定、調達、購入、使用に合わせたソリューションの提供方法は何か？

[†] スティーブン・ブランクの『アントレプレナーの教科書』を読んだ人なら、この定義がブランクによるオリジナルの定義と違っていることに気づくでしょう。ブランクは「顧客発見」「顧客実証」「顧客開拓」「組織構築」の4つのステップを定義しています。しかし『アントレプレナーの教科書』も、スタートアップを念頭に置いて書かれたものです。ブランクも「スタートアップは大企業の小規模なバージョンではない」と述べています。わたしもスタートアップを10年以上経験し、現在、Microsoftで働いている立場から、ブランクの主張に全面的に賛成します。スタートアップと、大企業であるかどうかには何の関係もありません！　顧客開発は、スタートアップと大企業のどちらでも役に立つものです。そこであえてわたしは、組織の規模や成熟度にかかわらずに当てはまる幅広い定義を提案したのです。

あなたはこれらの大前提について既に考えてはいることでしょう。でもそれは思い込みや仮説に過ぎません。起業するときや、新製品を開発するとき、既存製品への新機能を追加するときにも、仮説は頻繁に発生します。

顧客開発では、仮説や思い込みが本当にその通りなのか徹底的に検証します。

1.3　リーン顧客開発とは何か？

「顧客開発」と「リーン顧客開発」の違いは何でしょうか？

わたしは、顧客開発に対する自分流のアプローチを「リーン顧客開発」と呼んでいます。ここでわたしは「リーン」を実用的、現場での使いやすさ、手軽さなどの意味で使っています。

わたしは、リーン顧客開発としてスティーブン・ブランクのアイデアを踏襲しながら、さらにスタートアップと既存企業のどちらにも役立つ簡単な方法を提案します。わたしはリーン顧客開発についてのブログを書いたり、技術者が集まるイベントで講演したり、企業に出向いて指導してきました。

リーン顧客開発は誰にでも行なえるものです。製品や顧客を持たないスタートアップでも、多くの製品や顧客を持つ既存企業でも、同様に役に立つものです。

多くの会社で働き、スタートアップを指導してきた経験から、顧客開発に1時間を費やすことができれば、文書作成、コーディング、設計の作業を5〜10時間以上削減できると断言できます（**図1-1**）。これに加えて、それをしなかったことで生じる機会損失や、雪だるま式に複雑化するコード、誰も使わない機能を開発することによるチームの士気低下のように、数値化が難しいコストの削減にもつながります。

顧客開発はマインドセットを変えることから始まります。自らのアイデアや直感が正しいという前提で製品開発に着手するのではなく、積極的にアイデアの死角を見つけ、自らの間違いを証明し、仮説を修正するマインドセットです。

見込み客との会話を通じて仮説を修正することで、誰も買わない製品を開発してしまうことを防止できます。

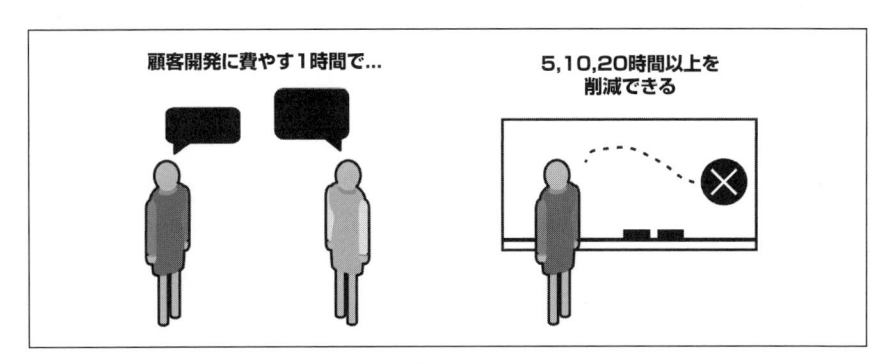

図1-1 顧客との対話で時間と費用を減らすことができる

リーン顧客開発は5つのステップで行なわれます。

- 仮説を立てること。

- 潜在的な顧客イメージを明確化すること。

- 適切に質問すること。

- 受け取った答えを正しく解釈すること。

- 製品の仕様を明確化し、学びを取り込み続けること。

　仮説が、部分的であれ間違っているなら、早くそれに気づくべきです。もし顧客を見つけられなかったら、仮説を修正する必要があるのです。顧客像が想定と食い違うときも、仮説を手直しします。軌道修正することで、顧客が何を望み、何に支払うかについての自分の理解が正しいかどうかを検証することができるのです。

1.4 顧客開発と誤解されるもの

「顧客開発ではない」ものについても、「顧客開発とは何か」と同じくらい多くの誤解があるので、はっきりさせておきます。

1.4.1 顧客開発はスタートアップだけのものではない

2009年に『リーン・スタートアップ』が出版されたとき、多くの会社が「ウチはスタートアップじゃないから」という理由でその考え方を受け入れるのを躊躇しました。

エリック・リースは著書のタイトルに「スタートアップ」という言葉を使っています。スティーブン・ブランクの本もスタートアップの文脈で書かれています。でも顧客開発によってメリットが得られる会社はスタートアップだけではありません。

確かにスタートアップはビジネスモデルや販売の戦略を模索し、顧客を探している段階にあります。既存企業に比べて不確実性が大きいと言えますが、市場と技術が絶えず変化している今日、既存企業であってもビジネスモデルが変わらないと想定することなどできません。また大企業においては、すでに利益を上げている市場ばかりに注力しがちです。新たな市場やイノベーションが起きる領域を探索するのが苦手で、気づいたときには出遅れている場合も少なくありません（8章のコダックは100年に渡る成功を享受していながら、デジタル画像の市場に進出するチャンスを逃したため、2012年に破産法の適用を申請しました）。

顧客開発では、小さな学習と検証を重視して、組織のイノベーションを促します。インテュイット社は顧客開発を利用してSnapTaxやFasalのような製品群を開発しました。ゼネラルエレクトリック、トヨタ自動車、ニューヨーク市教育局、ホワイトハウスの大統領イノベーションフェロープログラムなども、リーンの考え方を採り入れています。

この本の内容は、ごく初期のスタートアップにも、既存企業にも、その間に位置する会社で働く人々にも役立ちます。セクションの内容が特定のタイプの会社向けだけに書かれている場合は、その旨を明示します。

1.4.2 顧客開発は製品開発ではない

製品開発は「顧客はいつ（何を）買うことができるのか？」という問いに答えます。一方、顧客開発は「顧客はそもそも買うか？」という問いに答えようとするものです。

製品開発は、新しい製品やサービスを開発し市場に投入（できることを期待）するプロセスです。コンセプトの構築から始まり、要件を定義し、要件に沿って製品を開

発し、完成まぎわの製品をテストし、仕上げをして発売します。

どのように製品を開発するかは、組織によって大きく異なります（ウォーターフォール、アジャイル、スクラムなど）。すべての手法に共通する目標とは、顧客が購入してくれる完成品を開発することです。

では、もし開発した製品を顧客が買わないものだったとしたら？ 最大のリスクが製品そのものである可能性はないでしょうか？ 市場でのリスクを検討してみてください。マーク・アンドリーセンが述べたように「市場（＝顧客）が最も重要だ。チームにスターを揃えようが、製品がとびきり素晴らしかろうが、悪い市場（＝関心のない顧客）には勝てない」のです[†]。

顧客開発では、買ってくれる顧客を特定する作業と並行して、顧客が抱える具体的な問題を解決するための製品やサービスも特定します。顧客開発は製品開発を代替するものではなく、製品開発を補完するプロセスなのです。

製品開発と並行して顧客開発を行なうことで、製品を顧客に買ってもらえるかどうかを知るのに、発売まで待つ必要がなくなります。顧客開発の過程では、発売前にベータ顧客やエバンジェリスト、製品にお金を支払う顧客が見つかっているはずだからです。

顧客開発と製品開発は相互に独立した活動であり、どちらも必要なのです。

1.4.3　顧客開発はプロダクトマネージメントに代わるものではない

「顧客開発によって、プロダクトマネージャーの仕事がなくなるのでは？」と思うかもしれません。

顧客開発では製品ビジョンは作れません。プロダクトマネージメントでは、体系的なアプローチによって、多様なソースから集めた情報にもとづいてアクションの優先順位を決めようとします。一方、顧客開発は顧客に欲しいものを聞いてくる活動ではありません。

顧客開発では、さらに「仮説を立てそれを検証することへのコミットメント」と「顧客の課題やニーズを深く理解することへのコミットメント」を求めます。しかし、それだけで疑問がすべて明らかになるわけではありません。顧客開発により、仮説を事実に変えることができても、有能なプロダクトマネージャーの存在は依然として必要なままです。すなわち、どの情報が重要なのか、どのような優先順位をつける

[†]　http://web.archive.org/web/, http://blog.pmarca.com/

のか、学んだことを、機能や製品、新しい会社の構築にどう活かすのかについて、プロダクトマネージャーの役割が減るわけではないのです。

1.4.4　顧客開発はユーザーリサーチではない

ユーザーリサーチの経験が豊富な会社でも、それだけで顧客開発を実践していることにはなりません。

顧客開発もユーザーリサーチで長いこと親しまれてきた技法を取り入れていますが、使われ方や実施する人、タイミングは異なります。

ユーザーリサーチの担当者が「ユーザーリサーチはユーザーのための仕事」だと言う通り、多くの会社においてユーザーリサーチは、できればやった方がいいこと、と考えられています。一方顧客開発は、会社のための仕事であり、顧客に財布を開かせ、製品やサービスを買ってもらい、持続可能なビジネスを構築するために、会社がしなければならないことなのです。

1.5　顧客開発はなぜ必要なのか

新しい製品や会社のほとんどは失敗します。その確率は厳しいものです。ベンチャーキャピタルが投資するスタートアップの75%は失敗します[†]。新製品の40%から90%は陽の目をみることすらありません[‡]。

それでもわたしたちは、自分だけは例外と信じがちです。わたしたちは、製品を作ることが創造性や直感、知性によって導かれるアートのようなものと考えています。またしばしば、プロダクトマネージャー、デザイナー、エンジニア、戦略家には優秀な人と平凡な人がいて、それが製品の成功と失敗のわかれ目になると考えています。

でも、それは違うのです。

創造性や直感、知性だけで製品や会社をプロデュースするのが得意な人などいません。これはスタートアップに限った話でさえないのです。1937年にS＆P500だっ

[†] この数値は、調査元によってばらつきがあります。米国ベンチャーキャピタル協会によれば、ベンチャーキャピタルが支援するスタートアップのうち、完全に失敗するものは25%～30%と言われています。これは定義の違いでもあります。ハーバードビジネススクールのシカール・ゴーシュ上席講師は、優秀なスタートアップの30%～40%が最終的に事業を閉鎖すると言います。事業清算は、どのような定義でも失敗と言えますが、失敗が「計画した投資利益率に届かないこと」と定義すれば、ベンチャーキャピタルが投資するスタートアップの95%が失敗と言えてしまいます。http://www.inc.com/
[‡] この数値は製品カテゴリーによっても異なります。革新的な製品ほど失敗率は高くなります。http://www.cob.unt.edu/slides/

た企業の平均寿命は75年だったのに、現在の平均はわずか15年に縮まりました†。

あなたの身近な人がそうであるように、人は自分の能力を過大評価しがちなものです。わたしたちのアイデアのほとんどは、顧客や会社にとって、価値を高めることにつながりません。Microsoftもアイデアのうち、想定通りの改善につながったものは3分の1であると言います。Amazonは試しに出した機能のうち、役立つものが50%未満としています。これはYammerでも同じですし、NetflixやIntuitmもこれより成功率が高いとは主張していません‡。

つまり企業がどれほど調査をしても、どれほど良い計画を立てても、どれほど費用を投じようとも、どれほど従業員が優秀でも、大失敗の確率はコイン投げよりも高いのです。

> ### メリットが得られるのはソフトウェア業界だけではない
>
> ここまでソフトウェア企業をイメージして書いてきました。しかし、顧客開発によって得られるリスク低減や軌道修正は、他業界の企業にも大きなメリットをもたらします。ソフトウェアを書き換えるのと比べ、工場を建てたり、部品供給契約を結んだり、認可を得たりしてしまうと後戻りするのに多大なコストがかかります。
>
> サービスビジネスでも、一度顧客を失望させてしまうと、信頼を取り戻すことは相当難しいですが、モノの場合はいったん顧客の手に渡ってしまった製品を作り直すことは不可能です。
>
> KRAVEジャーキーのメーカーにとって重要なのは、材料レシピを確定して大量生産を開始する前に、顧客が最高品質のスナック食品にそもそも何を求めているか（無硝酸塩や人工的な成分を使わないこと）を十分に理解することです。

---

† 何が間違っていたのでしょうか？ スタートアップの第一人者であるジョン・ヘーゲル三世は、米国の企業とその経営者が「ナレッジストック」（独自製品によるブレークスルーを実現し、その革新的メリットをライバル企業の追撃からできるだけ長く守ること）と呼ばれる企業モデルを卒業して、「ナレッジフロー」と名づけたオープンでコラボレーティブなモデルに移行できなかったから、と主張しています。競争がグローバルになったため、独自の画期的な発明の価値が、20世紀半ばに比べてはるかに小さくなってしまったことが問題だと指摘しています。

‡ Microsoft Think Week http://ai.stanford.edu/~ronnyk/

スマートフォンから操作可能な学習型ロボットを開発する Romotive にとっては、ロボットが動作する実際の環境を理解することが重要でした。「わたしたちのロボットはカーペット床でも金属床でも暖炉の上でも、自由に動いたり止まったりできることが必要でした。子供に乱暴に扱われて、床に落とされてしまうかもしれません。ロボットがどのような環境で使われるかを考え抜くことで、ハードウェア仕様を決めたのです」（マーケティング担当者、チャールズ・リュウ）。

1.6　成功確率を高めるには？

　成功確率を高めるためには、製品開発を体系的で再現性のあるやり方で進めることです。顧客開発も、会社の規模や成熟度、業界にかかわりなく使える、成功確率を高めるツールの一つです。

　製品開発と並行して顧客開発を実践することで、学習とリスク削減の効果を最大限に高めることができます。

　『リーン・スタートアップ』を読んだ人ならご存知の通り、図 1-2 の左側の図は、「構築 – 計測 – 学習」のフィードバックループです。このループは組織が、仮説検証の結果と、顧客からの学びにもとづいて、学習と適応をいかに継続的に行なっていくべきかを示したものです。右側の「Think-Make-Check」サイクルの図は、LUXr の最高経営責任者（CEO）ジャニス・フレイザーが作ったものを少しだけ改変したものです。

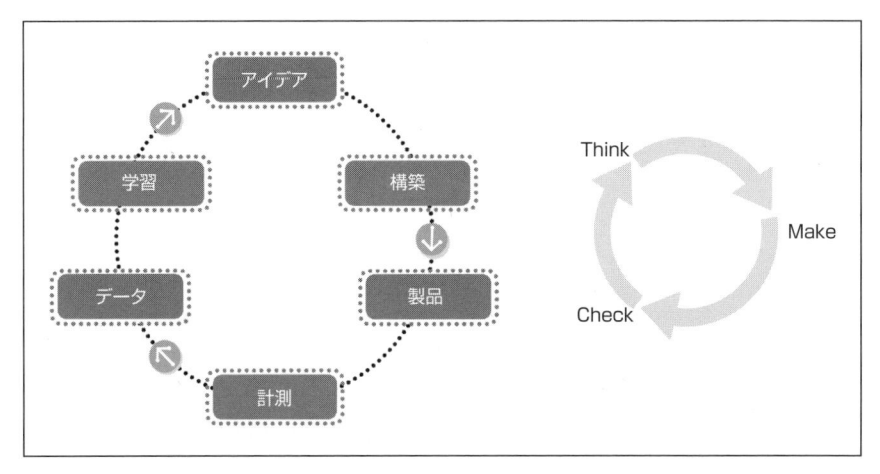

図1-2 『リーン・スタートアップ』でエリック・リースが描いた「構築ー計測ー学習」のフィードバックループ（左）と、『Lean UX』（オライリー・ジャパン）でジャニス・フレイザーが描いた「Think-Make-Check」サイクル（右）

　両者はスタート地点が違います。なにも構築フェーズから開始する必要はありません。むしろ構築フェーズから開始すると、高価な代償を支払わなくてはならない実験になることが多いとすら言えます。

　顧客開発は「Think」フェーズの重要な部分です。顧客開発によって、コードを書いたり、モックアップを作成したりする前の、開発のなかで最も費用のかからないフェーズにいる間に、繰り返し探索を行なうことができるのです。顧客開発により製品に関する初期仮説の質が高まります。

　ここで顧客開発によって顧客の理解が深まり、リスクを減らせることをお話ししてきましたが漠然と感じた人もいるかもしれません。そこで、顧客開発のメリットとして、さらに次の要素を挙げておきましょう。

- 顧客や競合（企業や製品だけではなく、顧客の習慣やルーチンも含む）をはっきりとイメージしやすくなる。

- 差別化の新たな機会を見つけやすくなる。

- 開発しなければならない製品の量を減らすことができる。

そう、顧客開発を実行すれば、書くコードの量を減らすことができるのです。顧客開発のメリットとして開発チームからよく聞く感想は、「MVP（実用最小限の製品）を小さくできる」というものです。顧客と対話をすることで、構築しなければならないと思っていた5つの機能のうち、顧客が本当に求めているのは2つだけ（加えて、想定していなかった機能が1つ）であるような実態が、頻繁に明らかになるのです。

あなたが知っていることはすべて間違っている

　すべて間違っていると言うのは言い過ぎですが、人はだれでも生まれつき強い認知バイアスを持っています。わたしたちの脳は世界をありのままではなく、自分の都合のいいように解釈するのです。

　人には「自分たちの考えや行動が正しい」と想定して振る舞う傾向があるのです。中立的だったり、曖昧なだけで何の材料にもならなかったりする証拠を、さも自分の考えをサポートするものとして解釈しがちなのです。これは確証バイアスと呼ばれ、新製品の失敗を生む大きな原因になっています。

　確証バイアスとは、自分の考えが正しいことを証明する情報ばかりに注意を向けがちな、人が生まれつき持っている傾向です[†]。

　もちろん、人の性格が歪んでいるとか、自己中心的だと言いたいのではありません。人の脳の認知のしかたがそうなっているだけのことです。しかし、そのために偏見から逃れにくくなってしまいます。思い込みに反する発言をする人を無視したり、製品の価値を理解しない人を、馬鹿なユーザーとして否定したりしてしまうのです。

　認知バイアスを克服するのは簡単ではありませんが、思い込みを書き出すことは、役に立ちます。自分の思い込みと、顧客から得たインプットを整理して客観的に書き出すことで矛盾を見つけやすくなるし、自分が間違っていることを示す証拠にも気づきやすくなるのです。

[†] http://en.wikipedia.org/wiki/Confirmation_bias

2009年わたしはエリック・リースがアドバイザーを務めるスタートアップKISSmetricsで仕事をする機会に恵まれました。KISSmetricsはWebアナリスト向けの製品を開発しており、2つのバージョンをリリースしていましたが、どちらも失敗していました。開発に数ヵ月を費やしながら、リリースした後になって顧客の課題を解決できない製品を作っていたことに気づくというありさまでした。

KISSmetricsのCEO、ハイテン・シャーがわたしを雇用したのは、バージョン3をリーンスタートアップの原則に従って開発するためでした。顧客に関する確かな情報を、最小限の労力で最大限集める手法によって、バージョン3を開発したかったのです。わたしが最初に取り組んだのは、MVPをどのようなものにすべきかはっきりさせることでした。

わたしは、最初の1ヵ月を顧客との対話に費やしました。電話やインスタントメッセージや、直接会ってコーヒーを飲みながら意見を聞いたのです。その結果、驚くべきことがわかりました。

- 見ず知らずの人（あなたのことです！）に対しても、喜んで話をしてくれる人はたくさんいる。

- ほとんどの人は普段の行動やツールを使うよりもはるかに高い機能を要求する。

- 製品スコープは想定していたベータ版の半分までカットできる。

こうした準備期間をおいたことで、KISSmetricsバージョン3は1ヵ月間程度の開発期間でリリースできました[†]。多くの機能は未実装でしたし、最高技術責任者（CTO）が不安になるコードもそのままでしたが、顧客に価値を提供し、今後の製品の方向性を決めるのに役立つインサイトを得るのには十分なものでした。

[†] KISSmetricsのCEOハイテン・シャーは、第1回目のStartup Lessons Learnedカンファレンスで失敗した先行2バージョンについて話しました。このカンファレンスは、現在The Lean Startupカンファレンスと名称が変わりました。http://www.slideshare.net/hnshah/kissmetrics-case-study-about-pivots

1.7 顧客開発についてのFAQ

顧客開発の価値を理解していただけたでしょうか？懐疑的な人にはどう説明すればいいのでしょうか？表1-1に顧客開発についてのよくある疑問と、その対処方法を記します。

表1-1 よくある疑問への回答

顧客開発についての疑問	対処方法
将来の製品アイデアの話をしたら、アイデアだけ盗まれて先に発売されてしまうのでは？	顧客開発における顧客インタビューでは、製品アイデアを話すことはありません。もしそうしてしまうと、相手に先入観を与えてしまうことになります。話をするのは、わたしたちが製品やサービスによって解決したい顧客の課題についてです。その課題について話をし、顧客がそれまでどのような方法で解決しようと試みたのかを知るのが目的です。
アイデアそのものを話さなくても、相手に何かを推測され盗まれてしまうのでは？	顧客開発で話をする相手が、アイデアを盗む立場である状況というのは、まれなことです。 仮に、アイデアを盗まれてしまったとしても、相手が実現できなければ意味がありません。対話によって顧客のニーズと、顧客がどのようなものを購入したいと考えているかを理解することによって、誰かに真似をされない、優れた製品を開発できるのです。
顧客開発についてネガティブな報道をされたら？	スタートアップの場合：そもそも報道される立場にはないはずです。 既存企業の場合：話をする相手はごく少数のサンプル顧客です。相手への期待をうまくコントロールしましょう。顧客から機密保持契約（NDA）の署名をもらえば気休めになります。しかし、GE、Intuit、Microsoftではこれまでそのようなネガティブ報道の問題は起きていません。他の企業でも同じはずです。
製品や顧客がない段階で、どうやって話をする相手を見つければいいのか？	いま探さなかったとしても、製品の開発後には探さなければなりません。わたしたちは、特定の相手が抱えている、特定の課題を解決しようとしているはずなので、それを手がかりにすればそうした特定の人々がインターネットや現実世界のどこにいるかを探せるはずです（3章を参照）。

表1-1 よくある疑問への回答（続き）

顧客開発についての疑問	対処方法
既存顧客との関係が悪化しないか？	顧客開発はむしろ顧客との関係を強化するものです。顧客開発の相手には、新たな手法を受け入れるタイプの顧客を選び、適切な期待感を相手にも持ってもらえるようにします（8章を参照）。
顧客開発を実施するとプロダクトマネージャーの仕事がなくなるのでは？	顧客開発とは、顧客の要望を聞いてその通りの何かを作ることではありません。 顧客開発は情報収集の段階にあります。その情報に優先順位をつけ、何に、どう対処すべきかを適切に判断していくためには、有能なプロダクトマネージャーが依然として不可欠です。顧客開発はプロダクトマネージャーが仕事をするための道具なのです。
市場調査やユーザービリティテストをやっているが、顧客開発との違いは？	顧客開発をすることで、個々の顧客の振る舞いや購入に至る行動に関する情報が得られます。こうした情報は、大規模で平均的な母集団を対象にした市場調査からは得ることができません。ユーザービリティテストは、ユーザーが製品を快適に使用できるかどうかについては教えてくれますが、それを買うかどうかについてまで答えるものではありません。従来型の市場調査やユーザービリティテストにも、それぞれの意義とメリットがありますが、顧客開発とは目的が異なるのです。 顧客開発では、「顧客は誰か」「何を求めているか」「何を買うか」についての想定を確認しようと思ったとき、少ない労力で実施できる最善の方法を提供します。
製品開発を中断して時間を割いて顧客と話をすることを、どのように正当化できるか？	数時間の顧客開発によって、想定に一つでも誤りが見つかれば、コーディングや設計の工数を数週間分も節約できます。 また、顧客開発を行なうからといって、製品開発が中断するわけではありません。製品開発と顧客開発は並列的に実施できるものであり、そうすべきものです。

表1-1 よくある疑問への回答（続き）

顧客開発についての疑問	対処方法
プロダクトマネージャー、エンジニア、デザイナーは、製品を作ることに集中させるべきではないか？	製品を成功させるためには、その製品が解決しようとする課題が何なのかを理解していなくてはなりません。 丸一日、顧客と話をするのを望まない製品開発担当者がいたら、1日に30分～1時間程度だけ顧客と接触する、といった負担の軽い方法で顧客開発に関与してもらうのでもかまいません。

1.8 顧客開発を効果的に実践しよう

2章以降で顧客開発の実践方法を具体的に説明し、すぐにできる演習か、使えるツール、テンプレート、質問例、手法を紹介します。行動経済学や社会心理学の研究成果も紹介します。背景にある理論を知ることで、なぜ顧客開発の効果が有効であるのか理解することができ、技法を活用するうえで役立ちます。

顧客開発を実践するために、市場調査やユーザーリサーチの経験はいりません。顧客と話をしたことがまったくなくても大丈夫です。柔軟なマインドと仮説を磨き上げようとする意欲があれば十分です。

1.9 次のステップ：さあ、始めよう

顧客開発では仮説の検証がすべてであり、まず仮説の構築から始めます。2章では「解決すべき課題」「顧客は誰か」についての仮説を一緒に構築していきます。

この章のまとめ

- 顧客開発に1時間をかければ、文書作成やコーディングや設計の時間を5～10時間以上節約できる。

- 顧客開発の目的は、顧客が欲しがるものについての誤った思い込みを早く見つけ、顧客が本当に購入してくれる製品の開発に集中できるようになることである。

- 顧客開発はスタートアップだけでなく、あらゆる規模の企業に役立つ。

- 顧客開発は製品開発に代わるものではない。顧客開発は顧客が誰かを特定すると同時に、顧客の具体的な課題を解決する製品やサービスを特定する。

- 顧客開発により、プロダクトマネージメントに役立つ情報――何を構築し、どの機能を優先するか――の決定をしやすくなる。

- 誤った思い込みは、早く発見しなければならない。人には生まれつき見たいものを見て、見たくないものから目を背けようとする認知バイアスが作用していることに注意する。

2章
どこから始めるべきか？

会議や電話、レポートを読むだけで、会ったことのない顧客を理解したつもりになるかもしれない。だが顧客を深く理解したいのなら、顧客が実際に働いている場所、遊んでいる場所、住んでいる場所に足を運ぼう。

——ブランドン・コウィッツ、Google Ventures リードデザイナー

後で思い出すために書き留めているのではない。書くことで今すぐ記憶しようとしているのだ。

——Field Notes（ノートブック）のスローガン

顧客開発をどれだけ行なうかは、新しいビジネスアイデアを検証しようとしているのか、既存の顧客に新製品を売り込もうとしているのか、既存製品に機能を追加しようとしているのかによります。メリットを十分に引き出すためには、顧客開発を始めるための確固たる土台を作っておくことが必要になります。

この土台を作るために、個人かチームで3つの演習をやってみましょう（図2-1）。1時間もかかりません。

- 仮説を明確化する。

- 課題仮説を明確に記述する。

- 顧客プロフィールをマッピングする。

この3つの演習を勧めるのは、チームのメンバーが顧客開発という手法に対して肯定的であろうと懐疑的であろうと、作業を通じて関与してもらうのが適切なアプローチだからです。「チーム全員が顧客開発に前向きになるための議論」から始めていては、骨が折れますからね。

「わざわざこんな演習をやる必要があるの？」とか、「プロジェクトの想定や目標なら当然チーム全体が知っているよ」と思った人もいるでしょう。しかし、チームワークが優れているチームでも、想定自体がずれていることは驚くほど多いものです。

この演習を行なうことで、「どのように価値を提供し収益を上げるか？」「誰をターゲットにすべきか？」についての初期的な仮説をすばやく立てることができます。精緻にやりたい場合には、ビジネスモデルキャンバスを作るのも良いでしょう（この章で後述する「ビジネスモデルキャンバス」を参照）。

図2-1 これらの質問に答えるのに必要なのは時間と筆記用具だけ

2.1 演習1：想定の明確化

　製品アイデアを形にするために多くの想定をしているはずです。顧客の考えや行動、能力、意思決定の方法、製品の製造方法、必要な経営資源、事業パートナー、顧客への製品の提示方法などについて「こうなっているはずだ」と考えていることがあるでしょう。

　新しい事業を始める場合、既存顧客に新製品を売り込む場合、既存製品に新機能を追加する場合、いろいろなケースが考えられますが、想定の精度を高めるためには相応な時間が必要です。ベンチャーを立ち上げたばかりの時期には、材料が不足する分だけ想定は粗くなるかもしれません。既存企業で働いている人は、想定の精度に自信があるでしょう。いずれにしても後でそれを検証するためには、想定を明確にしておく必要があります。

2.1.1　位置について、用意、ドン！

　ペンと付箋を用意し、タイマーを10分間にセットします。スタートボタンを押し、顧客、製品、パートナーについての想定をすばやく書き出します。グループで演習を行なっている場合（できればそうしてください）、最初の10分間はメンバー同士で議論をせず、全員が黙って想定を書き出すことに集中します。正しい想定を書き出すのではなく、言語化されていない想定を頭の中から引っ張り出して言葉にすることに集中してください。

　想定を書き出すヒントを紹介します。

- 顧客は_____についての課題を抱えている。

- 顧客は、この課題の解決のために_____を投資する用意がある。

- この製品の使用／購入に関わるステークホルダーは_____である。

- この製品の開発／流通に関わるパートナーは_____である。

- この製品の開発／サービス提供に必要なリソースは_____である。

- この製品を購入／使用しない顧客は、_____を購入／使用するだろう。

- この製品を使い始めた顧客は、_____を得ることができる。

- この問題は、顧客の_____に影響する。

- 顧客はすでに_____のようなツールを使用している。

- 顧客の購買決定は_____の影響を受けている。

- 顧客は、［役職］、［社会的アイデンティティ］だ。

- この製品は_____という理由で、顧客にとって有用になるだろう。

- 顧客はテクノロジーに対して_____である。

- 顧客は変化に対して_____である。

- この製品の開発／製造には_____を要するだろう。

- ____社／人の顧客または____％の市場占有率を得るには_____を要するだろう。

このリストだけでも、想定を書き出す皮切りとしては十分です。想定さえはっきりしていれば、製品の開発や設計、流通、価値創造の各フェーズでの自分の考えや、チーム内の異なる考えも明確になります。

コスト構造や主要パートナーなどについて、最初から正しく想定を立てるのは難しいかもしれません。スティーブン・ブランクも、マイク・タイソンの「アゴに一発くらうまでは勝つためのプランが一応あった」という言葉を好んで引用します[†]。

正しい想定は、立案するほどのものではなく、書き留めておくだけで十分です。これは「想定づくりにどんなに凝ってもあまり裏付けがない」ことを、チームが思い起こすきっかけなのです。

想定の書き出しをグループで行なうなら、さらに10分間かけて付箋を分類します。たとえば「顧客は＿＿＿＿＿＿について課題を抱えている」という付箋をまとめます。小人数のグループですら、メンバー間にずれがあることがわかるはずです。顧客に話をする前に、チーム内のズレに気づいておくことが大事です。

ここで書き留めた想定は、顧客開発を通じて何度も再確認することになるでしょう。最初は、顧客を見つけたり、質問内容を考えたりする基準として使います。その後では、検証作業を通じて集めた証拠にもとづいて、想定が正しいかどうかを検証していくために使います。

想定を書き出したら、次はそれをもとに明確で検証しやすい仮説を構築します。

ビジネスモデルキャンバス

ビジネスモデルキャンバス（**図2-2**）も、想定を明確化するのに役立つツールの一つです[‡]。

スタンフォード大学やカリフォルニア大学バークレー校、オンラインの

[†] これは、ブランクのオリジナルバージョンである「顧客との最初の面談後も無傷でいられるビジネスプランはない（http://bit.ly/1iXUUjB）」よりも面白い表現です。タイソンの引用は次のサイトで説明されています。http://bit.ly/1iXUY2C

[‡] ポスターサイズのビジネスモデルキャンバスの画像は、次のリンクから印刷できます（http://www.businessmodelgeneration.com/canvas）。『Running Lean』（オライリー・ジャパン）の著者で起業家のアッシュ・マウリャは、アレックス・オスターワルダーとイヴ・ピニュールのオリジナルをもとに、リーンキャンバスを開発しました（http://practicetrumpstheory.com/）リーンキャンバスについては、http://leanstack.com/ を参照してください。

Udacityなどで、スティーブン・ブランクによるアントンプレナーシップのクラスに参加した受講者は、自らの事業アイデアをビジネスモデルキャンバスに描くことから始めます。さらに学んだことにもとづきながら、毎週それを更新していきます。

わたしが関わったほとんどの会社では、ビジネスモデルキャンバスは、更新するものというよりは発想ツールとして使われていました。顧客開発を始めたばかりのとき、ビジネスモデルキャンバスがあれば、製品と主要顧客セグメント以外のビジネスモデルの要素について、想定をまとめる上での便利な手がかりになります。

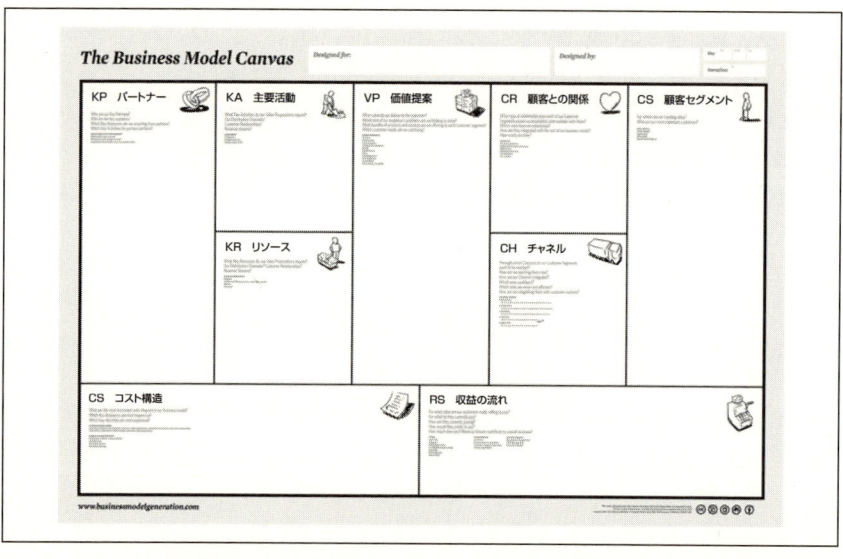

図2-2 ビジネスモデルキャンバス『ビジネスモデル・ジェネレーション』(アレックス・オスターワルダー&イヴ・ピニュール)

2.2　演習2：課題仮説の記述

次に課題仮説を記述しましょう。以後は、この課題仮説の正しさを検証したり、誤りを修正したり（おそらくそうなります）することになるでしょう。

次のフォームに、課題仮説を書き込んでみましょう。

　　［顧客像］は、［タスク］をするとき、［課題の内容］という課題がある。

または、

　　［顧客像］は、［制限／制約］のために、［課題］を体験している。

細部を確認しましょう。新聞記者がよく使う「誰が」「何を」「どれくらい」「いつ」「なぜ」の5つの観点から検討すると良いでしょう。

「誰が」と考えれば話すべき相手すなわち課題を抱えている顧客が明確になります。「何を」「いつ」「どれほど」と考えれば顧客の抱える課題が明確に、「なぜ」と考えれば成し遂げたいタスクや制約要因が明確になります。

製品を仮説に変える

すでに製品があるのなら、さかのぼって仮説を考えます。「製品が提供している価値は何か」「その価値を得る観客は誰か」「なぜ顧客はそれを必要とするのか」について考えてみましょう。このように仮説を通じて既存の製品を見直してみるのは良いことです（以下の仮説は、わたしが適当に考えたものです。これらの製品のユーザーが製品の特徴をこの仮説通りにとらえているかどうかは不明です）。

- ［テクノロジーのオペレーションチーム］は、［成長企業向けのネットワーク帯域幅がどれだけ使われているか予測］をするとき、［無駄な時間と予算が生ずる］という課題がある（アマゾンS3）。

- ［中小企業］は、［従来型のメールマーケティングのプラットフォームの価格が高くて使うのが難しい］ために、［ビジネスの成長が阻害される］という課題がある（MailChimp）。

- ［親］は、［乳幼児を寝かしつける］とき、［乳幼児の健康を不安に感じる］という課題がある（Halo SleepSack）。

- ［仕事をしている男性］は、［着古した下着が伸びたり穴が空いたりしたとき、新しいものを購入する時間がない］ために、［恥ずかしい思いをする不安がある］という課題がある（Manpacks）。

　すでに製品と顧客をお持ちなら、もっとも簡単なのは実際にそれを使っている顧客を観察することです！

　旅行サイト Hotwire が行なったインタビューは、単純ですが効果的なものでした。オンサイトの会議室を使い、Hotwire 社員が友人と Hotwire について Skype を通じて話をしただけです。それでも、既存サイトの課題が明らかになりました。Hotwire は安くホテルを予約できる代わりに、ホテル名が事前に明かされない「オパークブッキング」というシステムです。顧客は、予約前にはどのホテルに泊まるのかを知ることができないため、予約後に割り当てられた候補ホテルがどの場所にあるのかを知りたいはずです。

　調査の結果、Hotwire を使うユーザーは割り当てられたホテルにたどり着くのに苦労していることがわかりました。「ユーザーは、割り当られたホテルが地図のどこに表示されるのかわかっていなかったのです」（インタラクションデザイナーのカール・シュルツ）。IT リテラシーの高いユーザーは、新しいブラウザウィンドウを開いて Google マップを表示していましたが、そうでないユーザーはサイトを使うのを諦めてしまっていたのです。

　Hotwire のチームにとって、最初の仮説を記述するのは簡単でした。［旅行客］は、［自分が泊まるホテルがどこにあるのかわからない］ために、［ホテルの予約ができない不安がある］という課題があった。

こうした学習のサイクルはすばやく回さなければなりません。間違いを見つけるごとに、なぜ間違っていたのかを学ぶことができ、それが想定を練り直すのに役に立つからです。

課題仮説は書き留めておき、それを繰り返し見返してください。

範囲を狭める

ヒントを1つ紹介します。「仮説は大抵間違っているものだ」という説明を読んで、「仮定は一般的な記述から始めるべき」と考える人もいるでしょう。はっきりしないことは書かない方が良いからです。

でも大切なのはスピードです。焦点を絞るほどスピードは速くなります。

ほとんどの人の考えとは逆でしょう？ 一般的に「顧客プロフィールを具体的に想定するほど、実態と異なる可能性が高くなるのでは？」と考えます。

その通り。でもそれでいいのです。

あいまいな表現から始めてしまうと、個別には異なる多様な顧客を含んでしまいます。20～30件のインタビューをこなしても、むしろ正しい方向に向かっているのか確信が持てなくなってしまうでしょう。

「動物は水を好むか？」と「猫は水を好むか？」という2つの問いに対して、間違いかどうかを早く検証できる問いはどちらでしょうか？

2.3　演習3：顧客プロフィールのマッピング

顧客はどのような外見をしているでしょうか？ どのような能力やニーズ、環境を持つために、その製品を購入したいと考えるのでしょうか？

顧客像を正確に把握することは困難です。あなた自身が顧客と同じ課題を経験している場合でさえ、市場に他にどのような人がいるのかを想像することは簡単ではないのです。

まずは、次の質問から始めましょう。

- 課題は何か？

- 誰が課題を抱えているか？

「母親」や「社会人」のように、広い顧客層を「誰が」に想定した人もいるでしょう。これらは、いずれかの段階で製品に興味を持つであろう顧客層を表していると言えそうです。しかし、革新的なテクノロジーに固有のライフサイクルを理解している人なら、こうした属性を持つ人々が発売直後の製品を買ってはくれないことががわかるでしょう。重要なのは「イノベーティブなテクノロジーが普及するライフサイクル」（図2-3）の左端に位置するのは、発売初日から製品を買ってくれる人です。

わたしは、数多くの製品チームで働いた経験からも言えますが、難しいのはどこから始めるべきかについてです。そうした場合に役立つ方法のひとつは、対立する2つの概念を直線の両端に置き（図2-4）、次の2つの質問をしてみることです。

- この2つの概念は、顧客が抱える課題に関連しているか？

- 関連している場合、顧客はこの特性の中のどの場所に配置できるか？

ある特性が重要であるか、重要でないかは、その特性が顧客の意思決定にどのように影響しているかによって決まります。たとえば、ターゲット顧客が節約を重視していると思われる場合、フル機能を備えたプレミアム価格の製品を提供する考えは、その特性と相い容れません。

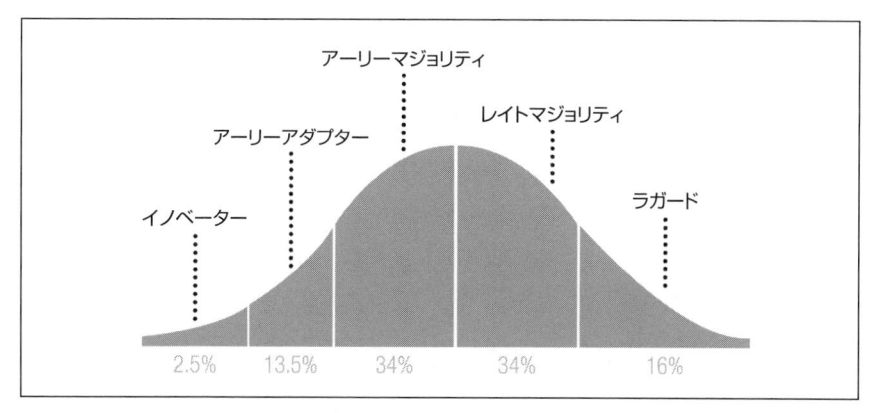

図 2-3 イノベーティブなテクノロジーが普及するライフサイクル：イノベーターとアーリーアダプターのみが、不完全や不十分さを承知の上で、新しいソリューションを自発的に試す。ソリューションが信頼できるまで待つ人は、顧客開発のインタビューには適さない[†]

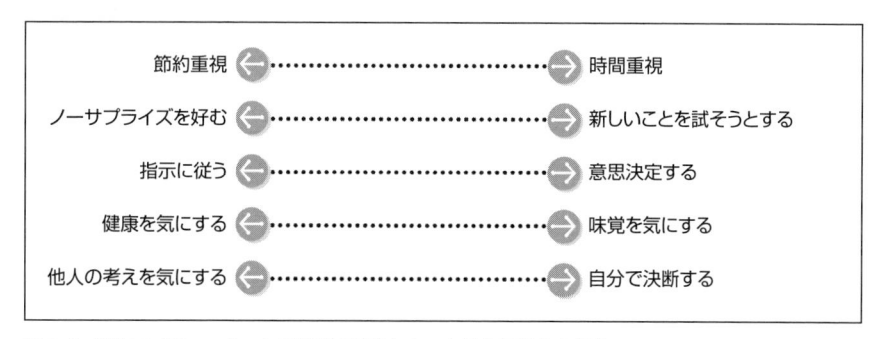

（図中ラベル：イノベーター 2.5%、アーリーアダプター 13.5%、アーリーマジョリティ 34%、レイトマジョリティ 34%、ラガード 16%）

（図2-4 の対比項目）
- 節約重視 ⇔ 時間重視
- ノーサプライズを好む ⇔ 新しいことを試そうとする
- 指示に従う ⇔ 意思決定する
- 健康を気にする ⇔ 味覚を気にする
- 他人の考えを気にする ⇔ 自分で決断する

図 2-4 新しいソリューションで課題を解決したいと思う気持ちの傾向

　この特性の傾向が良いのは、見てわかりやすいことです。ホワイトボード上にチーム全員が書き込む作業をすることを通じて、異なる考えのメンバーを巻き込むこともできます。分厚い文書を読むのに慣れないエンジニアや、デザイナーや、営業担当者でも、短時間で行なえるホワイトボードの作業なら、参加しやすくなります。

　まず以下のリストをもとに、さらに自分の会社や業界に固有の条件を付け加えてみてください。

　消費者がターゲットである場合、次の特性を出発点にします。

[†] http://en.wikipedia.org/wiki/File:DiffusionOfInnovation.png

- 節約重視か、時間重視か？

- 意思決定に従う人か、意思決定をする人か？

- コントロールを求めるか、利便性を求めるか？

- テクノロジーにうといか、テクノロジーに強いか？

- 頻繁に買い換える人か、物持ちがいい人か？

- 冒険的なものが好きな人か、ノーサプライズに安心を求める人か？

- 変化を楽しむか人か、変わらないことを好む人か？

法人がターゲットである場合、次の特性を出発点にします。

- テクノロジーにうといか、強いか？

- 自律性が高いか、低いか？

- 企業文化が保守的か、進歩的か？

- リスクに対して回避的か、積極的か？

- 価値の安定性か、復元性か？

- すぐに使えるソリューションを好むか、カスタマイズしたソリューションを好むか？

このように対立する特性の尺度で測ることで、包括的なターゲット顧客プロフィールを作ることができます。このプロフィールを仕上げるために、次のような質問をしても良いでしょう。

- この人にとって最大の心配は何か？

- この人にとって購入を促すきっかけとなる成功や報酬は何か？

- この人の職位や役割は何か？

- この人は自らをどのような社会的アイデンティティでとらえているか？（ティーンエイジャー、母親、出張の多いビジネスパーソン、退職者、スポーツ愛好家など）。

「なぜ顧客と話し始める前に、こんな面倒な作業が必要なの？」とか「顧客プロフィールを描くのは簡単なのにどうして顧客と直接話をしなくてはならないの？」と疑問に感じる人もいるでしょう。

　この作業のメリットとは、判断をする軸を得られることにあります。いくつかインタビューをした後、それぞれの想定について、その想定が正しかったのか、正しくなかったのかについての判断を、根拠を伴ってできるようになるのです。

人口統計データは顧客ではない

　ここまでで、従来のマーケティングで用いられてきた年齢、性別、人種、世帯収入、家族状況などに触れていないことに気づいたでしょうか？
　わたしが、こうしたよくある項目を避けるのは、この種の切り口ではわたしが本当に知りたいこと――誰が製品を購入するのか？ それはどのような人か？ その人の日常生活のどの要因がこの製品を買いたいと思わせるのか――などの問いに十分答えてくれないからです。
　Microsoft 主任研究員ダンカン・ワッツは、「マーケティングの担当者が年齢や性別を考えだすと、［架空の］個人の話を作りだしがちだ（中略）。現実の対象は、異なる種類のニーズや動機をかかえて複雑に絡み合う、雑多な人間集団なのに、［架空］の話（中略）を作ってしまうことで、このような複雑さは隠蔽され、架空の［個人］が全体を代表する生身の人であるかのよ

うに推論してしまう。これが大きな過ちである」と述べています。
　製品が完成して、数千、数万の単位で出荷されるようになると、年齢や性別といった統計的な属性から、興味深いパターンを得られるようになるでしょう。しかし、製品の仕様すら決まっていない段階では遠い先の話です。
　アナリストレポートや国勢調査、市場調査などの一般的情報を見たい衝動に負けてはいけません。素晴らしい製品を作るためには、具体的で詳細な描写が可能な少ないサンプル情報の方が重要なのです。

2.4　次のステップ：ターゲット顧客を見つける

　ターゲット顧客のプロフィールができれば、インタビュー先を探す準備は整いました。3章では、その顧客は誰か、どのように見つけるのか、どのように近づいてインタビューの段取りをつければ良いかについて検討します。

この章のまとめ

- チームで時間を作って想定を書きとめ、妥当性を検証する。チームメンバーの考えが揃っていると思うときでも、そうでないことが多い。

- 課題仮説を書き出す（［顧客像］は、［タスク］をするとき、［課題］を抱えている）。

- 仮説は可能な限り具体的にする。焦点を絞るほどすばやく検証できる。

- チームで特性の尺度を使ってターゲット顧客のプロフィールを作成する。

3章
誰と話をすべきか？

僕たちは、先進的な食文化の聖地カリフォルニア・ソノマの「ワインオークション」というイベントで、ハイエンドなワイナリーの隣に「KRAVEジャーキー」のテントを出展したんだ。場違いだったが、興味を持った人がたくさんテントに来て話をしてくれたよ。

——ジョン・セバスチアーニ、KRAVE CEO

誰もが人とのつながりを求めている。自分が、製品を良くすることを手伝っていると実感したり、ユーザーに最高のものを届ける手助けを実感してもらえると、盛り上がってくるものだ。

——ダン・レヴァイン、StyleSeat CTO（最高技術責任者）

話をしてくれる適切な顧客を見つける方法の見当がつかなかったり、具体的な顧客が目に浮かんでも、顧客が自分と話をするための時間を割いてくれるとは思えない、と不安になるかもしれません。すでに製品が完成していて、既存の顧客がいる場合でさえ、顧客と直接話をするのは恐ろしく難しいと思う人もいるでしょう。ましてや、製品がない段階で、まだ存在しない製品の話を進んで聞いてくれる人など、いるはずがないと思うのが普通です。

この章では、そうした不安に向き合います。開発中の製品について、役立つ人を見つけるために、人脈やソーシャルメディア、ウェブサイトやリアルな場所をどう使えば良いかを説明します。顧客がすすんで情報を共有したり協力してくれるよう気持ちを向かわせる方法についても説明します。社会心理学の基礎を理解することで、協力してもらうよう相手を説得したり、協力してくれた相手に喜んでもらえる方法についても学びます。さらに、以下についても説明します。

- 「エバンジェリストユーザー」の重要性。

- 話をする相手を見つける方法。

- インタビュー手法と、インタビューをスムーズに実施するための準備方法。

- インタビューに意欲的な相手が見つからない場合にすべきこと。

この章では、顧客開発におけるインタビューを、「誰が」「何を」「どこで」「どのように」「いつ」の視点でとらえ、具体的に誰と話をすべきか、どのような手段（対面、電話、ビデオチャットなど）で話をするか、どこで（リアルな場所や携帯電話、ビデオチャットで）、いつ（特に日程と間隔の点で）インタビューをするかを検討します（2章では、インタビューをする理由を考察したので、この章ではその具体的な方法に取り組みます）。

この章では、インタビューの相手に「何を」質問をするかについては触れません。質問内容を事前に決めてしまうのは、顧客開発を誤らせるまずいやり方です。「何を」は、インタビューを通じて相手から学ぶべきであって、事前に用意すべきではないのです。この点については4章で詳しく検討します。

本章を読むことで、見込み客にアプローチする準備が整います。顧客に早く接触す

ればするほど、仮説の検証も早く進みます。

3.1 製品を開発する前にどうやって顧客を見つければ良いのか？

　よく尋ねられる疑問ですが、わたしはいつもこう応じます。「では製品を開発した後にどうやって顧客を見つけようと考えているのですか？」

　意地悪してそのような質問を返しているのではなく、製品の開発前に顧客を探すのは、製品の開発完了の後になって探すのと同じことなのです。顧客開発を行なう前なら、半年間かけて製品の開発を終え、販売する準備が整ってから、次のような行動をしていたのではないでしょうか？

- 適当な場所やメディアで宣伝する。

- 製品に興味を持ってくれそうな人を探してセールスピッチやデモ、サンプル配布をする。

- 顧客になりそうな人が集まっている場所を探して目の前で製品を見せる。

- 補完的な製品やサービスの提供者と組んで抱き合わせ販売をする。

- ウェブサイトを作ってサイトに人が流れてくるチャネルを特定する。

　実はこれら方法は、そのままコードを書いたり、ワイヤフレームをスケッチしたりする前から始めることができるはずです。そうすることで、以下のような災難を避けることができるのです。

- サイトに誰もこないため、Google Analytics に障害が発生しているのではないかと疑う。

- ガレージいっぱいの製品在庫を見て、ディスカウントショップの Goodwill に値引きして卸さなければならないのではないかと不安になる。

3.1.1　顧客はなぜ話をしたがるのか？

　顧客を見つけるノウハウの詳細に入る前に、そもそも顧客はなぜ、見たことも聞いたこともない計画段階の製品のために、進んで時間を割いて話をしてくれるのでしょうか？

　そんな顧客がいることを額面通りに信じる人はいません。みんな忙しい毎日を過ごしているのです。テレマーケティングや広告やスパムを毛嫌いしているため、顧客開発をしようと顧客にアプローチしても、同じように嫌われてしまうと考えるのも、無理からぬことです。

　進んで話をしてくれる人（それも有用な人）がいると信じるには、相手を理解する事から始める必要があります。

3.2　エバンジェリストユーザーの重要性

　探し出したいのは、熱心で情熱的な顧客です。言い換えれば、課題を解決したいと強く思っている人たちのことです。

　それは「アーリーアダプター」と呼ばれる人たちではありません。いつも真っ先に最新機器を買い求め、新製品を誇らしげにまわりに見せびらかせて、高度な機能を使いこなすことを楽しんでいる人ではないのです。アーリーアダプターは、何であっても新しいものに意欲的です。そのため、仮説の有効性を検証するのには向いていないのです[†]。

　探したいのは「課題に直面しその解決を試みている人」です。これらの人々はアーリーアダプターとは違う人種で、特にテクノロジー好きなタイプでも、新しいものを積極的に取り入れようとするタイプでもありません。これらの人々はただ「解決すべき課題を抱えている」のです。

　別の見方をすれば、もっとも激しい痛みに苦しんでいる人が適任なのです。

　スティーブン・ブランクは、まだ有効性が証明されていない未完成の製品を、リスクを承知で積極的に使う人のことを「エバンジェリストユーザー」と呼んでいます（図 3-1）。

[†] 監訳注：本書でのアーリーアダプターの定義は既存書籍と異なっています。既存書籍では「課題に直面しその解決を試みている人」がアーリーアダプターですが、ここでは「何であれ新しいものに意欲的」な層にしています。

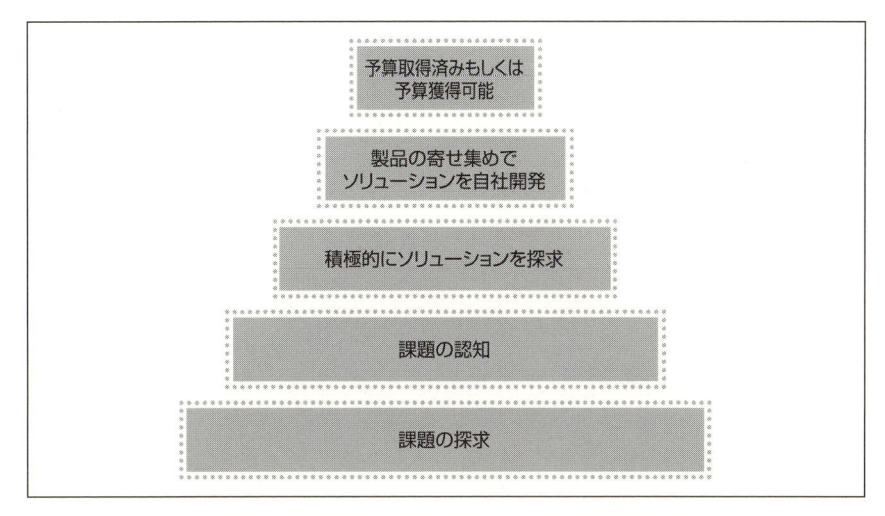

ピラミッド図（上から下へ）:
- 予算取得済みもしくは予算獲得可能
- 製品の寄せ集めでソリューションを自社開発
- 積極的にソリューションを探求
- 課題の認知
- 課題の探求

図3-1　スティーブン・ブランクによるエバンジェリストユーザーの定義。エバンジェリストユーザーは、これらの特性を有するのに加えて、あなたのビジョンを広めてくれる

　エバンジェリストユーザーは、自分の課題やニーズや環境について、細かく教えてくれます。そうした人は、頼んでもいないのに、不格好で欠陥だらけのベータ版をせっせと試しては、大量のバグや、多くの建設的な提案を記した長い電子メールを送ってくれます。そのうえ、知り合いにあなたの製品を勧めてくれることもあります。エバンジェリストユーザーは、好意でそうしてくれるのではありません。切実な課題を抱えてイライラしたり腹を立てたりしているからこそ、あなたが作ろうとしている製品が、課題の解決に役立つかもしれないと期待して、自分のメリットのために必要な情報を提供してくれるのです。

　アプローチした相手が、あなたと話をすることを負担に感じているとしたら、会う相手を間違えているのです。相手にとって、知っていることを話しても、自分にはメリットがないと思っていたら、その相手はエバンジェリストユーザーではないのです。

3.3　人を動機づける3つのこと

　わたしは何年もこの作業をしていますが、顧客開発のインタビューを申し入れると、快諾してくれる人が多いことに、いまでも驚きます。しかし考えてみると、逆の立場でもし他の製品のインタビューをわたしが申し込まれたときには、きっと同じように快諾し、そのことを楽しむでしょう。なぜでしょうか？

人はひとり一人異なっていますが、普遍的な側面もあります。例えば次のような欲求に動機づけられて行動することは、誰にでもあるものです。

- 他者を助けたい。

- 他者から賢いと思われたい。

- 物事をより良いものにしたい。

3.3.1　他者の役に立つことを幸せと感じる

製品のアイデアについて見込み客と話をする際、このような傾向は、どのように役立つのでしょうか？

たとえば、個人宛のメールアドレスに、つまりパーソナルにインタビュー依頼のメールを送信すると、受信者はそれを見て誰かが自分に助けを求めていると感じます。これは国を問わずあたりまえの心理です。わたしたちは文化や所得にかかわらず、他者を助けるために労力を投じることによって、幸福感を覚えるのです[†]。依頼メールに、なぜあなたと話をしたいのかについての明快な理由を書くことで、受信者には、ある種の当事者意識が生じます。もう、他の誰かがしてくれるから自分じゃなくてもいいだろう、と無視することができなくなるのです[‡]。

わたしたちには、自らのアイデンティティに合った何かに時間を捧げることに、喜びを感じる傾向があります[§]。相手が関心を持つことについての話を聞かせて欲しい、という依頼メールは、ウィンウィンの関係にあるのです。

3.3.2　他者から賢いと思われたい

受信者からインタビューを快諾してくれる返信がきました。インタビューでは、相手が専門家であることをはっきりとさせましょう。相手の経験から学ぶことに集中す

[†]　http://www.apa.org/pubs/journals/
[‡]　他者が課題を解決してくれるだろうと想定する傾向は、「責任の分散」と呼ばれています。また、これと類似したものに「社会的手抜き」があります。人は集団でいると、個人のときよりも仕事をしなくなる性質です。わたしは、この「社会的手抜き」の心理によって、大きな規模の調査では回答率が低く、やる気のない回答が多くなる理由を説明できると考えています。
[§]　ボランティアにおいては、人はお金よりも時間を使うことを好みます。また、お金を寄付したときより時間を投じたときの方が大きな喜びを感じることもわかっています。http://www.escholarship.org/uc/item/8j02n364

るのです。

　他者から賢いと思われた気持ちは、自己中心的なものではありません。わたしたちは他者から尊敬されるときに報われたと感じます。心理学者のアブラハム・マズローは、これを承認欲求と定義し（目標達成、他者の尊重、他者からの尊敬）、欲求の5段階に含めました[†]。わたしが顧客開発インタビューの最後に礼を告げると、相手は決まって「いえいえ、こちらこそありがとうございます。お役に立てることができて、嬉しく思いましたよ」と言ってくれるのです。

　わたしは、人は誰でもその人にとっての毎日のルーチン（家族に食事を作る、コードのデバッグをする、大規模な会議の手配をすることなど）では、自分が専門家だと認識しています（まわりからそう見なされることはありませんが）。自分が当然だと思っていることを、その分野の門外漢から尋ねられるのは楽しいものです。人は自分の専門分野を人に説明することが好きなのです。

3.3.3　物事を改善しようとすると、目的意識が生まれる

　インタビューの相手によっては、愚痴を漏らしているうちに、怒りを爆発させてしまうこともあります。重要なのは、フォローアップの質問をすることで、その相手に「ここで協力すれば事態がよくなる」という感覚を持ってもらうことです。これは普段あまりない感覚です。

> 消費者の苦情の95%は解決されないので、わたしたちは無力感や絶望感を覚えます。問題が解決されないのは、消費者自身が不満を正しく伝えることができないためです（中略）。わたしたちの多くは責任者に苦情を言っても満足な解決につながらず、かえって事態を悪くすると考えがちですが、実は適切に苦情を申し立てることで人間関係や社会的文脈のなかで自らの影響力を発揮し、有能感や力強さを感じられることもあります[‡]。

　課題を個人的に体験しない限り、顧客がなぜ一生懸命に課題について話したがっているのか理解できないものです。

[†]　http://en.wikipedia.org/wiki/Maslow's_hierarchy_of_needs
[‡]　http://www.psychologytoday.com/blog/

免許証更新の話は盛り上がる

　誰もが共通に苦痛を感じる状況には、どのようなものがあるでしょうか？ 米国の場合なら、なんといっても運転免許センターの免許証更新手続きがそうです。

　見ず知らずの人が多くいる場所（たとえば喫茶店やバス停など）で、「いやあ、たった今運転免許センターに行ってきたばかりなんだ」と話しかけてみましょう。まわりの人は、すぐにその話題に乗ってくるはずです。

> もうこれで2度目なんだ！ 前回は、何時間も待ってようやく順番が回ってきたと思ったら、係員は「必要書類が足りません」って言うんだ。
>
> インターネットで予約してから行くといい。そうすれば10分で手続は終わるよ。
>
> 列に並ぶことを見越して、仕事の書類も持ってきた。その間でも仕事を進められれば、生産的な時間を過ごしたことになるからね。

　そこに居合わせた人たちが、おしゃべりだったり、運転免許センターの職員だったり、人生相談のコラムニストであるわけではありません。運転免許センターでは、誰もがいちどはひどい体験をしているので、同じ体験をする人を助けようとしたり、アドバイスをしたり、改善策を提案したりするのです。

　いま、あなたは相手に時間のかかるインタビューを求めていて、現代人であれば誰もが忙しく過ごしています。このことは、たった20分のインタビューを通じて、誰かを助けたり、他者から賢く見られたり、世界をより良い場所にしたりする機会を、相手にプレゼントしている、と考えることもできるのです。

3.4　どのように顧客を見つければ良いのか？

　製品を購入してくれる可能性のある人は、地球上のどこかにいます。しかし、そうしたニッチ市場の経験を特別に多く持つ人でない限り、相手を見つけるのは容易ではありません。顧客を見つける方法にはさまざまなものがありますが、あなたの製品を求める人を探し出すためには、いくつかの試行錯誤も必要です。

3.4.1　身近な人に紹介してもらう

　最初に検討すべき相手とは、あなたのまわりの友人や同僚です（おそらくあなたは、自分や友人、同僚と、ある程度の関連性のある市場に向けた製品を作ろうとしているのではないでしょうか？　もし、個人的なネットワークが、製品の市場とまったく無関係なら、あなたは何も知らない市場への製品投入を企画しているのですね。それは、きわめて危険です）。

　どこから始めれば良いのでしょうか？　あなたの連絡先リストに500人登録されているからといって、500人全員に電子メールを送る必要はありません。

　解決しようとしている課題に無関係な、大勢の人たちにインタビューをする時間はありません。

　また、以前の職場の上司や、子供のサッカーのコーチ、親戚のおばさんにインタビューを頼むのも適切ではありません（もちろんこれらの人々が、あなたが解決しようとしている課題を抱えている場合は、インタビューの対象です）。直接的な知り合いの中に見込み客はいるかもしれませんが、実際には間接の知り合いという大きな宇宙のなかに、見込み客に相応しい人がいる可能性の方が高いはずです。ですから、あなたはまず自分の知り合いに、「こんな課題を抱えていそうな友人や同僚、家族がいたら紹介してよ」と依頼するのです。

○○な友人を紹介してもらえませんか？

　紹介を依頼する際の原則は、なぜ、その相手を選んで紹介を依頼しているのかについての理由を、明確に伝えることです。たとえば、トライアスロンをしている友人にアマチュアアスリートの紹介を依頼する、医療業界で働いている元同僚に看護師の紹介を依頼する、という話の持って行きかたは、その依頼が適切であると受け止めてもらえます。また、誰かの紹介を依頼すること自体が、相手のプライドをくすぐり、嬉しく感じてもらえます。

　しかし友人や同僚は、同時に警戒もしています。あなたの依頼を引き受けることは、自分の大事な友人や同僚を、普段とは異なる状況に放り出すことにほかならないからです。

　友人や同僚のネットワークに入っていくためには、こちらが求めていることを明確に伝えなければなりません。友人や同僚が抱く時間やコミットメント、プライバシー、話す内容についての不安に対処しなければなりません。友人や同僚に対して、あなたが知人を紹介してもらうことは、簡単で造作ないことだと承認してもらうのです。

もっともスムーズなのは、紹介して欲しい人の条件を明記することで、知人や同僚から、該当する人の連絡先を教えてもらい直接連絡を取ることです。しかし実際には、このようなケースはあまりありません。友人や同僚は、いきなりあなたから知り合いに連絡がいくよりも、まず自分で知り合いに用件を伝える方が安心だからです。あなたからの依頼メールを知人や同僚が、紹介先の人に転送すれば、その知人や同僚があなたを助けようとしていることが明確に相手に伝わります。こうすれば、依頼に応えてくれる率が高まるし、インタビュー時にも知らない相手に安心感を与えやすくなります[†]。

紹介を依頼する

　友人や同僚への依頼メールに記載すべき情報について説明しましょう。わたしはいつも電子メールで依頼をします（電話や対面でのコミュニケーションをしたことがある相手であっても、必ず電子メールで依頼をします）。

　時間を節約しようとして、メールを一斉送信するのはお勧めしません。人は自分だけに向けて書かれたメッセージの方を好意的に受け止めます。Bccを使って一斉送信されたメールは、スパムとして無視されがちです。

　メッセージは、友人や同僚があなたを応援しやすいように書きましょう。友人や同僚は、あなたのメッセージを知り合いにそのまま転送する場合もありますし、編集してから送り直す場合もあります。要約して別の媒体に掲載することもあります。

- テーマについて簡潔に記述する（20〜40文字程度）。

- 紹介してもらった人にインタビューをすることがいかに価値があるか、その理由を述べる。

- 相手に、関係各位にメッセージを転送してもらえるかどうかを尋ねる。

[†] これは、あなたのメールが受信者の迷惑メールフォルダに振り分けられてしまわないためにも役立ちます。

- 助けてもらえることがどれほど自分にとってありがたいかを伝える。

- 相手に、めぼしい知り合いにメッセージを転送して欲しいと依頼する。

- 「インタビューを通じて知りたいこと」「インタビューの所要時間」「プライバシーの保証」などを明記した、編集せずに転送可能なメッセージを本文に含める。

メッセージの文例：

わたしは「エンジニアリングチームによるアジャイル手法の活用方法」について調べています。リクルーターであるあなたには、エンジニアリング関連の採用担当者とのつながりが多くあると思います。つきましては、以下のメッセージを、関連のある方々に転送してはいただけないでしょうか。

承諾してくださった方には、現在のエンジニアリングプロセスについて尋ねるために、**20分間の電話インタビュー**をお願いいたします。
事前準備はいっさい不要です。どのような仕事の進め方をしているかを教えてくださることが、当方のプロジェクトにとって大いに役立ちます。そのまま転送できるように、以下のメッセージを記載します。

わたしは＿＿＿＿＿＿と申します。現在取り組んでいるプロジェクトのために、エンジニアリングチームによるアジャイル開発手法の活用方法についての詳細を調べております。あなたの経験について伺い、いくつか質問させていただくことで、きわめて参考になる情報が得られます。インタビューは20分以内で終わります。事前の準備は不要です。

来週、ご都合の良い日時に、電話インタビューをお願いすることは可能でしょうか？

［あなたのお名前と連絡先］

_____

3.4.2　インターネットで呼びかける

　直接の知り合いやその紹介からでは、インタビューに相応しい相手を十分に見つけられないことのほうが多いでしょう。効果的な相手の探し方は、他にもさまざまなアプローチがあります。

LinkedIn で探す

　LinkedIn は、特定の業界で働く人や、特定の肩書を持つ人を見つけるための、もっとも簡単な方法です。スキルや専門知識で検索範囲を絞り込むこともできます[†]（当然ながら肩書や経歴にもとづいた検索は、消費者向けの製品よりも、エンタープライズ製品と関連のある相手を探しやすい性質があります）。

　一親等か二親等（つながり）の人のなかに、基準を満たす人が数人は見つかるはずです。それだけいれば1人か2人は興味を持って手助けしてくれる人が現れ、さらに大勢に向かって、あなたのリクエストを広めてくれることも珍しくありません。

　一親等の人に対しては LinkedIn の独自のメッセージシステムやプロフィールに記載された個人用のメールアドレスを使って直接メッセージを送ることができます（相手のプロフィールを見るには、LinkedIn にログインする必要があります）。二親等の相手に対しては共通の知り合いを通じて、メッセージを転送することができます（図3-2）。

[†] LinkedIn の戦略的な活用方法については、MovingWorlds の CEO、Mark Horoszowski のブログが参考になります。http://customerdevlabs.com/2012/06/24/

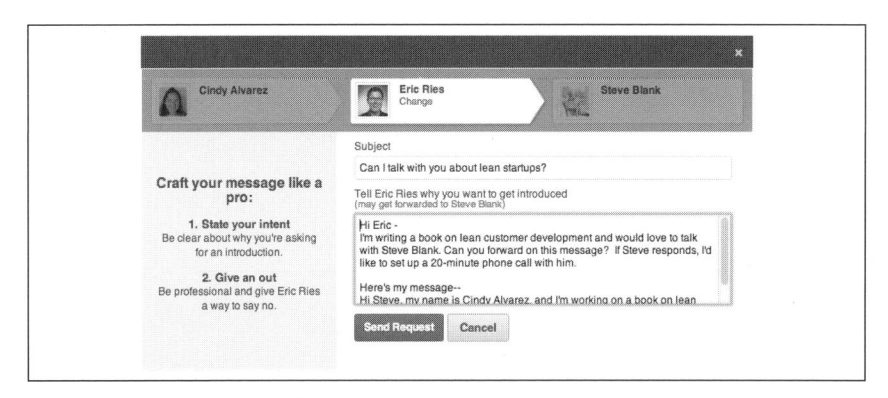

図 3-2 二親等の人にメッセージを送信したい場合はそのまま転送できる文章を記載して、相手が簡単に紹介しやすいようにする

　しかし、LinkedIn の三親等以上の人にメッセージを転送するのはお勧めしません。つながりがそれだけ離れてしまうと、その人のために親身になろうとする感覚が薄れます。三親等まで対象を広げてでも大勢にアクセスしたい場合は、プレミアムサブスクリプションにアップグレードし、LinkedIn の inMail 機能を使って、直接相手に連絡した方が良いでしょう。

　プレミアムサブスクリプションには、inMail のクレジットが含まれています。このメッセージの送信には料金がかかるので、受信者からはスパムと見なされにくくなります。inMail は受信者がメッセージを受信した場合にのみカウントされるので、料金が安くなるようメッセージを調整することもできます。プレミアムサブスクリプションでは、人材をさらに探しやすくするフィルター機能にもアクセスできます。

　また、LinkedIn での人材検索は、顧客開発ツールとしても役に立ちます。特定の職名や業界の組み合わせで検索した場合に、思っていたほど多くのヒット数が得られない場合は、あなたがターゲットにしている市場が小さ過ぎる可能性があるのです。

　LinkedIn の問題は、あいまいなキーワード検索でヒットするあらゆる人にアプローチをする人材紹介業者の大量のメールに、メッセージが埋もれてしまうことです。メッセージを具体的で簡潔にして、個人向けにパーソナライズするなどして差別化しましょう。

LinkedIn での自己紹介の例

　LinkedIn のメッセージには、1,000 ワード（英語版）、7,000 字（日本語版）の字数制限があるため、インタビューの目的や方法を簡潔に説明しなければなりません。メッセージに含めるべき情報の例を示します。

- その相手にインタビューをすることが、わたしに役立つのかその理由。

- 当該の課題についての簡潔な記述（20 〜 40 文字程度）。

- 必要な時間（3 つの質問へ回答、5 分間の電話インタビューなど）。

> メッセージの文例：
>
> こんにちは。＿＿＿＿＿と申します。わたしは現在、中小企業によるSaaS 製品の採用状況について調べております。3 つの質問から成るアンケート（所要時間は 2 分程度です）に答えていただくことは可能でしょうか？［URL］
>
> ご協力に感謝いたします。お礼として、わたしに協力させていただけることがあればお申しつけください。
>
> ＿＿＿＿＿

　ただし、このような調査は、顧客インタビューの代わりにはなりません。このシナリオでは、調査には 2 つの目的があります。1 つは、相手がターゲット顧客に該当することを確認するための、ごく少数のスクリーニング用の質問ができること。もう 1 つは、相手に接触するための足掛かりを作ることです。LinkedIn 経由で人に接触する

のは人間味のある方法ではありません。そのため回答を得るためには、最初のリクエストはできる限り軽く、短いものにする必要があります。一度でもやりとりをすれば、その後のフォローアップの質問や長いインタビューへの同意をはるかに得やすくなります。

Quoraで探す

　Quoraは、消費者／企業向け製品のユーザーを見つけるための効果的なツールですが、テクノロジーやインターネットなどへの偏りがあります（Quoraはもともと招待制のサイトとして始まり、初期のコミュニティは、サンフランシスコとニューヨークのテクノロジーコミュニティが中心でした）。

　Quoraのユーザー数はLinkedInやTwitterよりもはるかに小さなものの、情熱的で雄弁な人が多いという特徴があります。わたしもQuora経由で求めていた人材に運良くめぐりあうことがよくあります（わたしは個人的にはLinkedInの受信トレイに送られてきたものよりも、Quoraの受信トレイに送られてきたメッセージの方に回答することが多いです）。

　Quoraを使うには、まずしておくべきことがあります。Quoraのユーザーは自らのコミュニティの質を大切にしています。ですから普段からQuoraで受け身にならず、コミュニティに寄与する活動を行なっておくことが大切です。写真をアップロードし、プロフィール情報を入力し、対象の製品に関連するトピックに目を通しておきましょう。誰かが投稿した質問に回答したり、コメントを書き込んだりして、コミュニティに貢献しましょう（その際、自分の宣伝をしてはいけません）。

　このようにコミュニティに貢献することで、見返りも得られます。たとえばインタビュー相手への質問内容についてのアイデアを得やすくなります。また、あなたがフォローしているトピックについて質問やコメントを書いている人がいたら、最初のインタビュー相手として最適です。おそらくそうした人々は、そのトピックについての専門家と自認しており、質問をすれば喜んで話をしてくれる確率が高いと言えます。また、質問をフォローすることで、あなたがそのトピックに興味があることを示せます。こうして相手は、あなたのメッセージに反応してくれやすくなるのです（図3-3）。

> **Question Stats**
>
> Latest activity 4 Oct, 2012
>
> This question has **1** monitor with **426631** topic followers.
>
> **448** views on this question.
>
> **13** people are following this question.

図 3-3　Quora の質問「顧客開発：仮説の検証をどのように行ないましたか？」のフォロワー

　ただし Quora のスレッドで、顧客開発への参加者を応募するのは避けてください。すぐに取り下げ候補の対象となる上、あなたが求めている人物からうとましく思われてしまうでしょう。

　その代わりに、ひとり一人個人宛にメッセージを作成しましょう。興味深い人を見つけたときは、その人の名前をクリックして、プロフィールページを表示します。ユーザープロフィールのページのサイドバーに、相手に直接メッセージを送ることのできるリンクがあります（このリンクはあまり目立たない場所にあります。**図 3-4**を参照）。

図3-4 Quoraのユーザープロフィールのページの左サイドバーには、ユーザーに直接メッセージを送ることのできるリンクがある

　まずは1人か2人のQuoraユーザーにメッセージを送ってみて、そのメッセージが効果的かどうかを確認しましょう（後でメッセージの微調整が必要になる場合があるので、いきなり見込みのある相手全員にメッセージを送信してしまわないことに注

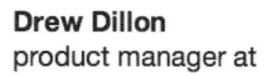

意)。相手がプライベートメッセージの通知機能をオフにしている場合は、返信までに数日待たなくてはならないこともあります。

フォーラムやプライベートのオンラインコミュニティで探す

「育児中の人」「BMWの愛好家」「慢性疾患を抱えている人」「ダイエット中の人」「ワイン愛好家」などを探している場合は、Quoraのような一般的なコミュニティサイトではなく、特定のトピックに関するフォーラムやメーリングリスト、会員制コミュニティの方が、求めている人物を見つけやすくなります。

こうしたコミュニティの多くは、インターネットで探せます。適切なコミュニティを見つけるための近道は、ターゲット顧客に「このトピックについての知りたいとき、あなたならどのコミュニティサイトを使いますか？」と尋ねてみることです。

ただし、そうしたコミュニティを、顧客開発のインタビュー相手を探す場所のように扱ってはいけません。そこに古くからある文化や仲間意識を尊重しましょう。コミュニティ内のやりとりを読み進めるだけでも、あなたのアイデアの検証に役立ちます。コメントが多いのはどのようなトピックか、コメントがまったく付かないコメントにはどのような特徴があるかを探りましょう。見込み客がどのような課題や動機付けを持っているかを知る上で、役立ちます。

Quoraと同じようにどんなコミュニティでも貢献から始めることが重要です。まずは黙って他のメンバーの会話を読み込み、それから質問への答えを書き込んでいきましょう（事実にもとづく回答の方が、個人的な意見を述べるよりも無難です）。インタビューのリクエストを大量に送信するためではなく、少数の人たちとのつながりを作るための手段として、コミュニティに参加しましょう。

オフラインで探す

見込み客を見つけるためには、現実の場所に行ってみる方が簡単というケースもあります。5キロレースやハーフマラソンのゴール地点ほどランナーが多く集まる場所はないでしょう。歯科の大規模なカンファレンスが開かれている会場の向かいのスターバックスほど、たくさんの歯科医が集まっているところもないでしょう。

もちろん現実の世界で人に話しかける際には、相手の邪魔をしないように、オンラインにもまして気をつけなければなりません。相手が現在している行動に配慮しましょう（列に並んでいる、取引先になりそうな相手と挨拶をしている、可愛い女の子の連絡先を聞き出そうとしている、買い物をしている）。それらが終わるまでは近づ

3.4　どのように顧客を見つければ良いのか？ | 51

かないことです。オフラインでは、オンラインのときよりも時間の制約があります（ランナーは汗だくで喉も乾いているので、長い時間あなたと話をするのは望まないでしょう。歯科医は、次の会議が始まるまでに会場に戻らなくてはなりません）。量のあるインタビューをせずに、質問を1つに絞ったり、手早く課題を尋ねたり、後でフォローアップできるように連絡先を教えてもらったりしましょう。

　カンファレンスには、スポンサーとして参加することもできます。でもカンファレンスにブースを出展したことがある人なら、ブースには悲しくなるほど人が集らない経験をお持ちだと思います（通りがかった人が思わず引き寄せられる、イベントや魅力的な景品がない限り）。カンファレンスでは、相手が寄ってくるのを待つのではなく、こちらから積極的に質問をして、連絡先を聞き出さなければなりません。

見込み客がすでにいる場所に行こう

　高級ワインのおつまみにビーフジャーキー？

　「ビーフジャーキーは安っぽいスナックと見なされてきました。ガソリンスタンドで売っている男性向けのジャンクフードというイメージです」と、KRAVE の CEO ジョン・セバスチアーニは述べました。しかしセバスチアーニは、高タンパク食品やオーガニックフードの人気が高まっているトレンドから、高級ビーフジャーキーへの潜在的需要が高まっているはずだという仮説を立てました。「ビーフジャーキーという食品カテゴリーの認識を根本から変える製品を作れないだろうか？」それが最初の問いでした。

　セバスチアーニは、まず半分冗談で、カリフォルニアのソノマに行きました。ここは、進んだ食文化の中心地で、食べ物に対して傲慢なまでの趣向を持っている舌の肥えた人々がいる場所と思われています。つまり、見込み客がすでにいる場所に行ったのです。そこで地元のホールフーズや、毎年恒例となったワインオークションなどのイベントに参加しました。

　実はこのときセバスチアーニは、UC バークレー・コロンビア大学のエグゼクティブ向け MBA プログラムで、スティーブン・ブランクの Lean

LaunchPadを受講していたので[†]、毎週自らの顧客開発の実体験を話して、ブランクからフィードバックをもらっていました。

KRAVEのチームは、ソノマのイベントで出会った潜在顧客により、自分の仮説が強く検証されるので驚きました。「まるで閉じ込められていた高級ビーフジャーキーへの渇望が、バアッと解き放たれた感じでした。ひそかにジャーキー好きな人が、どこにいいジャーキーがないか探していたのです！」

高級ジャーキーへの需要が存在することに確信を持ったKRAVEは、自社の製品がその期待に応えられるものかどうか検証する必要がありました。そこで見込み客に、購入を決定する決め手は何か、食品の原材料名のどの項目に注目するか、「自然食品」「ヘルシースナック」などの言葉をどのように定義しているかなどを尋ねました。その結果、硝酸塩や人工の素材を使うべきではないことがわかりました。「プレミアム製品と見なされるためには、どれほど厳しい基準を満たさなければならないかを知って、ショックを受けました」。

顧客の需要があることを検証するのは、等式の片側に過ぎません。ターゲット顧客に到達するためには、店の棚に商品を置いてもらわなくてはなりません。卸業者や小売店にとって新製品を置くのは冒険です。「棚のスペースを巡って激しい競争があります。売り手にとって、それぞれの棚スペースはコストがかかっているので、売れ行きに次第でどの商品を陳列するかを決定します。売り手には顧客がその商品にお金を支払うと信じられる証拠が必要なのです」。そしてセバスチアーニは、大手スーパーマーケットのセーフウェイに顧客インタビューの結果を提示することで、50万ドル相当の初受注を勝ち獲りました[‡]。「わたしたちは、顧客がすぐにこの新商品を買う準備ができていることを、インタビュー結果を見せることで証明できたのです」。次のスーパーマーケットへの売り込みにはセーフウェイの販売データを使うことで、さらに大きな受注を獲得しました。

今ではKRAVEのジャーキーは、北米15,000店舗で販売されています。2012年の売上は1,200万ドルを越えました。KRAVEのジャーキー

[†] わたし自身もこのスティーブンのクラスにメンターとして参加していたので、KRAVEの進捗を毎週耳にしていました。このコースが終わる前に、家の近所のスーパーマーケットでKRAVEジャーキーが買えるのを目の当たりにしたのには驚きました。

[‡] http://www.nytimes.com/2013/02/17/business/krave-jerky-seeks-to-upgrade-a-snacks-image.html

はガソリンスタンドで売られているものとは違います。KRAVE のバジルシトラスや、スイートチポトレ味のジャーキーは、Clif Bars や Odwalla、PopChips などの商品と一緒に、健康食品の棚で売られているのです。

ブログの投稿を使う

あなたが探索したい領域そのものずばりをテーマにしたブログが、簡単に見つかるものではありません。でももしそのようなブログを見つけたら、そのブロガーはあなたがアクセスすべき相手です。ブログ探しに役立つブログアグリゲーターサイトのうち、代表的なものを以下に挙げます。

- Alltop.com

- Blogarama.com

- Blogs.com

対象のテーマに特化しているブログよりも、そのテーマに触れたブログ記事のほうが多くあります。ブログ記事本文の検索には、検索エンジンを使います（ブログアグリゲータは不要です）。

試行錯誤しながら辛抱強く検索を続け、ブラウザのタブを何度も開けば、いつかは成果が得られるはずです。Google で検索する場合は、［検索ツール］の［期間指定なし］オプションを［1年以内］に変えましょう（**図 3-5**）。探しているのは、最近、対象とするテーマに関する体験をした人であって、10 年も前の情報はいりません。

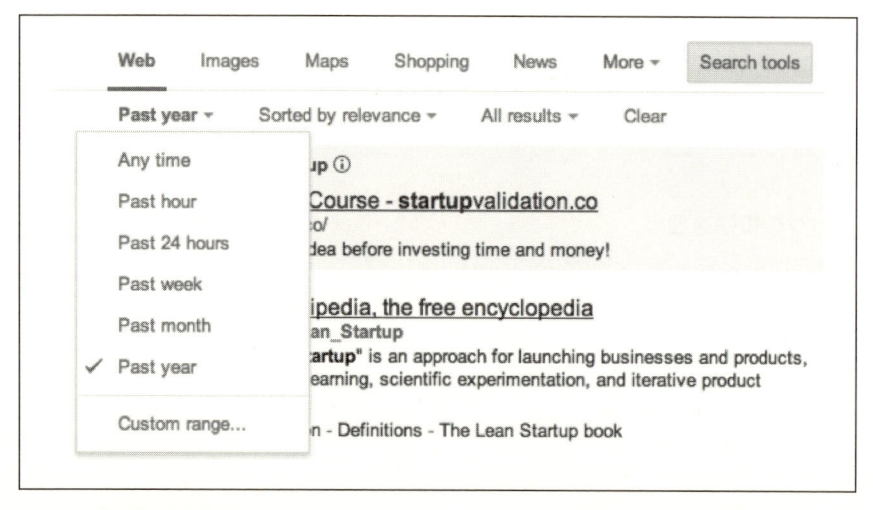

図3-5 ブログ記事を検索する場合、Google検索の「1年以内」を指定して、古い情報がヒットしないようにする

Twitterを使って探す

　Twitterは、連絡先情報が少ないため、相手と直接連絡を取るのは簡単ではありません。「@〜」として特定の相手にメンションをすることはできますが、1ツイートにつき140字という制限のなかで、要件を伝えたり、自己紹介したりしなければなりません。Twitterを使うと便利なのは、大勢のフォロワーのいる個人や企業です。フォロワーとの関係があれば、アンケートへの回答や連絡先情報の入力を依頼するウェブページへのリンクをツイートできるからです。

　多くの人にとって、Twitterのもっとも上手な使い方は、ターゲット顧客が使っているハッシュタグを見つけたり、その顧客がシェアしているリンク先の記事を読んだりすることです。プロダクトマネージャーなら #prodmgmt、自閉症児を持つ親なら #autism というハッシュタグを使います。こうしたハッシュタグが使われているツイートを読んでいくことで、このタグを使うユーザーがどのような記事に関心を持っているかがわかるし、参加者と直接会うことのできるカンファレンスやイベントなどの情報もつかみやすくなります。

　また、ターゲット顧客のタイプにかかわらず、これらの顧客の現在の行動を把握しやすくなります。顧客はいま、どのような製品やサービスを買っているのか？ 使っているウェブサイトは？ プライベートの時間をどこで過ごしているのか？ 大きな買

物はいつ決断しているか？ 製品やサービスの情報をどこで調べ、誰にアドバイスを求めているか？ などです。

Craigslistは使うべきではない

インタビューの相手を見つけるためには、Craigslist（クレイズグリスト）はお勧めしません。このサイトには日々膨大な怪しい情報が掲載されており、せっかくあなたが投稿をしても、同じく怪しげなものと見なされてしまいます。あなたが探しているのは、インタビューされる機会を探してCraigslistの情報を漁っている人ではないのです。このサイトで見つかるのは、有償ならインタビューに答えたいと思っている、無職で、おこづかいを稼ぐ機会を探している人たちです。

例外はあります。あなたが不動産物件や出会い系、求職情報、イベント情報などの課題を解決するためのインタビュー相手を探している場合です。確かに、その顧客がCraigslistを使っている可能性はあります。

通常は、このサイトを使って誰かに接触しようとすれば、相手に警戒されます。あなたが「犬が飼えるアパートを探している人」を探しているとして、Craigslist経由で該当しそうな人を見つけてインタビューを依頼する電子メールを送れば、おおいに怪しいと思われても仕方がありません（あなたがたまたまドッグランのある公園の向いのお得なワンベッドルームの物件を保有しているというのでもない限り）。この方法を選んだ場合は、怪しい者だと思われないための十分な配慮と、スパムとして非難された場合の対処方法を予め準備しておくことが必要です。

支払うべきか、支払わざるべきか

インタビューをした人に、お金を支払うべきでしょうか？

この質問に対するわたしの通常の回答は、「支払う必要はない」というものです。

これは、相手を利用したり、相手の時間の安く見積もっているからではありません。むしろ正反対です。わたしたちはインタビューをすることによって、相手にメリットを与えているのです。わたしたちは相手の痛みを引き起こしている課題についての話に親身になって耳を傾け、その課題を解決しよ

うと協力しているのです。

　顧客開発を実践するのは、当該の課題を真剣に解決したいと考えている人が本当に存在するかどうかを、確認しなければならないからです。ソリューションの開発に時間と資金を投資する前に、買い手がいることを高い信頼度で確認しなければなりません。金銭的報酬がなければ、20分間のインタビューには応じないという相手は、半年後にあなたの製品やサービスを購入してくれる顧客ではありません。

　もちろん相手に金銭的報酬を与えないことが、こちらが一方的にメリットを享受するという意味ではありません。こちらのインタビューの目的は、特定の何かについて聞き出すことですが、インタビューでは顧客が自由に話ができるようにはからうべきなのです。相手は、こうした話の進め方をされることで、ひとりの人間として尊重されていると感じるのです。それが金銭的ではない報酬なのです。顧客と話をするとき、あなたは暗黙のうちに、将来の自分の時間を相手に提供しているとも言えるのです。

　ただし見込み客に、まったく金銭的報酬を与えてはならないとまでは言いません。スターバックスで話をするのであれば、コーヒー代はこちらが持つべきです。相手の仕事の後や休日にインタビューをする場合も、謝礼や粗品で感謝を示すべきでしょう（Yammerでは、インタビューする相手に少額の寄付金の提供先を選択肢から選んでもらうようにしています。こうすることで顧客はインタビューに協力することに加えて、さらにもう1つ良いことをしたと感じることができるのです）。大切なのは、相手が時間を捧げてくれたことに対して感謝を伝えることであって、お金を与えるかどうかは重要ではありません。

ランディングページを使う

　ランディングページを制作し、Googleアドワーズを使ってランディングページにトラフィックを誘導するのは、顧客開発では定番の方法です。エリック・リースもこの方法について書いており、KISSmetricsを含む多くの会社がこの手法を採用しています。ただしアドワーズを使う会社が増えるに従い、クリックあたりのコストも上昇しているので、ニッチ市場を対象にしているのでない限りアドワーズ経由で訪問者を獲得する費用はかなり高くつくことは覚悟する必要があります。

ただし Twitter のフォロワーが多かったり、人気のブログを持っていたり、大勢の既存顧客がいる場合などは、十分なトラフィックを獲得しやすくなります。ランディングページは自ら開発することも、LaunchRock のようなホスティングサービス（Twitter 経由でのサイトの PR にも役立ちます）を使って開発することもできます（http://www.launchrock.com）。ランディングページには「簡単なアンケートの実施」と「その後のフォローアップとインタビューのための連絡先情報の獲得」を、簡単に組み合わせられるメリットがあります（図3-6）。

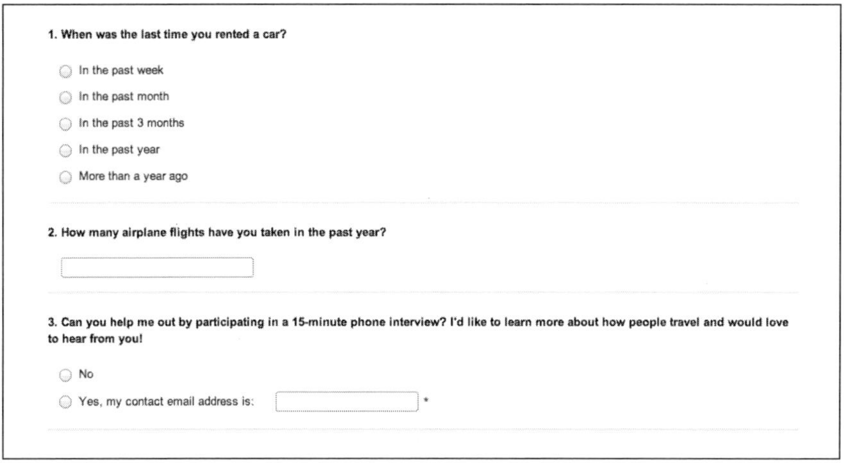

図3-6　簡易アンケートは、回答率を低下させることなく、潜在的顧客を選り分けるのに役立つ。フォローアップのために、メールアドレスを獲得するのを忘れないように[†]

3.5　どのようにインタビューを実施すべきか？

顧客開発インタビューはあなたと顧客にとって都合の良い、便利な方法でやるのが合理的です。次に挙げるアプローチにはそれぞれ長所と短所がありますが、どれを選んだ場合でも、スケジュール調整に時間がかかり過ぎたり、インタビューを延期したり、再スケジュールすることが頻繁に生じるようであれば、あなたに適しているとは言えません。これらの方法のメリットとデメリットを見ていきましょう。

[†] SurveyMonkey や Wufoo の（わたしは個人的に Wufoo の方が好み）無料ツールを使えば、ランディングページなしでアンケートのみを作成することも可能です。ただしアンケート単独では、ランディングページがある場合に比べて訪問者がサイトに感じる信頼性が低くなり、回答率も低くなるマイナス面があります。

3.5.1 顧客の自宅やオフィスを訪問する

　Intuitでは顧客の自宅やオフィスを訪問することを、「フォローミーホーム」と呼んでいます。ユーザーリサーチでは「民族学的インタビュー」「現地視察」と呼ぶことがあります。この方法は、リーンスタートアップの数十年も前から行なわれてきました[†]。

　顧客を実際の環境で観察することは、顧客開発のなかでもっとも信頼性の高い方法です。顧客が置かれている状況を、さまざまな観点から知ることができます。騒音レベルや、室内の散らかり具合、プライバシーは守られているか、作業を頻繁に中断させられているか、使っているテクノロジーは時代遅れか最新か、そこにいる間に誰が顧客と話をしようと訪れたか、など。また、あなたが何かを行なう方法について尋ねれば、顧客は単に口頭で説明するのではなく、実際にそれをやってみせてもらうことができます。

　対面でのインタビューは双方的であり、相手はあなたの表情や身振りを見ることができるので、あなたは潜在的なエバンジェリストユーザーである相手との関係を築きやすくなります。また、インタビューが終わった後で、家庭や職場にいる他の人々に、フォローアップの質問ができる場合もあります。

　しかし現地訪問インタビューは、調整が最も難しい方法でもあります。プライバシーの問題のため、オフィスに部外者が入れない場合や、機密保持契約に事前に署名しなければならないこともあります。消費者向けの製品の場合、家のなかが散らかっているとか、家族がいると気が散るなどの理由から、自宅でのインタビューは敬遠される場合もあります。事前に許可や承認を得る必要があるため、実施の延期や土壇場でのキャンセルが発生しやすくなります。

　現地訪問インタビューは、以下のような場合に効果的です。

- 既存の製品と顧客がある（詳細は8章で説明）。

[†] 文字通り、数十年も前からです。Intuitは、「フォローミーホーム」プログラムを1989年に開始しました。このプログラムでは、Intuitの従業員がコンピュータストアの店内で待機し、顧客が棚に置かれたQuickenを買うまで待ちます（当時人々はこのような方法でソフトウェアを購入していたのです）。従業員はその顧客に、自宅で製品をインストールする様子を見せて欲しいと依頼します。許可された場合、従業員は顧客の自宅でインストールの様子を静かに観察します。インストールの難易度はもちろん「シュリンクラップを簡単に剥がせるか」から「マニュアルのどの部分が、顧客に困った表情をさせているか」まで、あらゆるディテールを観察するのです。http://www.inc.com/magazine/20040401/25cook.html

- 課題において、物理的環境が影響している。

- 課題に、複数のステークホルダーが関わっている。

- 家庭内で使用する製品。

3.5.2 中立的な場所での対面インタビュー

　公共の中立的な場所での対面インタビューも、信頼度の高いインタビューの手法です。見込み客の職場の騒々しさやキッチンの乱雑度合いまではわかりませんが、課題の状況を説明する相手の身振りや表情を見ることができます。また顧客の方もあなたを見ることができるため、親密な関係を築きやすくなります。

　短所は、現地訪問インタビューの場合と同様に、適切な場所を選ばなければならないという点です。顧客は指定場所まで間違わずに行かなくてはなりませんし、駐車場も探さなくてはなりません。初対面の場合は、相手を確認することも簡単ではありません。またわたしは、この方法ではメモを取るのが難しいと感じます（周囲の雑音があって声が聞き取りにくかったり、ノートを広げられる安定したスペースがなかったりする場合があるからです）。

　中立的場所での対面インタビューは、以下のような場合に効果的です。

- 2人以上へのインタビューを、家族や同僚（配偶者やビジネスパートナーなど）によって気が散らない環境で行ないたい。

- 一般向けの消費者製品で、スターバックスなどの公共の場所で、連続して複数人にインタビューを行ないたい。

3.5.3 電話インタビュー

　わたしがもっとも頻繁に使用する、顧客開発のインタビュー手法です。

　視覚的な情報は得られませんが、言葉の抑揚やわずかな沈黙などから、多くを学ぶことができます（またわたしは、恥ずかしいことや、フラストレーションを感じていることについては、相手と目を合わしていない環境の方が、より正直に話せるのではないかと思っています）。

　さらに重要なのは、インタビューを手短に実施できるので、短時間に多くを学べる

メリットがあります。電話でのインタビューは、依頼に対して応じてくれる可能性が上がります。移動時間や、他者の許可を考慮する必要がないため、スケジューリングも容易です。対面のときとは違い、ノートパソコンに入力をしながらインタビューをしても失礼になりにくいので、詳しいメモを取りやすくなります。

電話インタビューは、以下のような場合に効果的です。

- 相手が多忙である。

- 相手が遠方や時差のある場所にいる。

- 短期間にできるだけ多くの人にインタビューをしたい。

3.5.4 ビデオチャット／ビデオコール（パソコン画面を共有する場合もあり）を使う

ビデオチャットのメリットとデメリットは、電話インタビューの場合と似ていますが、顧客の表情や身振りを見ることができるという、電話にはない利点があります。アプリケーションを使って、相手のコンピュータの画面を確認しながら通話をすることもできます。ターゲット顧客がハイテクに精通している（あるいは未成年の若者の）場合、これは素晴らしい選択肢です。そうでない場合は慎重にアプローチしましょう。ビデオチャットの設定確認に5分間も費やすことで顧客をイライラさせてしまえば、残り15分間のインタビューで協力的にはなってくれないはずです。

ビデオチャット／ビデオコールは、以下の場合に効果的です。

- 相手がハイテクに精通している（ビデオチャットの設定を苦にしない）。

- コンピュータの使用状況やフラストレーションの詳細を理解するために、相手のコンピュータ画面を確認したい。

3.5.5 インスタントメッセージ

インスタントメッセージ（IM）でインタビューをするのは、お勧めのアプローチではありません。テキストのみのコミュニケーションは、他の方法に比べてやりとりできる情報量がもっとも小さく、誤解が生じるリスクが高くなります。ほとんどの人

はテキストメッセージから、相手の意図や感情の度合いを解釈することはできません[†]。またわたしはさまざまなユーザーリサーチのプロジェクトを通じて、人はしゃべるときよりも書くときの方が、自分が語る内容を意識し、自己規制をする傾向があることに気づきました。

とはいえ、テキストベースのコミュニケーションが最善の場合もあります。ライブチャットアプリケーションを使うことで、あなたのウェブサイトを訪問している人と、テキストベースでチャットができます。その見込み客とは、リアルタイムでチャットをしなければ、それ以降連絡する手立てはありません。また、音質の課題などで聞き取りに不安がある場合、IM を使っても良いでしょう。インターネット電話が不安定な国や、アクセントが強く相手の言葉を聞き取れない場合は、IM でのテキストによるインタビューが有効です。

IM は以下のような場合に効果的です。

- 相手が口頭での会話を好まない（シャイである、アクセントがきつい、コントロールされた情報を提供したいなど）。

- URL やプログラミングコードの一部を交換しながらコミュニケーションすることが重要。

3.6　フォローアップ

この章の前半で紹介した、潜在顧客を探すためのメッセージのテンプレートに、スケジューリングの具体的な情報が含まれていないことに気づいたでしょうか。知らない相手に送る初めてのメッセージは、簡潔なものにすべきです。

スケジューリングの情報を加えようとすれば、文章を 2 つ以上増やさなければなりません。それによってメッセージが長く重たいものになってしまいます。長過ぎるメッセージに返信は期待できません。後で時間があるときに読もうと思われてしまうからです。そして後はないのです。

[†] あるメッセージが真剣に書かれたものか、それとも皮肉が込められているかを判断するように尋ねられた人のうち、正解者はわずか 56% だったという実験結果があります。これは口頭での会話の記録を聞いて判断した場合の 75% を大きく下回っています。電子メールは情報のやりとりをするには問題ないが双方の感情が関わる内容には適していません。4 章で詳しく検討するように、情報の優先順位付けにおいて感情はきわめて重要です。このため、わたしは基本的にテキストによるインタビューをお勧めしないのです。
http://www.apa.org/monitor/feb06/egos.aspx

> **メッセージはモバイルでも表示しやすいか？**
>
> 　電子メールをモバイルデバイスで読む人は、ますます増えています。Litmus によれば 2013 年 12 月の時点で、電子メールの 51% が携帯電話で閲覧されています。
> 　メールを相手に送る前に、自分のモバイルデバイス宛に試しに送信して、受信したメールがどのように表示されるかを確認してみましょう（**図 3-7** を参照）。要件を伝える重要な部分に到達するために、画面をスクロールしなければならないなら、メッセージの長さを半分にカットしましょう。

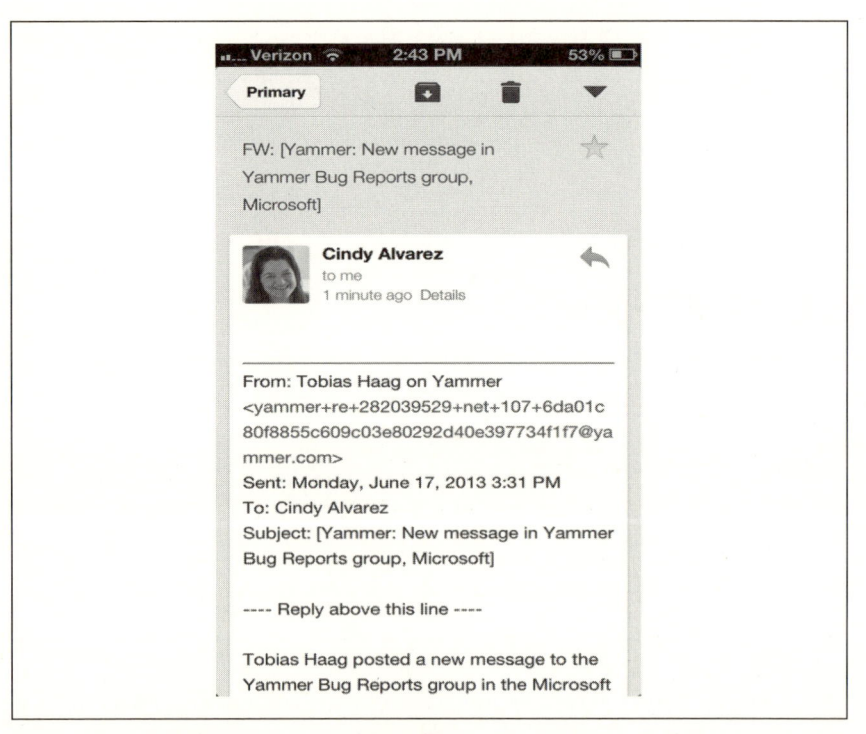

図 3-7　わたしの携帯電話に表示された長過ぎる電子メール。スクロールしなければメッセージの重要な部分（依頼内容やインタビューの希望時期など）が見えない

3.6.1 電話インタビューのスケジューリング

相手からインタビューの申し込みについて前向きな返事がきた場合、それに対する返信には、さらに細やかな配慮が求められます。目的は、相手がインタビューの日時を簡単に決められるようにすることです。

ご協力、誠にありがとうございます。

つきましては、20分間の電話インタビューをお願いできますでしょうか。事前の準備は不要です。＿＿＿＿＿についての経験を、個人的な意見としてお話してくださされば、それが当方にとって大いに役立つ情報になります。

以下のうち、ご都合の良い日時をお知らせください。

- 7月 8日（月）午前9時［PST：太平洋標準時］（午後0時［EST：東部標準時］）
- 7月 8日（月）午前11時30分［PST］（午後2時30分［EST］）
- 7月 9日（火）午前7時［PST］（午前10時［EST］）
- 7月11日（木）午後2時［PST］（午後5時［EST］）

電話インタビューの場合、3～4つの候補日時を挙げることをおすすめします。その際、すべての候補日時が同じ日や同じ週にならないようにします（時差がある場合は、使用する時刻の明記も忘れないようにしましょう）。

さらに、相手が時差のある地域に住んでいるかどうかを事前に把握して、適切な時間を提案しましょう。あなたがニューヨークにいて相手がロスアンゼルスにいる場合、午前9時の電話インタビューは相手にとって好ましい時間帯にはならないはずです。

Gmailを使っているのなら、ブラウザプラグインのRapportive（http://www.rapportive.com）のダウンロードをお勧めします。Rapportiveは、電子メールアドレスと紐つけて、LinkedInやTwitter、Googleなどから取得した公開情報を、メッセージ作成画面の隣のサイドバーに表示します。また、写真や所在地、職名、最近の

ソーシャルメディアへの投稿も含めることができます（図3-8）。

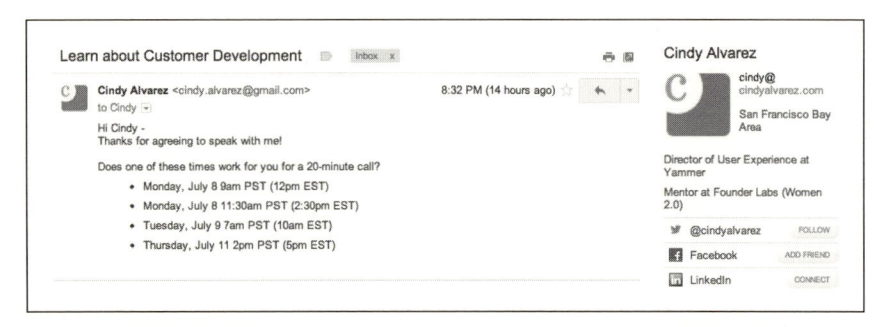

図 3-8 Rapportive は送信者の SNS から、アバターや所在地、職名などの公開情報を取得してサイドバーに表示します

　Windows で Outlook を使用している場合は Outlook Social Connector（http://www.linkedin.com/static?key=microsoft_outlook）を使うことで、メッセージ作成時に LinkedIn の関連情報を表示できます。消費者が LinkedIn のプロフィールを持っているとは限りませんが、ほとんどのビジネスパーソンや IT ワーカーは、少なくとも場所と職名を含むプロフィールを持っています。

3.6.2　対面インタビューのスケジューリング

　対面インタビューに適切なのは、相手とあなたの両方がアクセスしやすいロケーションにあり、十分なスペースがあり、混雑し過ぎていなくて、テーブルや静かな席が見つかりやすい場所です。わたしはよくスターバックスで会うことを相手に提案します。スターバックスでは仕事のミーティングをする人が多く、店側もそれに慣れていますし、信頼性の高い WiFi もあります。他の候補としては、広々とした静かなロビーのあるホテルも、良い選択肢です。

　わたしが KISSmetrics で使っていたメッセージの例を見てみましょう。

　KISSmetrics ベータリストにサインアップいただき誠にありがとうございます。つきましては、コーヒーを飲みながら 30 分ほど会ってお話ししていただけないでしょうか。以下の日時と場所のうち、ご都合の良いものはありま

すか？

- 5月10日（火）午前9時30分、ウェストポータルのグリーンハウスカフェ。
- 5月12日（木）午後3時、ポトレロヒルのファーリーのコーヒーハウス。
- 5月13日（金）午前11時30分、メトレオンの近くのスターバックス。

上記の都合が合わなければ、遠慮なく別の日時をご指定ください。わたしは午前9時から午後4時の間であれば、サンフランシスコ市内のどこにでも伺えます。

ご返信をお待ちしております。

シンディ

　このメッセージには、相手が必要としているあらゆる情報が含まれています。インタビューの所要時間、候補日時（相手が予定表を見ながら簡単に空いているかどうかを確認できる）、インタビュー場所の詳細[†]、所在地（移動時間を考慮できるので、インタビュー直後に、市内の遠くはなれた場所で会議の予定を入れるというミスを犯さなくて済みます）。

　いくつかの候補を提示することで、日時を決めるために何度もメッセージをやりとりする手間が省けるはずです。相手の都合がどの候補日時と合わない場合でも、あなたのメールによっておおよその日時や場所の感じが伝わっているので、相手も妥当な代案を提示しやすくなり、調整もスムーズに進むでしょう。

　相手が日時を指定してきたら、あらためてその日時とあなたの携帯電話番号を明記したメールを送信することをお勧めします。また、前日（インタビューが午後の場合は午前中）に、リマインダーメールを送るのも良いでしょう。

[†] わたしは通常メールにYelpのリンクを記載します。これによって相手はインタビュー場所の名称、住所、地図に簡単にアクセスできます。特にスマートフォンを持っている場合は、目的地までの詳細な道順が得られます。

3.6.3 インタビューは間隔を空ける

　おそらく10人以上の相手から即座にインタビューを快諾され、同じ日に立て続けに全員と会おうとして、ぎゅうぎゅう詰めの予定を組める人は、ほとんどいないはずです（もしそうならば、おめでとうございます！ あなたが製品で解決しようとしている課題に、それだけ真剣に悩んでいる人が大勢いるのです）。でもインタビューのために半日を空け、その時間にできるだけ多くのインタビューを詰め込むのは、顧客開発を始めたばかりの人にはお勧めできません。

　インタビューには準備時間が必要です。インタビューをする時間も、インタビュー直後にメモを読み返して、もっとも重要なポイントをまとめる時間も必要です。さらに、次のインタビューの準備をするための時間も数分間、必要です（経験を積み、自信を持ってインタビューを行なえるようになるにつれて、あるインタビューを終えてから次のインタビューを開始するまでの時間は、大幅に減らせるようになります。ただし、はじめのうちは、多めに間を空けておくべきです）。20～30分間のインタビューを、1時間に2つ以上入れないようにスケジュールを組むことをお勧めします（図3-9）。

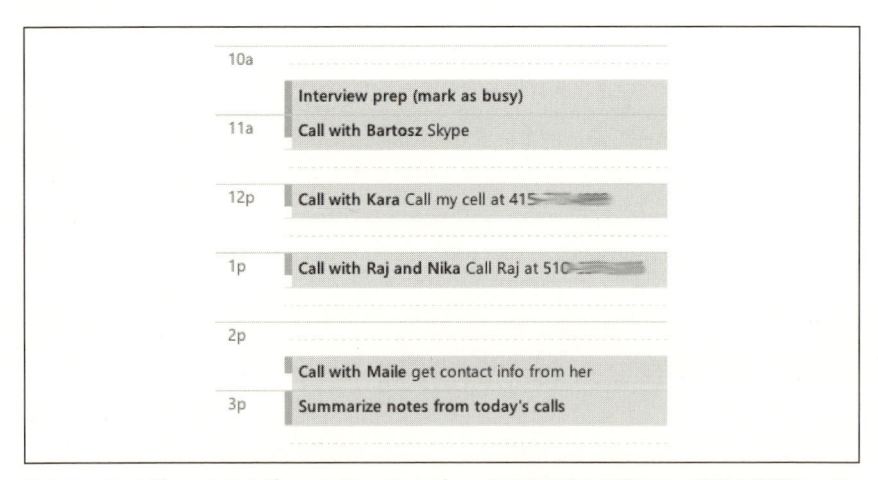

```
10a
       Interview prep (mark as busy)
11a    Call with Bartosz Skype

12p    Call with Kara Call my cell at 415-

1p     Call with Raj and Nika Call Raj at 510-

2p
       Call with Maile get contact info from her
3p     Summarize notes from today's calls
```

図3-9　インタビューのスケジュール例。インタビューの予定を決める時には、準備の時間や、インタビュー後にメモをまとめる（この点については6章で詳述します）時間などを予め想定して、十分な間隔をとっておくようにしましょう

　以下に、間隔を空けるべき理由を挙げます。

- インタビューを数分間、遅れて開始することになった場合でも、30分間のインタビュー時間を確保できるようにする。

- 会話が長引いた場合、インタビューを最大45分まで延長できるようにするため（5章では、45分以上インタビューをすると収穫逓減のポイントに達するとわたしが考える理由を説明します）。

- インタビュー直後にノートを見直し、もっとも重要なポイントが何かをまとめる。

- 次のインタビューを実施する前に、軽い休憩を取る。

インタビューに慣れるにつれて、インタビューの間隔を短くできるようになります。わたしの場合は、20分間のインタビューを1時間に2回というスケジュールが快適です。インタビューの経験を積むことで、1人目への20分間のインタビューから得た情報を、以降のインタビューに最大限に活用できるようになりました。電話インタビューでは、相手によって話の内容が大きく変わることにも対応できるようになりました。経験を重ねていくことで多くのインタビューを行なえるようになります。

3.7 インタビューのトラブルシューティング

経験上、顧客開発のインタビューの段取りは案ずるより産むが易しであることが多いのですが、顧客開発のインタビューを始めたばかりの人にとっては、不安もあるでしょう。インタビューにおける課題と対策について見ていきましょう。

3.7.1 誰も反応してくれなかったら？

インタビューを依頼するメールの送信後は、少なくとも数日はそのまま何もせず相手の反応を待ってみることをお勧めします。わたしの場合、法人顧客が相手であれば、一週間は待ちます。それでも相手から反応がなければ、「ぜひ、インタビューをお願いしたいと思っております。今週、都合の良い日時があればお知らせ下さい」などの文面を添えて、依頼メールを再送信しましょう。そうすると、全体の2割前後の返信があり、インタビューを実施できます。このフォローアップのメールに対しても返信がないようなら、それ以上、その相手に連絡しようとするのはお勧めしませ

ん。相手にとって迷惑になることはやめましょう。

　たくさんのリクエストを送信したのに誰も応答してくれなかったときは、友人や同僚にメッセージを読んでもらい、アドバイスをもらいましょう。「文章を簡潔にする」「要件をはっきりと伝える」「文体のトーンを変える」などの工夫で、メッセージを改善するヒントをもらえます。

　友人や同僚からフィードバックをもらってメッセージを改善し、10件以上のリクエストを送信しても、まだ返信がもらえない場合は、そもそもの仮説の有効性を疑ってみるべきです。探す相手を間違えているか、あなたが提示しているトピックが相手にとって興味深いものではない可能性があります。この場合は2章に戻って、仮説を修正しましょう。

3.7.2　インタビューの場に相手が現れなかったら

　わたしの経験上、スケジュールしたインタビューの5～10％の割合で、相手が姿を現さないこともあります。

　ユーザビリティテストを丸一日かけて実施する場合、わたしは、10人に1人は現場に現れないという経験則を考慮して、昼休み抜きのスケジュールを組みます（全員がインタビューに来てくれた場合、わたしは昼食抜きになってしまいます）。

　わたしの経験では、顧客開発で相手にすっぽかされる確率は、ユーザビリティテストよりも低いと言えます。顧客開発の場合は、参加者を個人的に募集しているためです。顔の見えないユーザーリサーチのリクルーターよりも、個人としてやりとりをした相手を失望させることの方に抵抗を感じるはずですから。

　インタビューが土壇場でキャンセルされたり、相手が現場に現れなかったりした場合は、1～2日待ってから、もういちどスケジュールしたいというメッセージを送信しましょう。たいてい相手は応答してくれるので、スケジュールを再設定できます。それでも応答がない場合はそれ以上、追いかけるのはやめましょう。

3.8　次のステップ：顧客開発インタビューの準備を整える

　ここまでは、ターゲット顧客を探し出してインタビューをアポ取りする方法を学びました。たぶんこの章で説明した手法をすべて使うことはないでしょう。いくつか試してみれば、最初の数人の相手（この人たちは、さらに多くの人々を見つけるための手がかりになります）を見つけ出すために、どの手法がもっとも適しているかがわかるはずです。次の章では、ターゲット顧客から何を学習すべきか、もっと

も価値のある実用的なインサイトを引き出すためにどのような質問をすべきかについて説明します。

この章のまとめ

- 想定する課題について、もっとも深刻に悩んでいる人を見つける。その人たちは課題を解決することを熱望し、エバンジェリストユーザーになる可能性のある人々である。

- 相手は「誰かの役に立ちたい」「他者から賢いと思われたい」「物事を解決したい」という理由で、あなたに話をしたがっている。

- 知り合いに人を紹介してもらう。その際、当てはまる相手をなぜ求めているのか、理由をはっきりと説明する。

- LinkedIn、Quora、Twitter、フォーラムなど、オンラインのリソースを使って人を探す（ただしCraigslistは使わないように）。

- ターゲット顧客がオフラインで集まっている場所に行く。

- インタビュー依頼メッセージは、明確かつ簡潔にし、相手が簡単に応答できるようにする。

- インタビューの間隔を空け、インタビューが長引いた場合の対処や、次のインタビューまでに前のインタビューのまとめができるようにする。

4章
何を学習すべきか?

顧客が何を求めているかを明らかにするのは難しい。なぜならあなた自身でそれを解明する必要があるからだ。

——ポール・グラハム、Y Combinator 創立者兼パートナー

顧客に価値提案するときはあらゆる側面を理解しよう。自問してみるんだ。顧客があなたの製品を購入する理由は何か? 製品は顧客の環境にどうフィットするか? 製品の価値についての顧客の考えに影響を与えているのは何か? 製品が取って替わろうとするものは何か——製品はすべて「何か」に取って替わるものだ——顧客はなぜリスクを冒してまでその切り替えを行なおうとしているのか?

——ゲーリー・スワルト、oDesk CEO

顧客開発インタビューを始めたころ、わたしは何時間もかけて、ターゲット顧客と製品に関する完璧な質問リストを用意しようとしていました。会話がどの方向に進んでも自在に対処できるようにしておこうと思ったわけです。書きだした質問の数は30分間のインタビューではとてもカバーしきれないほど多くなりました。

でも結局、インタビューを通じて作成する数ページのメモは、最初にいくつかたずねる基本的な質問にだけになることがわかってきました。

つまるところは「顧客の課題を解決できる」ことと、「そのソリューションを顧客に選んでもらえるほど魅力的なものにするのに失敗する」ことを確かめることが重要で、そのための質問に収束するのです。

この章では、まずわたしがすべてのインタビューで使っている基本的な質問をお見せします。これらは顧客や業界にかかわらず有効です。

また、次についても説明します。

- なぜ顧客は自分が欲しいものが何かわかっていないのか？

- 顧客のどのような言葉に耳を傾ければ良いのか、どのように顧客に話を促せば良いのか？

- 客観的な質問から主観的な答えを導く方法？

この章の後半では背景となる社会心理学について掘り下げますが、単に理論を理解するためではありません。人がどのように考えるかを理解することは、効果的な質問をするのにとても役立ちます。わたしたち自身を含む人々の、生まれながらの制約やバイアスを克服する方法について詳しく見ていきます。

4.1 顧客開発の基本的な質問から始める

わたしは普段のインタビュー用スクリプトを、どんなプロジェクトや顧客に対しても、ほとんど変えずに使っています。個別の相手ごとに新たに質問を加えたり、相手に合わせて質問のトーンを変えたりすることはありますが、基本的には次のスクリプトに従ってインタビューを行ないます。

顧客開発の基本的質問

- 現在は＿＿＿＿＿＿をどのような方法で行なっていますか？

- ＿＿＿＿＿＿を行なうときに、どのような［ツール／製品／アプリケーション／裏ワザ］を使っていますか？

- もし魔法の杖を振って、できないことが何でもできるとしたら何をしますか？ できるかどうかは気にしないでください。何でもかまいません。

- 前回＿＿＿＿＿＿を行なったとき、その直前には何をしていましたか？ 終了後は何をしましたか？

- ＿＿＿＿＿＿について、他にわたしが尋ねるべきものは何かありますか？

ノートパソコンでメモを取る場合は、各質問の後ろに8行ほど空白行を挿入してテンプレート文書を保存しておけば、メモを取りやすくなります。

メモを取る際に形式を気にする必要はありません。大切なのはできるだけ詳細に書き取ることです。

5つの質問だけで20分のインタビューが持つのかどうか疑問に思うかもしれません。もちろん実際のインタビューでは、5つ以上の質問することになりますが、事前にスクリプトとして用意している質問はこれだけです（さまざまな質問の種類や、相手の答えから何を期待できるかについての詳細は、巻末の付録を参照）。

顧客の話を聞きながら、相手が話した内容にそのつど反応しながら「はい／いいえ」では回答できない、いわゆるオープンエンド型質問をします。たとえば、会話に応じて次のような質問をするのです。

- それを具体的にやった手順について詳しく教えてくれませんか？

- それは誰かに影響されて決めたのですか？

- 前回＿＿＿＿＿＿をしたときには、どのくらい時間がかかりましたか？

- ＿＿＿＿＿＿を最近買ったとき、どこで買いましたか？

- なぜその製品をそこで買ったのですか？

　これらは質問というよりも、会話を促すための潤滑油のようなものです。これを使って顧客に話を続けさせることも、話題を少しずらすこともできます。このような潤滑油的な質問を出す余裕がないほどノートを取るのに忙しいなら、それは話題にだしている課題が適切だということです。顧客がその課題について饒舌に話をしているのが、なによりの証拠です！

4.2　顧客は自分たちが何を欲しがっているのかを知らない！

> 「顧客が何を求めているかについて探すのは、顧客の仕事ではない。あなたの仕事だ」
>
> ——スティーブ・ジョブズ

　顧客は、自分が何を欲しがっているのかがわからないのは、どうしてでしょうか？顧客が欲しがっているものと、実際に必要としているものは、はっきりと違います。製品を作る人（テクノロジーや業界、ビジネスモデルにどっぷり浸かって、日々を過ごしている人）ですらまだわからないことを、顧客自身が明らかにできるという考えについて懐疑的な人もいるでしょう。

　「顧客からいいアイデアなんか得られないよ」というセリフを、わたしは何度も耳にしたことがありますし、実はわたしもそう思っていました。

　顧客からのフィードバックにもとづいて製品を開発したが、結局はその顧客が製品に満足しなかった（または購入すらしなかった）という苛立たしい経験をしたことがある人は多いでしょう。こういう経験を何度か繰り返すうちに、多くの企業は顧客のことを、理解不能で、気まぐれで、何を言っているのかわからない厄介者と見るようになってしまうのです。そして、顧客の声を一応は収集するものの、ほとんど無視し

てしまうのです。

　でも、この本のタイトルには「顧客」という言葉が入っていることから、わたしが顧客を重視しているとみなさんは思われていることでしょう。そうです。顧客の言うことを無視してはいけません。

　「何を欲しがっているのか」「何を買おうとしているのか」について語る顧客は、なぜ信頼できないのか一緒に考えてみましょう。ここでは顧客を指す場合に「わたしたち」という主語を使います。わたしたちも顧客が受けているのと同じ制約の影響下にあるからです。

　顧客がどんな環境にいるかは、本人が一番よく知っていますが、だからといって顧客が自分の体験をスラスラと言葉に置き換えてくれるわけではありません。

顧客は、文化的、時間的、物理的な制約を受けていることを知っているが、そのことに自発的に言及しようとはしない

　わたしたちは制約に慣れてしまうと、制約があること自体を疑問に思ったり、意識することがなくなります。制約があるのが自然だと思うと、制約についてわざわざ話そうとはしないものです。社会学ではわたしたちが当たり前と見なす制約のことを「思い込みや根拠のない前提」とみなします。

顧客は過去に試みて失敗したことを覚えているのに、あなたに話すのは忘れてしまう

　人の脳は、最近の出来事に注意を向ける傾向があります。新しいソリューションを提案しているときには、過去の失敗についてあまり言及しないものです。あるプロセスやツールを使うのをやめた途端、そのソリューションのどこが有効だったかを思い出せなくなるものです。

顧客は（少なくともある程度）自らの能力の程度やその限界を認識しているが、それを自主的には話さない

　顧客は、自分が快適と感じることや、やろうと思いながら実行できていないことについてわかっていますが、往々にして不得手なスキルやプロセスを自主的に話そうとはしません。

顧客は使用しているツールやプロセスに詳しいからといって、仕組みを理解しているとは限らない

ツールやプロセスの仕組みを理解していなくても、使いこなすことはできなす。SF作家のアーサー・Cクラークも「高度な技術は魔法と区別がつかない」と述べています。多くの人も、毎日使っている製品について同じように感じているでしょう。わたしもiPhoneにしゃべりかけるだけで、それなりの答えが返ってくることを魔法のようだと感じます。製品を開発する側の人は、自分の専門分野の中で、技術やプロセスや自動化によって何ができるかを十分理解しています。一方、顧客は10年遅れの知識しか持ちあわせていないかもしれないのです。顧客は、ツールやプロセスに精通している意味で専門家ですが、だからといって黙って顧客の話を聞いておけば良いわけではありません。わたしたちは、表面的な答え以上の洞察を得るために顧客を誘導しなければならないのです。あなたは、顧客との会話をリードして、その会話から得たいものが何なのかを明らかにしながら、顧客が自身の体験にもとづいて自由に話をできるように誘導しなければなりません。このバランスを保つためには、はっきりとした正解のない質問をすることがコツです。できるだけ客観的に質問をしながら、顧客側は個人的で主観的な答えができるように促さなければなりません。

顧客は自分は何が欲しいのかをわからないかもしれないが、必要としているものは隠せない

あなたの仕事は、顧客が必要としているものを明らかにすることです。顧客から詳細を聞き出し、それまでにあったソリューションが、なぜ満足のいくように機能しなかったかを明らかにすることです。そして、顧客がそれらについて気持よく正直に語れるようにすることです。

課題は、あなたが考えるものとは違っている

ミルクセーキとは何か？

ミルクセーキを、アイスクリーム、ミルク、人工香料の組み合わせというソリューションの観点でのみ考えていると、顧客がミルクセーキで解決しよ

うとしている課題を知ることはできません。

　製品の開発者であるわたしたちは、創出しようとしているメリットの観点から製品を考えようとします。わたしたちは、その製品カテゴリーで一番になりたいと考えます。ミルクセーキを売りたいなら、味や食感、栄養、値段について考えるでしょう。

　『イノベーションのジレンマ』の著者で、ハーバードビジネススクール教授のクレイトン・クリステンセンが、ミルクセーキの売上を伸ばそうとしているファストフードチェーンの話をしています。その会社はまず、売上データや人口統計データを調べました。ターゲット顧客に理想的なミルクセーキについて語ってもらい、その基準を満たすように製品を作ったのに売上は伸びませんでした。

　クリステンセンは、そのファストフードチェーンが、彼の部下のリサーチャー[†]を雇って、新しいアプローチでミルクセーキの売上を伸ばそうとした話をしています。

　そのリサーチャーは、ミルクセーキの売上の40%は、朝一番に通勤途中のビジネスパーソンがテイクアウトで買っていることを明らかにしました。リサーチャーは買ったばかりのミルクセーキを片手に車に戻ろうとしている顧客にインタビューして「どんな**仕事**をさせるためにミルクセーキを**雇った**のですか？」と尋ねました。

　「顧客のほとんどは、似たような**仕事**をさせるために［ミルクセーキ］を買っていました」とリサーチャーは述べています。［長く、退屈な時間を車のなかで過ごさなくてはならない顧客は、ハンドルを握っていない方の手で扱える、気晴らしになる何かを求めていたのです。また、顧客はその時点では空腹でなくとも、10時頃には小腹が減ることがわかっていました。そのため正午までの空腹をしのぐ何かを胃のなかに入れたいと考えていたのです。顧客には制約もありました。仕事用の衣服を着ていて、急いでいるため、片手でしか口に入れるものを扱えないのです］。

　「仕事をさせるためにミルクセーキを雇う理由」を尋ねる文脈は、奇妙に感じますね。でも、このリサーチャーはそうすることで、今まで製品に向いていた視点を、顧客が製品を買う理由にシフトさせることができたのです。

[†] http://hbswk.hbs.edu/item/6496.html クリステンセン自身が語るこの4分間の物語は、見る価値があります。http://www.youtube.com/watch?v=s9nbTB33hbg

このように、開発者ではなく顧客の視点で課題を捉えることで、新しいチャンスが生まれます。より多く売れるミルクセーキを作ろうとする観点だけだと、オプションの数には限界がありますが、「空腹」「退屈」「片手で扱う」といった顧客の悩みを軽減する方法を見つけようとするアプローチならば、多くのオプションが見つかるのです。

　ミルクセーキ以外にスムージーやコーヒーシェイクなど製品の種類を増やすのも良いでしょう。カップホルダーに収まり、片手で簡単に食べられるものなら何でも売ることができるはずです。通勤者向けのプリペイドカードを発売し、事前に支払いをすることで、ドライブスルーをスムーズに通り抜けられるサービスも提供できるでしょう（こうすれば顧客を「ロックイン（囲い込み）」できます）。それと同時に、味や食感をちょこちょこ改善したり、価格を下げたり、テレビ広告を打ったりすることが役に立たないことも明確化されます。

4.3　何を聞くべきか

　顧客開発の5つの基本的質問を最大限活用するためには、顧客から何を聞き出したいのかを知っておく必要があります。以下は見込み客と購入顧客を区別する客観的要因と主観的要因です。

- 顧客の今日の行動はどのようなものか？（これによって顧客が明日、どのように行動するかを予測できる）。

- 顧客の行動や選択肢に影響を与える制約。

- 顧客のフラストレーションまたはモチベーションを高めるもの。

- 顧客はどのように意思決定し、お金を使い、製品に価値を見い出しているか。

　これらの要因がいかに意思決定に影響しているのかの詳細を明らかにするためには、どのようなフォローアップの質問を組み立てていけば良いのでしょうか？

インタビューは必要？

　ほとんどの会社にとってインタビューは必須です。

　インタビューは、「顧客は何をしているのか」「顧客が直面しているのはどのような課題か」を詳しく学ぶためのもっとも手っ取り早く、もっともコストのかからない方法です。

　しかしすでに顧客と製品があり、迅速に製品をリリースし、変更を評価できるインフラを持っている場合は、そうではないかもしれません。

　Facebookの中小企業担当ディレクター、ダン・レヴィは次のように説明します「わたしたちは信じられないほど迅速に製品を開発できます。そしてどのような人が、どれくらい製品を使っているのかといった、製品の有効性を判断するに十分なトラフィックを15分以内には取得できるのです。その情報にもとづいてイテレーションを行なうことができます」。

　Facebookには「投稿の宣伝」機能があります。これは、中小企業の広告主ユーザーが、自らのFacebookのページに投稿した記事をより多くの人に見てもらえるようにするものです。この機能は、Facebookの新規広告主獲得の、実に半数以上に貢献しているのです。

　「投稿の宣伝」は、強力なツールとしてスタートしました――はずですが、ユーザーのドロップオフ率はきわめて高いものでした。この時点では、仮説を作るのに顧客にインタビューする必要はありませんでした。中小企業の広告主は広告を掲載する際、画面にあまりに多くの選択肢が提示されるため、誤入力することを恐れて、プロセスの途中で離脱していたのです。

　この情報を踏まえてレヴィは、「投稿の宣伝」の改善に着手しました。「投稿の宣伝」の購入用インターフェイスは、元々は独立した画面の入力手順でしたが、Facebookページの中のシングルボタン／オプションに変えたのです。「ユーザーは誰でも、自分のFacebookページに記事を投稿するやり方はわかっています。この変更を行なったことで、広告を出そうとする顧客は、広告にいくらお金を使うかを指定するだけになりました。わたしたちは、50あった選択肢を実質的に1つにするだけで、入力の煩わしさを解放したのです」。

その成果は？ 2013年にFacebookの新規広告主が倍増し、その実に62%が「投稿の宣伝」経由だったのです。

　レヴィは、イテレーションの重要性を強調しています。「1回のピボットでは十分ではありません。最初の改善の後のインターフェイスは十分ではありませんでした。進歩するにはしたのですが、ソリューションをもっと役立つものにするため最適化を繰り返したのです。ユーザーはインターフェイスが徐々に変化していることに気づいていたと思います。しかし、こうした日々の最適化の積み重ねがもたらす成果がいかに大きいかまでは、想像できなかったでしょう」。

　最初から最適な結果が得られることは、まずありません。このことはインタビューを行なわずに製品を開発しようとする誘惑にかられたときに思い出すべきです。チームによっては新たなバージョンの開発が1～2日で出来てしまう場合もありますが、次のことについてはどう考えているでしょうか？

- そのバージョンを数百（または数千）単位の顧客に提示するまでにどれくらいの時間がかかるか？

- 顧客がそのバージョンを使っていることを、どれほど効果的に測定できるか？

- 顧客がそれを使っていない場合、理由を明らかにできるか？

- 次のバージョンの開発にどれくらいの時間がかかるか？

　Facebookは数日以内に複数の仮説をテストできますが、ほとんどの会社にとっては不可能です。でも顧客へのインタビューを通じて複数の仮説を修正することなら、どんなチームでもできます。

4.3.1　顧客がすでにしていることは何か？

　顧客が「現在何をしているか」を明らかにすることは、あなたが解決しようとしている課題を理解するための核心になります。

4.3 何を聞くべきか | 81

顧客の今日の行動を知ることで、以下を理解できるようになります。

- 顧客は今何ができるか？

- 顧客は現在どのような行動に慣れ親しんでいるか？（およびその理由）。

- 顧客はどのような意思決定をしているか？

顧客が現在とっている行動があなたの競合製品です。その行動が効果的かどうかは重要ではありません。それが、顧客が慣れている行動であり、その行動は（少なくともある程度）機能しているのです。

顧客の現在とっている行動を聞き出すには「いつもは＿＿＿＿をどのように行なっているか教えてください」「あなたが＿＿＿＿をどのように使っているか、手順を1つずつ確認させてください」のように質問します。

抽象化のレベルを1つ上げる

このとき、空欄をどのように埋めるかが重要です。課題を広く捉えることで、潜在顧客の発言をこちらで勝手に制約しない工夫が必要になります。特定の課題を解決していると考えている場合でも、抽象化レベルを1つ上げて1段上から課題について顧客に尋ねるようにします。

— ノート —
抽象化のレベルを1つ上げることは、漸進的で簡単にコピーされやすい改善ではなく、革新的な視点を得たり、破壊的な変化の可能性を探るために役に立ちます。

たとえば、顧客には「インターネットでの食料品の注文方法」を尋ねるのではなく、「家族の食事の世話をどのようにしているのか」を尋ねます。「ファイルのアップロードと共有の方法」を尋ねるのではなく、「文書を作成し、同僚からの校正が必要になった直近の体験」について尋ねます。

もしTiVoが「ビデオデッキで番組録画をする方法」について顧客にインタビューしていたとしたら、おそらくフィードバックをもとに「番組録画の操作をシンプルにする」という改善に取り組んで、デジタルビデオレコーディングの波に乗り遅れてい

たかもしれません。実際、ビデオデッキのメーカーはまさにそのような改善に取り組んでいたのです†。

では「ビデオデッキで番組録画をする方法」ではなく、『ツインピークス』の最終回の最後の10分間や、スーパーボウルの決定的瞬間を録画できなかった体験について尋ねたとしたらどうでしょう？ 顧客は「放映中の番組の一時停止」や「時間枠ではなく番組名での録画」「コマーシャルの早送り機能」などの改善をもたらす課題を、すぐに（そして熱心に）教えてくれるでしょう！

製品について（のみ）の問題ではない

　顧客開発は、顧客が新しい行動に適応することを想定するのではなく、顧客が現在とっている行動に即してソリューションを考えることで、時間とコストを節約しようとします。

　「わたしたちは、ソーシャルはSEOやPRを超えた効果的な宣伝チャネルであると想定していました」と、起業家でプロダクトマネージャーのジェイソン・シャーは述べています。シャーは、ソフトウェア・アズ・ア・サービス（SaaS）型のリコメンデーション・エンジンであるTechPolishという製品を開発していました。シャーは、この製品について好意的なフィードバックを得ていました。それは、「テクノロジー製品／ソリューションを調査する時間が不足している中小企業は、リコメンデーション機能を求めているはずだ」というものです。

　しかし、製品はビジネスモデルの一要素に過ぎません。シャーも次のように説明しています。「ソーシャルがリピート使用や製品の認識を高めるのは当たり前過ぎると思っていたので、わたしたちは顧客にあえて『FacebookやLinkedIn、TwitterなどでTechPolishのリコメンデーションを共有しているか』とは尋ねませんでした。また『過去にテクノロジー／ソリュー

---

† Gemstarは、各テレビ番組に4桁の一意のコードを与えるVCR+という製品を開発しました。手動でチャンネルを入力し時間枠を設定するのではなく（ビデオデッキを正しい時刻に設定しなかった場合、悪夢のような結果が待っています）、TVガイドや新聞のテレビ欄を見て目的の番組のコードを入力すれば良いのです（http://en.wikipedia.org/wiki/Video_recorder_scheduling_code）。それは確かに改善と呼べるものでした——誤ってテレビ番組表を捨ててしまったり、4桁のコードを読み違えたり、朝、仕事に出る前にコードを入力するのを忘れたりしない限りは）

> ションについてのアップデート情報を共有したことがあるか』とか、『したことがある場合はどのような方法を用いたか』についても尋ねなかったのです。わたしたちはソーシャルツールを統合する開発に多くの時間を費やしました。後になってから初めて、ソーシャルなんて誰も使っていないことに気づいたのです。尋ねてさえいれば誰からも即座に『ソーシャルは情報拡散経路として効果的でない』という答えが返ってきたはずなのに。わたしたちはムダな開発のために多くの無駄な時間を費やしてしまいました」。

結果ではなく手順に注目する

インタビューでは重要なイベント（購入や登録、あるいは重要タスクの完了など）について、直接的に尋ねたくなります。「いつもは_____をどのように行なっているのでしょう？」といった抽象的な質問は、重要なイベントを探し出す質問としては適切ではないと感じるかもしれません。でも顧客の意思は、もともと混沌としているのです。置かれている環境や利用できるリソースの制約、能力や過去の経験などが渾然一体となった複雑なマトリックスのなかで決まってくるのです。顧客の意思決定に影響している複雑な要因を理解すれば、製品開発、マーケティング、販売の優先順位を決めるのが簡単になります。

いつも行なわれている手順について質問すれば、顧客はステップバイステップで説明することができます。こうすることで、顧客がどのように物事をとらえているかを知ることができるのです。顧客は細部を省いたり基本的な想定を省略することがあるので、顧客の言葉の中で腑に落ちない部分があれば詳しく説明するよう促しましょう。

たとえば顧客は「わたし」と「わたしたち」という主語を混ぜて使うことがあります。顧客がタスクを実行したり、意思決定する話を聞いているとき、「わたしたち」が誰のことを指しているのかを正確に知ることは、とても重要です。

> **顧客**：日曜日の夜にわたしたちはカレンダーを見ながらその週の計画を立てます。
>
> **インタビュアー**：ちょっと待って下さい。「わたしたち」とは誰のことですか？

> **顧客**：ああ、夫とわたしと長女のことです。長女は高校生でいろいろと忙しくて、彼女自身もスケジュールを管理しているのです。
>
> **インタビュアー**：ありがとうございます。つまり、ご主人とあなた、娘さんの3人がカレンダーを見るのですね。ではその次は——。

顧客が取る具体的な行動が重要なのと同じくらい「なぜ」「いつ」「誰と」といった要素が重要です。これらも製品の成否を分ける要因です。顧客の話を聞くときは、自由回答の形式で答えられる質問を投げかけられるようにしておきましょう。

将来ではなく、現在に注目する

誰かに「あなたは将来Xをするつもりですか？」と尋ねても、返ってくるのは不正確な答えでしかありません。正直に「ノー」と答える人もいるでしょうし、楽観的な、あるいは無難な答えをする人もいるでしょう（喫煙者に「将来禁煙する意思があるか」を尋ねてみればわかるはず）。

わたしたちは、近い将来の物事と、遠い将来の物事について違う基準で選択をしています。遠い将来のことほど高潔な判断基準を持っているのです。イリノイ大学アーバナ・シャンペーン校の研究では、遠い将来にどのような映画を観たいかについて尋ねられた場合、回答者は『シンドラーのリスト』や『ピアノレッスン』などの高尚で文化的な作品を選びます。しかし、今晩観たい映画を尋ねると、『ミセスダウト』や『スピード』のような俗っぽい作品を選ぶ傾向がありました[†]。これと同じ傾向は日々の生活のなかでもしばしば見られます。わたしたちはスポーツジムの会費は支払うのに、ジムにはろくに通いません。「明日の昼食にサラダを食べるから」と自分を納得させて今夜だけはハンバーガーを食べたり、次のソフトウェアリリースまで技術的負債[†]を片付けるのを先延ばししたりするのです[‡]。

[†] Daniel Read, George Loewenstein, and Shobana Kalyanaraman. "Mixing Virtue and Vice: Combining the Immediacy Effect and the Diversification Heuristic." Journal of Behavioral Decision Making. (12) pp. 257-273, 1999

[‡] 技術的負債とはエンジニアリング用語で、コーディングにおいて、納期に間に合わせるために行なわれた、手抜きやとりつくろいのことです。金銭的な債務の場合と同様、この言葉には、債務が将来的に完済されない場合に生じ得る結果も含意されています。

Yammerでは、活発な発言をする何人かの顧客が、頻繁にトピック機能（Twitter や Facebook のハッシュタグに似たもの）の強化を求めてきたのですが、分析データを見ると、実際にトピックを立ち上げたり他のユーザーが作ったトピックをクリックしたりしたことのあるユーザーの割合は、ごくわずかでした（**図 4-1**）。

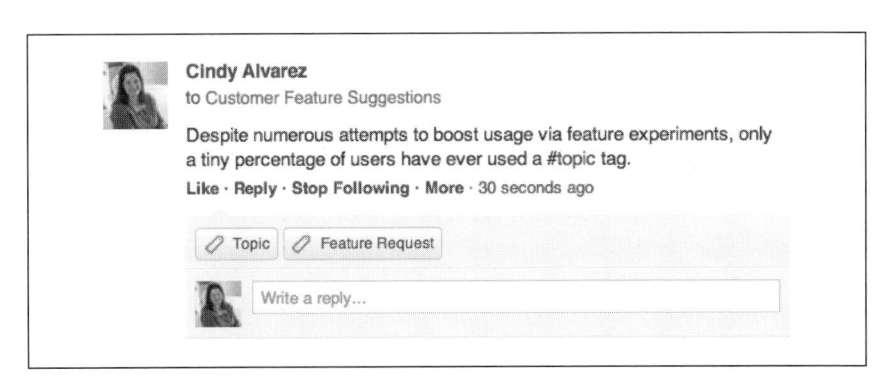

図 4-1 一部の顧客が Yammer のトピックタグの機能強化を要求してきたが、実際にこの機能を使い込もうとしたことがあるユーザーはわずかだった

わたしたちはトピックの使用を増やそうとして、デザインや機能の変更を何度も行ないました。しかし、顧客の行動は変わりませんでした。ユーザーは将来の行動についてはあれこれコミットしましたが（「トピックが機能したら、わたしたちは Yammer のネットワークのキュレーションができるよ」「トピックをもっと多く使うようになれば、社内のナレッジベースを構築できるはず！」）、これまでのデータを見る限り、ほとんどのユーザーはこの機能を積極的に使いたいと思っていないことがわかります。

顧客から正確な答えを得るに良い方法は、特定のイベントや意思決定のシーンにフォーカスして質問を組み立て、現在や直近の過去に注目することです。**表 4-1** に、いくつかの例を示します。

表 4-1 願望が込められた答えを導く質問と、現実にもとづいた答えを導く質問

願望	現実
これからどの程度_____を使うことになると思いますか？	_____のようなものを最後に使ったときのことについて教えてください。
どのくらいの頻度で_____の状況が発生しますか？	先月は、何度_____の状況が発生しましたか？

表 4-1　願望が込められた答えを導く質問と、現実にもとづいた答えを導く質問（続き）

願望	現実
＿＿＿＿＿が起こった場合、会社にはどれくらいのコストが生じるのですか？	前回は＿＿＿＿＿が起こったとき、会社にどれだけのコストが生じましたか？
もし＿＿＿＿＿をすると決めた場合、家族はどのように反応すると思いますか？	前回、重要な決断をしたとき、家族はどのように反応しましたか？

　KISSmetricsで顧客開発インタビューを行なっていたとき、わたしは野心的な起業家とたくさんの話をしました。彼／彼女らはデータからパターンを見つけ出し、スプリットテストを実行して事業を最適化するのだ、と意気込んでいました。でも蓋を開けてみると、ほとんどの人は標準的なGoogle Analytics環境で取得できる以上のデータを収集していないと認めています。

　「事業を最適化するために現在どのようにデータを測定しているか、その方法を教えてください」という質問をすれば、相手は正直に現在の環境や能力について話してくれます。それによって、わたしたちは「顧客に最大の価値をもたらす機能」に焦点を当てることができるのです。

4.3.2　どのような制約が顧客を押しとどめているか？

　わたしたちは、顧客が課題を解決できないのはアクセスの欠如（「顧客は単にこの製品を持っていないだけ」）や、モチベーションの欠如（「顧客は単に、まともに問題を解決しようとしていないだけ」）のせいであると考えがちです。言い換えると「顧客が現状に真剣に取り組み、解決策を探そうとしてくれれば課題は解決できているはずだ」と考えてしまいます。

　実際には、多くの顧客は制約を受けています。こうした制約には、客観的な事実というより主観的なものも含まれていますが、だからといって影響が少ないわけではありません。顧客を抑えこんでいる制約のタイプを正しく理解できるかどうかによって、フォローアップの質問を価値のあるものにできるか、どのタイプのソリューションが最終的に効果的なものになるか、が決まるのです。

　以下に、一般的な制約の例を挙げます。

- 課題が課題と認識されていない。

- 技術的に可能なことについての認識の欠如。

- リソース（環境、時間、予算）が限られている。

- 行動を制限する文化的／社会的期待。

これらの制約が課題を生じさせている理由を理解し、ユーザーを制約を越えた視点に導くために、それぞれの制約について詳しく検討していきましょう。

課題が課題と認識されていない

人は生まれながらにして、自分が精通しているタスクやプロセスばかりに注目しようとする傾向があります。完了すべきタスクがある場合、わたしたちの関心は「そのタスクをどのように最適な方法で完了させるか」ではなく「そのタスクを完了させること」ばかりに向けられます。わたしたちは、自分たちの想定を疑いません。これは、機能的固定性（functional fixedness）と呼ばれる概念です。社会心理学者のカール・ドゥンカーは、この性質を「課題解決において求められる新しい方法に対して感じるメンタルブロック」と記述しています†。

機能的固定性に関する有名な実験について知っている人も多いでしょう。被験者は画鋲1箱とろうそく1本、マッチ1ブックを与えられ、ろうが床に垂れないように壁にろうそくを貼り付けるように指示されます。解決策を導き出くには、これらの日常的なアイテムの使い方を異なる視点で見なおさなければなりません。正解は、画鋲の箱をカラにして、箱を画鋲で壁に貼り付けて棚を作り、ろうを接着剤代わりにして、その棚にろうそくを固定するというものです。

人は、このように物事を視点を変えて見直すのが得意ではありません。日常生活では、モノやプロセスを1つの目的のみを持つものと見ることで、脳を効率的に使いますが、その効率性が、複雑な問題に対する新たなソリューションを見つけ出すときに、大きな障害になるのです。

ろうそくと箱の実験では、参加者は最初から、解決すべき具体的な問題があることを知っていましたし、その問題の解決策があることもわかっています。つまり、解決策だけを考えればよかったのです。しかし現実の世界では、わたしたちは必ずしも、問題が存在すること自体に気づいていません。実際に欲求不満や不足を経験している場合でも、理想的な状態と比較する尺度がないと、それがどれほど悪い状況なのか気

---

† http://en.wikipedia.org/wiki/Functional_fixedness

づけないのです。ダニエル・ピンクが指摘するように、既存の枠組みにとらわれないように思考しようとする明示的なインセンティブがあっても、実際には上手く機能しないものです†。

オンラインでの靴のショッピングを例に取りましょう。何年も履いてきたものと同じブランドの同じサイズの靴であっても、試し履きをせずに靴を買う人はほとんどいません。ピッツバーグにある Shoefitr は、靴の内部の寸法を測定する 3D 画像サービスを提供しています‡。こうして顧客はウェブでブラウズした靴の測定値を、自分がすでに履いている靴の値と比較することができるようになっています。

ユーザーリサーチャーのグレース・オマリーが顧客にインタビューをした結果、顧客が自分の足に合った靴を探すためのさまざまな方策をとっていることがわかりました。オマリーは次のように説明します。「同じ靴を違うサイズで何組か購入してサイズが合わなかったものを返品する人もいました。多くの人はインソールや詰め物を入れてなんとか調整し、サイズの合わない靴を履いていました。オンラインでは靴は買わない人もいました。それにも関わらず、靴を購入する前に足にフィットする靴を見つけるソリューションを求めている人は誰もいなかったのです」。

ですからあなたは、顧客自身に課題を抱えていることに気づいてもらい、顧客が潜在的な解決策について常に考えてくれるようにしむけなければなりません。これこそが、顧客に普段の行動について深く考えてもらうことなのです。

オンラインバンキングソリューションのプロバイダである Yodlee で働いていたとき、わたしは、オンラインの請求書支払いに関する課題の解決策を考えていました。そのとき気づいたのは、人は頭のなかで物事を簡略化していることが多いことでした。わたしたちが「オンラインで請求書の支払いする」と言うとき、その行動はいくつもの小さな活動のまとまりを指しています。たとえばカレンダーの日付に印をつけ、残高を計算し、処理済の小切手を確認し、忘れてしまったパスワードをリセットし、支払い口座を確認して、銀行のウェブサイトで［送信］ボタンをクリックすることをまとめて指しています。

Innovation Accelerator の最高技術責任者（CTO）トニー・マキャフリーは、自称

---

† http://www.ted.com/talks/dan_pink_on_motivation.html
‡ ランニングシューズをオンラインで販売するランニングウェアハウスによると、返品される靴のうち 65% の返品理由は、「足にフィットしない」というものでした。この理由の返品は Shoefitr を使用してからの 2 年間でたった 23% まで減少し、利益幅は 2.5% 増加しました。http://www.runblogrun.com/2012/05/shoefitr-use-of-online-fitting-application-increases-rate-of-returns-decreases-release-from-shoefit.html

「一般的部分化技法」を採用しています†。「各オブジェクトを分解し、2つの質問について考えます。1つ目は『これ以上分解できないか？』もう1つは『その説明は特定の用途を示しているか？』です。特定の用途についての説明になっているのであれば、それがより一般的になるように分解して記述し直します」（マキャフリー）

わたしの経験では、オンラインでの請求書の支払いについて語るとき、顧客はその活動全体として費やした時間が短かければ満足していました。しかし、この活動を構成する部分に分解して考えてみると、この作業に費やしている時間や労力に無駄があるのではないかと疑問を持ち始めたのです。

顧客が自らの行動を記述するとき、習慣化した行動や想定は、実は意識しないうちに複数の選択肢から選択しています。実は、もっと良い選択肢があることを、顧客に認識してもらわなくてはなりません。

認識されていない課題に気づくためは、顧客の現在の暮らしと、課題が解決された場合の将来の暮らしを、暗黙的に比較させる状況を作りだす方法があります。これは製品について詳しく話すのではなく、課題がどれほど顧客の痛みを引き起こしているのかを掘り下げるのです。「家族と一緒に過ごせる1時間を無駄にしているのではないか？」「毎週のガソリン代と同じくらいのコストが発生しているのではないか？」「人間関係を傷つける社会的な摩擦を作り出しているのではないか？」などと顧客に示してみるのです。

技術的に可能なことについての認識の欠如

解決策のない課題は、課題というよりも与えられた事実のように感じられます。人は、改善策がないと思ってしまえば、何かについて不満を述べることはありません。だからわたしたちは、実現可能だと思われることついてだけソリューションを提案します。顧客が根本的な変革ではなく、漸進的な改善を提案する傾向があるのもこのためです。

わたしたちは、製品を開発する側の人間として、自分たちの世界にどっぷりと浸かっています。技術やプロセスや自動化で何ができるかに精通しています。しかし、顧客はそうではありません。

Siriのようなソリューションを考えてみてください。わずか数年前には、音声認識のソリューションに対する多くの人の体験は、受話器の先のお粗末な対話型音声応

---

† http://blogs.hbr.org/cs/2012/05/overcoming_functional_fixednes.html

答システムに向かって、「1. 英語、2. オペレーターと話す。オペレーター、オペレーター！」などと叫び、結局は途中でばからしくなって電話を切ってしまう体験でした。自然言語処理や音声認識についてそのような体験しかない顧客が、Siriのようなソリューションを思いつくでしょうか？

　今でも存在しないソリューションを思いついた場合、顧客は馬鹿にされることを恐れてそれを口に出せないこともあります。わたしたちは、自分が困難なものと、不可能なものの区別がつかないことを、人に知られたくないのです。ついうっかり、とんでもない何かが欲しいと口にしたことで恥ずかしい思いをするのは、誰だって避けたいはずです†。

　顧客に慣れ親しんだ世界の外側で考えさせることは、簡単なことではありませんが、まったく不可能というわけでもありません。

　以下は、本書を通じて何度も出てくる質問です。「**現実的な考えはいったん捨ててください。もし魔法の杖を振って、なんでも解決できるとしたら、何をしますか？**」

　この魔法の杖の質問は、顧客の肩の荷を軽くします。顧客は「現実的に可能なことしかしゃべってはいけない」という不安から解放されます。この質問には、間違った答えはありません。このようにインタビューをすると、顧客は「まあ、これは馬鹿げた話かもしれませんが——」と言いながら、もっともな課題や創造的なアイデアを話すことがあります。顧客が提案するアイデアは、たいてい不可能だったり、非実用的だったりしますが、それをきっかけにして可能かつ実用的な解決策が見つかることもあるのです。

　「ちょうど悪魔がそうするように顧客の肩に座って、わたしのウェブサイトを途中で離れようとする人に「なぜ？」と尋ねてみたい」——この「魔法の杖の質問」に対する答えは、KISSmetricsがオンサイト調査ツールのKISSinsightsを設計するうえで役立ちました。この答えはわたしたちの顧客が感じていたフラストレーションを完璧に表現していたのです。

---

† この不安を見事に表しているのが、コメディ映画の『オースティンパワーズ：デラックス』で、Dr. イーブルが1969年にタイムスリップし、大統領を脅迫するシーンです。Dr. イーブル：「大統領、わたしはワシントンD.C.を爆破した後は、別の主要都市を1時間ごとに爆破時間を設定して破壊していきます。もちろん、あなたがわたしに——［ドラマチックに間を置いて］1,000億ドル支払わない限りな！」
Dr. イーブルの要求はあまりにも馬鹿げているので、大統領は恐怖を感じるどころか吹き出してしまいます。大統領はDr. イーブルにこう言います。「博士、今は1969年だぞ！ そんな信じられない大金があるわけないだろう！」

リソースが限られている

　顧客は、職場や家庭の環境による制約を受けています。寮やアパートに住んでいたり、パーティションで仕切られたオフィスで働いていたりする人は、物理的空間に変化を加えなければ使えないソリューションは利用できません。抱っこや手つなぎが必要な幼児を持つ親であれば、両手を使ったり集中が必要だったりするソリューションの恩恵は受けられません。プロダクトデザイナーのアン・ハルサールは「息子が生後3週間になるまで片手で使えないコンピュータには触れなかったのでiPadミニがメインのコンピュータになりました」と述べています[†]。

　こうした環境的な制限も、永続的に続くものは多くありません。たとえば「ノイズ」「悪天候」「混雑した物理的スペース」「不安定なインターネットアクセス」「A地点からB地点までの距離」などを思い浮かべればわかるでしょう。しかし、それだけでは大した量でなくても、顧客の行動を抑制するに十分な摩擦を生じさせるものです。

　ほとんどの顧客には、なんらかリソースの制約があります。重要なのはどのリソースが不足しているのかを理解することです。忙しく働いている育児中の親が、お金の節約よりも時間のかかる行動を選ぶ可能性は高くありませんが、大学生なら時間はかかっても安くつく選択肢を取るでしょう。KISSmetricsでは初期の顧客のほとんどはエンジニアリングのリソースが足りなかったので、エンジニアでなくても使えて短時間で済むインストールや設定プロセスを好んでいました。

行動を制限する文化的／社会的期待

　Yammerを提供していると、使い方について個人的なポリシーを設けているユーザーにでくわします。「わたしはほとんど読むばかりでYammerでは発言しませんが、同僚が投稿した質問についてだけは律儀に回答するようにしてます。でも上司の投稿に応えるのは苦手です」という具合に。

　Yammerのソフトウェアは、これといって使い方に制限は設けていませんし、Yammerを導入している企業が、誰が誰とやりとりをするかについて細かくガイドラインを設定しているとも考えられません。組織の階層的な文化は、ルールが明示さ

[†] この逸話はとても素晴らしいのでもう少し説明します。「わたしは自分が親になる前に、片手しか使えない世界など想像もつきませんでした。業種やさまざまな事情で両手の操作が必要な機器を使う機会が少ない人たちのことです。意識的に探せば、こういう片手使いの人はあちこちに見つかります。彼／彼女らは片手で操作できるほど小さくて軽い機器しか使いません。「小さな子供を持つ親」もこのカテゴリーなのです。立ったままだったり、動き回りながら仕事をしていたりする人も同じです。http://contextsensitive.quora.com/Seeking-the-one-armed-man

れていなくても組織の人々の行動に影響を及ぼすものです。

ある顧客はあなたのソリューションを試してみてうまくいかなかった場合、組織内でネガティブな評価を受けるのではないかと怖れていませんか？ だとしたら、どのようにしたらその顧客のリスク感覚をコントロールできるのでしょうか？ 顧客は、行動を変えるにあたって組織の事前許可が必要と感じているのではないですか？ だとしたら、その顧客が許可を取り付けようとしている関係者に注意しなければなりません（この章の「顧客の意思決定、支出、価値判断の方法」を参照）。

もう1つ文化的な障害として、あなたの製品を肯定することが、顧客自身の自己否定につながるというものがあります。

わたしは数年前、高価な物をすぐになくして困っている人の悩みを解決することを目的にしたスタートアップで働いていました。チームのメンバーがそれぞれ個人の人脈で「頻繁に物を失くす人はいないか」と呼びかけたところ、iPhone、PC、スキー用具といった高価な持ち物をしょっちゅう失くしてしまうビジネスパーソンが何十人もみつかりました。さっそくインタビューしてみると、モノを失くすことで毎週何時間も無駄にし、新品を買い直すのに数百ドルから数千ドルも費やしていると認めました。

しかし、チームが、ソリューションにどれくらいのお金を支払うかと尋ね始めると、これらの見込み客は抵抗を始めました。ある顧客は、「間違いなくモノを失くしてしまうので、それを買い換えるためのお金を予算に組み込んで置くことに慣れている。だからわたしは現状のままで問題ない」と認めました。

先月ノートPCを失くし、今週鍵を2回失くしたとしても、人は自分を不注意な人間であるとは認めたくないものです。モノの紛失を減らすための製品を買うことは、自分がモノを失くしやすい人間と認めているのも同然です。

これは3章で紹介したスティーブン・ブランクの「エバンジェリストユーザー」の図が、曇りのない目で顧客を見るのに役立つ好例です。この顧客は客観的には顧客としてぴったりに見えますが、その実、積極的にはソリューションを求めていません。このようなときは方向転換して、別のターゲットオーディエンスを模索すべきです。

顧客にとって社会／文化的な制約は必ずしも明確に意識されているとは限りません。顧客は、製品を使うことにはっきりとした拒否感を自覚している場合もありますが、多くの場合は違います。顧客に自分で課題を解決するシーンを想像してもらい、ボディランゲージや口調の変化を観察しましょう。その顧客は課題を解決することを想像してて、安堵感を覚えているでしょうか？ 興奮しているでしょうか？ ためらったり、葛藤を感じたりしてはいませんか？

4.3.3 顧客のフラストレーション
　　　（またはモチベーション）を高めるものは何か？

　人間はそもそも合理的な存在ではないので、論理的効率的な決定だけにもとづいて行動してはいません。「格好よさそう」という理由で高価な方を選んだり、「なんとなく嫌だな」という理由で解決策を拒否したりします。

　潜在顧客が、まだあなたの製品を持っていない現時点で、どうしているのかを話してくれているなら、その現状対策について不満なところや満足しているところを聞きだしてヒントを探しましょう。

　どんな製品やサービスでも、顧客に手間やコストを負担してもらわなければ成り立ちません。そして手間やコストを負担し続けてもらうためには、満足してもらっていなければなりません。ところが、ある顧客を喜ばせる要素が、別の顧客にとっては気に入らないということもあります。ですからあなたの製品がターゲットにする顧客を喜ばせるものは何か、逆にどのようなことをしてしまうと製品を買わなくなるかを十分に考えておく必要があるのです。

　わたしがこれまで経験してきた顧客の満足をそぐ最大の要因の1つは、わかりにくさです。サービスの仕組みや、製品の活用方法がわかりづらいと、顧客は強い不快感を覚えてコストを払いたくなくなります。こうした顧客が手間やコストをかけてくれなくなってしまうのは、新製品を立ち上げようとするわたしたちにとって、深刻な問題です。そうならないように全力をあげなければなりません。

　わたしたち自身は新製品を開発することを生業にしているので、わかりづらさの許容度は低いです。しかし、一般の顧客はそうではありません。

　わたしが新機能を紹介するたび「これはどんな仕組みなの？」「どのように使えばいいの？」「こんな使い方をしたらどうなるの？」といった質問は必ず出てきます。

　一方「どうすれば顧客は満足してくれるのか」についても詳しく知ることが大事です。「タスクの実行方法を習得すること」「進捗を目で確認すること」「他の人よりも上手くタスクを行なえるようになること」など顧客がどんな目的を持っているのかを考えましょう。

　あなたの製品が提供する価値は、顧客の価値観に合っていなければなりません。例えば、競合と競争に明け暮れている顧客なら競合に対する優位が重要でしょうが、競合ではなくお客さんの方を向いていて「ありがとう」を聞こうとしている顧客には、そうした競合優位のメリットをアピールしても意味がありません。

4.3.4 顧客の意思決定、支出、価値判断の方法

製品を使う人と、その製品の購入者（おカネの出どころ）が同じとは限りません。玩具や衣類を使うのは子供ですが、購入するのは親です。医薬品や医療機器は最終的には患者が使用するものですが、医師が処方し、（通常は）医療保険がコストを負担します。「目の前のユーザー」と「見えないステークホルダー（意思決定を行なったり、影響を与えたりする人や組織）」がいつもはっきりしているとは限りません。

顧客インタビューでは、その人が課題と思っている体験を直接的／間接的に共有している個人や組織がいるのか、それは誰かについて聞いてみましょう。顧客がすぐに思いつかない場合でも、その課題が意識されるときに誰がその場にいるか、その課題について相談している相手について尋ねるのです。

この「見えないステークホルダー」の例を挙げます。

- 対象顧客にとっての子供や配偶者（摩擦を起こしたくない相手）。

- 社会的集団のメンバー（判断をする責任から逃れて集団に埋没したい）。

- 小切手／クレジットカード／発注書に署名する権限がある人。

- 希少で不可欠なスキルのある人（エンジニアリングチームや弁護士など無言の影響力を持つ関係者）。

- コンプライアンスの責任者（ITセキュリティ、財務、法律顧問など）。

- 製品を顧客と一緒に使っている人（コラボレーションやネットワーク効果が必要な製品の場合）。

客観的な質問を投げかけて主観的な答えを引き出す

　この章の前半では、「客観的に質問を投げかけて主観的で個人的な答えを引き出す」という、一見矛盾する考え方を紹介しました。

　これは、直接個人的な事情について質問しろ、という意味ではありません。顧客に面と向かって、「テクノロジーにどれくらい詳しいですか」とか、「どのくらい価格を気にしますか」と尋ねるのは失礼です。そうした直接的な質問を失礼と思わないとしても、そうした直球質問に対する答えは、自分1人とか精々ごく小さなつきあいに限定された偏ったものになりがちです。たとえばスポーツジムに通っていて、身のまわりに自分しかいない人が、5キロも走れないないくらいの体力だとしても、「わたしは運動好きよ」と考えてしまいます。

　直接的に訊くのではなく、顧客の話のなかから顧客の生活を掘り下げて理解するヒントを見つけましょう。たとえば顧客が「そうそう！　そんなことがしたくてアプリを試してみたんです」と言っただけでも、その顧客について次のようなことがわかります。

- スマートフォンを持っている。

- 課題を解決しようとしてアプリを探すほど動機が強い。

- アプリを見つけてダウンロードできる知識を持っている。

　これは高度な推測スキルのように見えますが、顧客と話をしていくうちに自然とできるようになります。顧客を深く知るために役立つ「微妙な違い」（「自分自身が使いたくてアプリを試してみた」と、「子供がわたしのために携帯電話にこのアプリを入れてくれた」の違い）にも気づけるようになるはずです。

　2章では特性尺度について紹介しました。これはターゲット顧客の外見や行動についてディテールに掘り下げて理解するための目盛りツールでした。

今度はこの目盛りの両端に入る属性を表現する言葉を、自分で考えてみましょう。対象顧客を深く理解するためには、それぞれの目盛りの両端には、どのような行動や言葉を選択すれば良いでしょうか（**図 4-2**）。

　例えば遅刻や日常の運動習慣についての話題を出す顧客は、目盛りの「時間重視」寄りにいます。「同僚が手順に従わずに仕事をするのがすごく嫌なんです」という言葉がでるなら、効率や使いやすさよりもノーサプライズを優先させる傾向があるとわかります。顧客開発のインタビューを始めたばかりの人にとって、このツールは大きな助けになります。聞き逃してしまいがちな、ふとした発言のなかにその顧客に製品を試したり、購入したりする動機についての貴重な手がかりが見つかる場合があるのです。

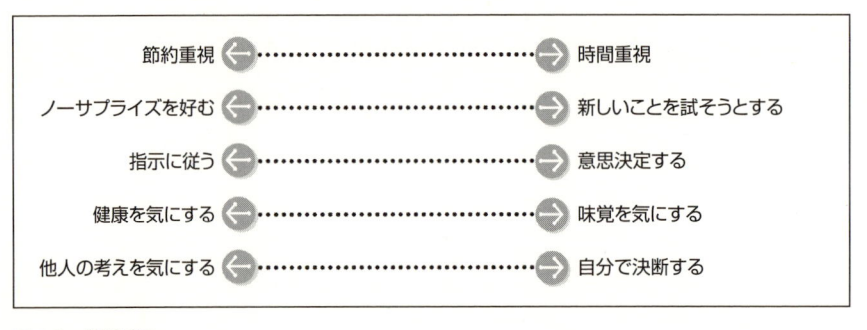

節約重視 ←	・・・・・・・・・	→ 時間重視
ノーサプライズを好む ←	・・・・・・・・・	→ 新しいことを試そうとする
指示に従う ←	・・・・・・・・・	→ 意思決定する
健康を気にする ←	・・・・・・・・・	→ 味覚を気にする
他人の考えを気にする ←	・・・・・・・・・	→ 自分で決断する

図 4-2　特性尺度

4.4　次のステップ：顧客開発インタビューの実践

　4章は、少々マニアックで理屈っぽかったかもしれません。5章からは実践的な説明に戻ります。5章ではインタビューの流れの感覚をつかみ何を準備すべきかを明確にするため、インタビューの実践方法について詳しく見ていきます。次章を読み終えれば、オフィスから出てインタビューをする準備が整うはずです。

この章のまとめ

- 顧客開発の5つの基本的質問を使って、顧客に話をさせ、その内容にもとづいてさらに詳しい答えを引き出す。

- 自由回答形式（「はい／いいえ」形式ではない）の質問をすることで、顧客が表面的なものを越えた回答ができるように仕向ける。

- 顧客が現状どんな行動をしているかを明らかにする。顧客の現状の行動はあなたの製品やサービスが取って替わろうとする競合と言える。

- 抽象度のレベルを1つ上げて、視野を広げる。

- 実際の行動と願望の比較に注目する。「Xをする見込みはどれくらいありますか？」と尋ねるのではなく、直近の事実についての質問をする（「一番最近Xをしたときについて教えてください」「先月、Xを何回行ないましたか？」など）。

- 顧客が抱えているメンタルブロック（「課題を課題だと認識していない」「課題は修正できないと考えている」「リソースが限られている」「自らの行動を制限する期待を持つ」など）を理解し、そうしたブロックを乗り越えるための質問をする。

- 意思決定に関与する他のステークホルダー（家族、マネージャー、友人など）がいるかどうかを確認する。

5章
オフィスから飛び出せ

自己紹介も早々に、顧客インタビューを普段着の調子に切り替えた。そうしたら初対面なのに、相手は約束の10分間よりはるかに長く話してくれたんだ。おかげで他の方法より多くを学んだよ。

——ニック・ソマン、LikeBright CEO

優れた製品を作るには、人に対する深い共感が絶対に必要。早いうちから顧客と密に対話しなければ問題は解決できない。ガラスの壁越しに人がコンピュータを使っているのを観察するようなやり方は、現実に根ざしているとは言えない。わたしたちは人と会話をしなければならないんだよ。

——カラ・デフリアス、Intuit イノベーション・カタリスト

これまで「仮説を書き出す」「インタビュー相手を見つけ出す」「何を学ぶべきかを明確にする」「学ぶべきことを引き出す質問を考える」「インタビューのアポを調整する」について一緒に考えてきました。

ここからが本番のインタビューです。

わたしも初めは顧客インタビューを怖いと感じていました。「有益な情報が得られなかったら？」「失敗した初デートのときのように、気まずい沈黙が続いたら？」「相手に時間を無駄にしたと思われたら？」などの不安を抱いていたものです。

でも、そのあと何千回ものインタビューを行った経験から、会話の調子をコントロールする術を学びました。自信を持って話し、適切な期待値を設定し、心から好奇心を表現することで、相手は話をしてくれるようになります。心から感謝しながらインタビューを締めくくれば人間関係が深まり、相手はその後もインタビューに答え続けてくれるようになります。わたしは、顧客開発インタビューを通じて出会った何十人もの人々といまでも連絡を取り合っています。

この章では、インタビューを快適で生産的にするためのツールを紹介します。インタビューのプロセスをステップごとに細かく説明しながら、効果的な戦術とは何か、なぜそれらの戦術が役立つのかを学びます。具体的には次の点を説明します。

- インタビューの前にどんな準備をすれば良いか？

- 相手の心を開かせ、自由に話をしてもらうための意外なコツ。

- 相手に「自分こそ専門家」と感じてもらう方法。

- 話の脱線を受け入れる理由。

- 「フット・イン・ザ・ドア」法を使って感謝を伝える価値。

この章を読み終えれば、オフィスを飛び出してインタビューを行ない、相手から驚きとインサイトに満ちた想定外の答えを引き出すために必要なすべてのツールを手にすることができるはずです。

5.1 模擬インタビュー

　いちどインタビューを経験しておけば2回目以降が楽になります。そのために、ターゲット顧客ではない人を相手にした模擬インタビューをお勧めします。

　模擬インタビューでは仮説検証はできませんが、本番インタビューの前にインタビューの手順をテストして、インタビューの技術を向上することができるのです。

　模擬インタビューは、すでに製品や顧客がある場合にも効果的ですが、代金を払って製品を購入している相手に対して、仮の新規アイデアを話す場合はいくつかの注意が必要です。できるだけ事情を理解している人（つまり、顧客ではなく同僚）を相手にインタビューの練習をしておくと、あわてません[†]。

　模擬インタビューは、誰を相手にすべきでしょうか？　特定の基準はありませんが、あなたのアイデアと関連のない人が良いでしょう。配偶者や親しい友だちを相手に選ぶと、インタビュー中にまじめな顔を保つのが難しくなります。社内で普段接点のない人や、LinkedInで最近知り合った人などが良いでしょう。

　Yammerのわたしのチームでは、よく新人社員を相手にして模擬インタビューを行ないます。新人はインタビュー実施者や製品に慣れていませんが、特別な指示は不要です。ただ個人的経験や意見をもとに質問に答えて欲しいとだけ伝えます。インタビュー後はインタビュー自体についてのフィードバックを求めます。模擬インタビューの相手が誰でもフィードバックは役に立ちます。

5.2　記録すべきか、せざるべきか

　インタビューを録音すべきかどうか悩む人もいるでしょう。そういう人は、相手が話した通りの言葉を手書きやキーボード入力で書き取るのが追いつかないと感じていたり、メモを取るのに手元ばかりみていて相手の目を見ないので、会話がぎこちなくなることを心配しています。インタビューを録音するメリットとデメリットを列挙します。

長所：

- インタビュー相手がしゃべったことをそのまま記録できる。

[†] 既存顧客が相手の場合、顧客開発の内容は大きく変わりますが、相手に話をしてもらうための根本的な心理学は同じです。この違いとリスクについては8章で詳述します。まず5章を読んで学んだことを、既存顧客相手のときにどう応用するか考えるのが良いでしょう。

- メモに不要なバイアス（相手が話したことのトーンを和らげる、要約した形でメモを取るなど）がかからなくなる。

- 筆記から解放されるので、相手のボディランゲージや表情に注目しやすい。

- 録音を再生することで、文字に書き起こした場合よりも、インタビュー相手がどのような間合いや抑揚で話をしていたのかを他者に伝えやすくなる。

短所：

- 会話の録音許可を求めるとインタビューが堅苦しくなってしまうことがある。

- テープ起こしのためインタビューの倍の時間がかかる。

- 録音されることがわかると、相手が慎重になる（相手の許可なしで録音することは許されない）。

- 相手が仕事以外の話をしている時も会社のルールを意識する場合がある。

- 手書きやタイピングでメモを取る場合に比べて「自分の口数を減らし、相手に多く話してもらう」というメリットが得られない。

録音には長所短所があります。自分が効果的にインタビューを実施できる方法を選びましょう。どちらがいいかわからないなら両方試してみてもいいでしょう。

インタビューの形式がメモの取り方に影響する場合があります。わたし自身はほとんどの顧客開発インタビューを電話で行なうので、相手にはわたしがノートパソコンの画面を頻繁に見ている様子は見えません。対面インタビューで聞き取りしながらノートパソコンに入力をするのは容易ではありません。わたしは今では相手の言葉をまるごと手書きで書き取るスピードがありません。めったに手書きをしないので、書くスピードが遅くなってしまいました。

会話を録音するにせよ、手作業でノートを取るにせよ、インタビューの後には多少時間をとって重要ポイントをまとめておきましょう。手書き3枚のメモでも30分間

の録音でも数日間も放置してしまうと、まとめを作る気持ちが萎えてしまいます。

ビデオは撮ってはいけない

　ユーザービリティテストでは一般的ですが、顧客開発のインタビューでは、録画は勧めません。動画には懐疑的な同僚を納得させる強力な説得力がある反面、大きな制約があります。まず撮影がしやすい場所が必要になりますが、こういう場所はたいてい人が気軽に話せる場所ではありません。遠隔でインタビューする際には、相手がウェブカメラを持っていて適切に設定できることが条件になりますが、条件を満たす相手を見つけるのは非常に難しくなります。また動画を撮影するとインタビュー自体がぎこちなくなります。ヘアスタイルがどんな風に写るか気にしていたらリラックスして話をしたり、自分は専門家だと余裕をもって話すことなど期待できません。

5.3　適切なメモの取り方

　顧客開発インタビューでメモを取る際は、学校の講義や会社の会議でしているようなメモの取り方をすべて忘れてください。

　講義や会議中にメモを取るスタイルがまずいのは、話を要約したり、ポイントを省略したり、凝縮したり、相手はこう言おうとしていたはずという主観的解釈を加えたり、多くの人と情報共有するため不要な部分をカットしたり、文脈に合わせた記述にしてしまったりするからです。

　顧客開発では、そもそも何が重要なのかわかっていない状態を想定しています。多くの場合、インタビューを終えるまでは何が重要なのかはわからないのです。

　したがって、相手の発言の詳細や感情、強調した点に恣意的な判断を加えず、ありのままに記録することが重要です。顧客が「製品Xを使ったことは、わたしにとって今週の最悪の体験でした」と言ったら、その言葉をそのまま記録します。「顧客は製品Xを好んでいない」のように解釈を加えて記録すべきではないのです。

　とはいえ、顧客の発言を全部書き留めることなどできないし、そうしたくもないでしょう。顧客インタビューの目的は、そこからの学びを「仮説の検証」と「ター

ゲット顧客の課題の明確化」のために活かすことです。詳細な情報が重要になるのは、相手が次のことについて話したときです。

- 仮説をサポートする何か。

- 仮説を棄却する何か。

- 意外だと感じられたこと。

- 強い感情が伴っていること。

　相手がこういう話をしたら、メモの該当部分を丸で囲んだり、太字にしたり、下線を引いたりして、読み返したときに見つけやすいようにします。インタビューを録音している場合は、後で簡単に会話の特定の箇所を参照できるように、相手が興味深い話をしたときの経過時間を書き留めます。

　よく「なぜ感情がそんなに重要なのか？」「相手がわたしの製品アイデアとは無関係なことで文句を言っているだけだったらどうするのか？」などと尋ねられます。感情（ここではこの言葉を、不平不満、怒り、情熱、嫌悪感、懐疑心、羞恥心という意味で使っています）は重要です。相手にとって何が重要なのかを知りたいとき、それを相手に列挙してもらってはいけません。そういう聞き方をすると、返ってくる答えはその相手が頭で考えた、自分にとって重要であるべき何かになってしまうからです。直接尋ねるのではなく、相手の話を聞きながら、その感情に注意を向けると、そこにはさまざまなヒントが詰まっています。相手が言っていることが一見製品アイデアと無関係のように思えても、ターゲット顧客を包括的に理解するのには役立ちます。

　インタビューによっては会話が脱線することも（そうでないなら顧客が自由に話をできるように仕向けていないとも考えられます）、メモを取るうえで難しい点です。最終的には、いくつものインタビュー結果を比較しなければなりません。この際に役立つのが、メモのテンプレートを使うことです。

　テンプレートはさまざまな会話に適応できるように柔軟にしつつ、各インタビューで最重要な3～4個の質問は忘れずに盛り込むように体系的である必要があります。わたしはテンプレートに、インタビュー時に「した方が良いこと」と「すべきではないこと」をリマインダーとして記載しています（図5-1を参照）。

```
名前 _____                    笑顔
日付 _____
                                        しゃべりすぎず、メモを取ることに
                                        専念すること
現在、_____をどのような方法で行なっていますか?
                                        「はい／いいえ」形式の質問をしない

他のツールや、便利な小技や裏ワザを使っていますか?
                                        興味深い言葉を耳にしたら、
                                        同じ言葉を繰り返して、
                                        相手にさらなる話を促す

_____をする前後に毎回していることは    他の人……
何かありますか?


もし、魔法の杖を振って現在はできないことが何でもできる
としたら、何をしますか?
(それが可能かどうかは気にしないでください。何でも結構です)。


他に興味深かったこと:
```

図 5-1 わたしが使っている顧客インタビューのテンプレート。左側には顧客に良く尋ねる質問を、右側にはインタビュー時に留意すべきポイントを記載している(わたしはインタビューを電話で行なうことが多いので、インタビュー中に、相手の答えを直接このテンプレートに書き込める)

5.3.1 書記役をメンバーに加える

　Yammer では顧客インタビューをするとき、インタビュー担当者をインタビューそのものに集中させ、インタビュー技術を向上させるために、専任の書記をメンバーに加えることがあります(後述する「ペアインタビュー」を参照)。

　書記をメンバーに加えると、部門横断的にメンバーを顧客に触れさせることができます。自分でインタビューを実施するのは尻込みしてしまうが、記録くらいなら進んで協力したいメンバーもいるでしょう(とはいえ最初から抵抗なく書記として加わってくれたわけではありません。始めの頃はボランティアを誘うため自家製のクッキーが必要なくらいでした。今ではプロダクトチームの誰もが少なくとも 1 時間は書記として参加しています)。

　わたしのチームはオンラインのテンプレートを使用しています。このテンプレートには仮説をサポート(棄却)する発言、意外な発言、強い感情を伴った発言などの欄が設けられています。書記はノートパソコンを持ち込み、テンプレートに直接書き込むことができるので、複数のメモを一貫性のある形式で作成できます。検索もしやす

く、転記も不要です。

ペアインタビュー

　わたしが Yammer と KISSmetrics で実践しているなかでもっとも効果的な方法の1つが、2人1組でインタビューを行なう手法です。1人がインタビューを担当し、相手から目を離さずに質問をし、もう1人は書記に集中します。この手法には包括的で活用しやすいメモを作成できることに加えて、以下の3つのメリットがあります。

インタビュー技術が向上する

自分が話をしているとき「しゃべり過ぎていないか」「相手を誘導するような質問をしていないか」「会話を早い段階で終わらせてしまっていないか」などを把握するのは困難です。でも2人1組なら、書記役が客観的に見てくれます。書記からインタビュー直後にフィードバックをもらうことで、インタビュー技術を向上させることができます。

メンバーに顧客インタビューに関与してもらいやすい

チーム内には、顧客開発に懐疑的だったり、有益と認めていても自分では尻込みしたりするメンバーがいるものです。こうしたメンバーには、新たに顧客開発インタビューの技術を身につけて欲しいと頼むよりも、30分間のメモ作成を担当してもらう方が簡単です。わたしは2回ほど書記をやってもらった後、その人に「じゃあ次はインタビューを担当してもらえる？」と頼みます。

チーム全体にインタビューに関与してもらいやすい

企業には決まっていつも忙しくしていたり、他のメンバーとあまり接点がなかったり、顧客と話すことを不得手にしているメンバーがいます。でも、こうしたメンバーこそ、外部の意見を聞く必要があるのです。もしわたしがそうした同僚の時間を1時間もらえるなら、30分間の書記作業

を2回手伝ってもらいます。準備不要で手間のかからない作業でが、その同僚に、オフィスの外にいる2人の顧客から直接話を聞くチャンスを与えることになるメリットは計り知れません。

5.4　インタビューの直前

　事前にインタビュー相手のことをできるだけ把握しておきましょう。会社員をターゲットにするなら、職名や勤務している会社の種類、業界を調べます。消費者をターゲットにするなら、独身か、既婚で子供がいるのか、住んでいる場所は郊外か都市部か、ハイテクに精通しているのかいないのか、などを調べます。相手の立場に身を置いてどのようなことを考えたり、不安に思ったりするかを想像してみましょう。

　会話中に、あなたは即興で話の内容に関連する情報や具体例を相手に伝えることがあります。相手は、こうした情報を身近に感じることでインタビューを快適に感じ、進んで話してくれます†（たとえば、都市に住む独身男性に「SUVで子供を送り迎えすること」といった関係なさそうなことを訊いても役に立ちません）。

　インタビュー前には「基本動作」を忘れないようにしましょう。トイレを済ませておきましょう。途中で喉が渇かないように水を飲んでおきましょう。予備のペンと紙を用意しておきましょう。携帯電話の充電を済ませ、サイレントモードにしておきましょう。パソコンでメモを取る場合は邪魔になるものをすべて取り除いておきましょう。IMクライアントやブラウザ、メールなどを閉じておきます（わたしはいつもWiFiを無効にします）。メモのテンプレートを準備して手書きや入力ができるようにします。

5.5　最初の1分間

　インタビュー相手に電話をかける前や、相手がインタビュー場所に到着するのを待っている間、少し緊張し、何が起こるか不安に感じるでしょうが、相手も同じです。

　相手には、ほとんどの場合顧客開発インタビューの経験がありません。ユーザビリティテストやマーケティングでよく実施されるフォーカスグループに参加したこと

---

† Zapposのカスタマーサポートは、サポートコールを通じて顧客とパーソナルで感情的な結びつきを構築しようとします。顧客と同じ地域に生活拠点がある担当者を割り当てることで、顧客が担当者との共通点を見つけやすくなります。こうした感情面の結びつきはZapposのビジネスの75%が既存顧客によるリピートビジネスである理由の1つです。顧客開発においてもこうした結びつきを深めることで、インタビュー相手があなたにとってのチアリーダーやアドバイザーのような存在になってくれるのです。

がある人はいるかもしれませんが、これらは顧客開発インタビューとは大きく異なります。ユーザービリティテストやフォーカスグループは、顧客開発インタビューに比べてより体系的で常識的です。どちらも既存の製品やサービス、プロトタイプを対象にしています。顧客開発インタビューではインタビューの依頼のメッセージを簡潔にしているので、相手はインタビューがどのような内容のものなのか詳しく理解していません。

その前提で、インタビュー開始直後の1分間にやらなければならない仕事が3つあります。

- 相手に「自分の話が役立つものになる」と確信してもらう。

- 相手に主体的に話をして欲しいとはっきり伝える。

- 相手に話をさせる（その方法はこれから説明します）。

セリフのリハーサルは、インタビューの最初と最後の部分だけにしましょう。インタビューの開始部分のスクリプトを用意することで、自信を持って話せるし相手の期待値をコントロールできます。以下に、電話インタビューを始める台本の例を示します。

> こんにちは、［会社］の［名前］と申します。今、お話をしてもよろしいでしょうか？
>
> お話をする機会をくださってありがとうございます。個人的な経験やあなたの暮らしのなかで、物事がどう役に立っているのかいないのかを話してくださることが、大変貴重な情報になります。わたしはできるだけあなたの話を伺うことに集中させていただきます。
>
> ではまずあなたが現在、どのように［一般的なタスク］を行なっているかを教えてくださいますか？

ありふれているようですがインタビューのオープニングを効果的にするために、注意するポイントがあります。これらのポイントを外してしまうと、回答の質が下がってしまうのです。

くだけた調子を保つ

金融や医療などお堅い業界の人は、こんな会話の切り出し方はカジュアル過ぎる、もっとフォーマルなトーンを用いるべきと思うでしょう。でもわたしの経験上フォーマルなトーンを使うと、インタビュー相手の回答は、短くてあたりさわりのないものになってしまいます。相手が会社員の場合、聞き出したいのはその会社の公式回答ではなく、相手が心に隠し持っている不満や、相手が仕事を成し遂げるために使っている方策なのです。革新的な製品を開発するために欠かせないインサイトは、こうした隠れた情報から得られるものです。重役向けのプレゼンのようでなく、休憩室にいる同僚同士の軽口のような調子を心がけましょう。

こちらも1人の個人として接する

話をするときは、「わたしたち」や「弊社」ではなく、「わたし」を主語にしましょう。人は顔の見えないわたしたちや会社よりも、私的につながりのある個人を助けようとします。社会心理学もこれを裏付けています[†]。

相手を個人として尊重する

「あなたの個人的な経験」「あなたにとって特に」「あなたの身のまわりでは」のようなフレーズを使うのは、慣れないうちはぎこちなさを感じるかもしれません。しかしこれによって、インタビュー相手は自分がある特定の話題についての専門家として扱われていること、自分の意見や行動について話すことに、価値を認めてくれていると感じるものです。インタビュー相手が「わたしはどこにでもいる[○○]です。わたしの話など聞いても面白くないですよ」とへりくだることがあります。こういう相手から詳細な回答を引き出すには、こうしたためらいを克服する手伝いをしなければなりません。

[†] これはおそらく自己開示と好感度の相関によります。自分についての情報を明らかにすることで他人から好かれることがわかっています。自分から開示する個人情報が名前だけだったとしも、台本を棒読みせず個人として接していることを示すことで効果が見込めます。http://www.ncbi.nlm.nih.gov/pubmed/7809308

これらの注意を守ることで、あなた個人の流儀（そうすべき！）でインタビューを開始できるようになるのです。

5.6　次の1分間

インタビューのオープニングでは、インタビュー相手（専門家）に知っていることをあらいざらい話してもらうことが大事だと説明しました。このときしばしば、相手が会話をリードしたがらない（あなたがそうするように促していても）ということが起きます。インタビュー相手は、ひとことかふたことだけしゃべって、その後むっつりと黙ってしまうのです。

このように沈黙してしまうのは、そのほうが楽だからに過ぎません。この障害を乗り越えて話をしてもらうには、どうすれば良いでしょう？

答えは「黙って耳を傾ける」です。あなたはすでに「——について教えてください」と質問をしたのです。あとは相手が話をしてくれるのを待ちましょう。60秒が経過するまでは、こちらからはしゃべらないようにします（**図 5-2**）。

図 5-2　最初の質問をした後、60秒間は黙って相手の答えを待つ

60秒といえば長い時間です。気まずい沈黙に耐え切れず、次の質問に移りたくなりますが、ここは堪えましょう。先を急いでしまうと、インタビュー相手に対して「あなたの話はもう十分。これ以上詳しい話には興味ない」という誤解を与えてしまうことになりかねません。相手はあなたが沈黙を破ろうとしたことで、ああこのイン

タビューではひとこと、ふたことで足りる深さで十分なのだなと受け止めてしまい、その後も短く浅い回答に終始してしまいます。それでは、求める深く細かい情報は得られません。

気まずくても我慢して沈黙を保ち、相手の反応を待ちます。

最近、「顧客インタビューで自分からべらべらと話をしてしまうのを防ぐため電話のミュートボタンを押す」ことを提案するツイートを見かけましたが、お勧めできません。受話器の向こうが完全に無音になってしまうと、相手にはそれがわかるし、電話が切れてしまったかもしれないと思われてしまいます。「もしもし? 聞こえますか?」と相手に確認させると、インタビューがぶつ切りになってしまいます。息遣いと話を聞いていることがわかるようなかすかな音が相手に聞こえるようにしましょう。

あなたが黙っていれば、たいていの相手は向こうで勝手に話を続けてくれます[†]。このようなとき相手が話してくれるディテールこそ、往々にして（最初に答えてくれるような教科書的な内容ではなく）有益なインサイトが隠れているものなのです（インタビュー相手が話を再開しないとか、相当に居心地を悪そうにしているとかであれば、答えるように促しましょう。たいていはその必要はありませんが）。

インタビューの初めに、相手に会話をリードしてもらうように仕向けることで会話のトーンが設定されます。最初に「自分は聞き役に徹したいので発言は少なめにします」と伝えつつ、態度でも示すのです。こうすることで、インタビュー相手の方は長くて詳細な話をしても良いのだとわかってくれるのです。

5.7 会話の流れを保つ

最初の「——について教えてください」の質問の後は自由にインタビューを展開させます。

順番通りにリストの質問をつぶしていく場合もあれば、相手の話がとまらなくて、1つの質問に10分も費やすこともあるでしょう。

大事なのは、インタビュー相手に気持よく話を続けてもらい、熱く話しているときに、もっと詳しく話すよう促すことです。

[†] この正当性を裏付ける社会心理学の研究はさておき、映画『パルプフィクション』のワンシーンを引用します。ミア:「こういうの、いやじゃない?」 ヴィンセント:「何が?」 ミア:「気まずい沈黙よ。人はなんで沈黙を破るためにくだらない話をしなければならないと思うのかしら?」 ヴィンセント:「いい質問だな。」

> **注意**
> 60秒沈黙する方法を、同じインタビューのなかで何度も繰り返すのは禁物です。インタビューの冒頭でこの方法を用いることで、インタビューを適切な方向に導きやすくなるのですが、この方法を使い過ぎると、冷たい印象や相手を操作している威圧的な印象を与えてしまうことがあります。相手の話を遮らないように間を置くのは良いですが、2〜3秒に留めましょう。相手が話を始めてからは、相手に自分が専門家であるように感じてもらうことが重要なので、自分は積極的な聴き手（アクティブリスナー）になる必要があります。相手の話に相槌を打ち、適切なタイミングで質問をしていきましょう。

　できるだけ詳しく話を引き出すように質問を続けます。長い答えをしてくれるように促しましょう。「はい／いいえ」形式ではなく、自由な形式で回答できるオープンエンドな質問をするのです。

- そのプロセスにはどのくらい時間がかかりますか？

- なぜそれが起こると思うのですか？

- その出来事によってどのような結果が生じるのですか？

- 他にこの意思決定に関与しているのは誰ですか？

- この種のミスは他にどこで生じていると思いますか？

- そのタスクを最後にしたのはいつのことですか？

　このようなフォローアップの質問をすることで、相手に話を続けてもらうだけでなく、答えのトーンを根本から変えられるメリットがあります。ウェブ解析ツールを提供するKISSmetricsで初期の顧客インタビューを行なったときの例を見てみましょう。

> **顧客**：すでにそういう分析ツールを使っていますよ。このツールは社内のエンジニアがカスタム開発したもので、上手く機能しています。顧客の転換率（Conversion Rate）やトラフィックを見ることができるし、必要に応じてレポートを作る機能もあるんです。

一見すると、この顧客は KISSmetrics の製品にまったく関心がないように思えます。彼は課題に対するソリューションを持っていると言っているし、フラストレーションも感じていない。何かが上手くできないことについて不満を口にしているわけでもありません。

ではそのまま次の質問に移るべきかと言えば、もっと粘るべきです。話に興味深い点が何もないとあきらめる前に、少なくとも1つはフォローアップとなる質問をしましょう。

> **インタビュアー**：必要なときにレポートを取得できるそうですが、最近レポートが必要になったのはいつでしたか？
>
> **顧客**：先週です。でも、ええと実は先週はデータの一部が得られませんでした。レポートの生成を実行したエンジニアが大きなバグの修正の真っ最中で、後回しにされちゃったんです。完全なレポートには何日か待たなければなりませんでした。
>
> **インタビュアー**：しばらく待たなければならないような状況は、どれくらいの頻度で起こるんですか？
>
> **顧客**：まず、先週起こりましたし、今月だけでも数回は起きているかな。エンジニアにとってはレポートを生成させるよりもバグ修正や機能強化の方が重要です。［長い中断］ええっと、たしかレポートの数字が得られないので仕方なく推測にもとづいて決定を行なったこともあります。

> **インタビュアー**：そうした決定は重要なものでしたか？ 数字なしで判断したことによりどのような影響が生じましたか？
>
> **顧客**：正直これまでの決定は軽微なものばかりでしたが、今後は収益に直接影響する変更を行なう予定があるので、間違った判断をすると実害が生じます。きわめて直接的な影響です。いやあ忙しくて、このことについてよく考えていませんでしたが、これは急を要する問題だぞ。

5.7.1　誘導尋問を避ける

　フォローアップ質問をするときには、誘導尋問してしまいがちなので注意が必要です。誘導尋問とは相手の答えにバイアスをかけた質問です。誘導尋問の典型例を挙げます。

- ＿＿＿＿＿＿だと思いませんか？

- ＿＿＿＿＿＿の場合、問題が生じませんか？

- ＿＿＿＿＿＿に同意しますか？

- ＿＿＿＿＿＿の場合、それをしますか？

　このような質問をすると、「はい」または「いいえ」で始まる答えが返ってきます。あなたにその自覚がなくても、相手が「はい／いいえ」と答えを返しているときは、誘導尋問をしているサインです。「はい／いいえ」で始まる答えにはマークを付けてメモを取り、誘導尋問で導かれた答えであることを差し引いて吟味しましょう。
　当然ながら、フォローアップ質問で促しても、相手が話をしてくれないケースは多々あります。そのような場合は無理やり答えを引き出さないようにします。すべての質問が、誰に対しても効果的とは限りません。そこは飛ばして、次の質問やトピックに移りましょう。

5.7.2 掘り下げる

　ひと通りの質問を終えると、相手の状況や課題が理解できたと思いこみ、心のなかで「よし！」「わかったぞ！」とつぶやくでしょう。でもそれで十分と決めつけてはいけません。細かい部分で誤解していたり、相手が省略してしまったりすることがあるのです。もういちどわかりやすく説明してもらいましょう。そのためには聞いた内容を要約して自分の言葉に言い換え、間違いを相手に正してもらうのが役に立ちます。相手が興味深い（あるいは意外な）ことを言ったときや、一連の質問の最後には、相手の言葉を繰り返してから次のトピックに移ることもお勧めします。

　相手の言ったことを要約するのはきまりが悪いし、相手を小馬鹿にしたように聴こえてしまうこともあります（「アクティブリスニング」という言葉からは、善意に満ちた幼稚園の先生や、『サタデーナイトライブ』のスチュアート・スモーリーの古い寸劇を連想されます）。不自然ではありますが、慣れれば簡単だし、誤解を大幅に減らすことができるのでお勧めです。

　Yammerユーザーとの最近のインタビューの例を紹介します。

> **わたし**：確認しましょう。あなたが電子メールでファイルを送受信している理由は、安全なイントラネットを経由してファイル共有サイトにログインするのが難しいことと、加えて電子メールで送受信する方が簡単だからですね？ あなたは週に2回程度電子メールでファイルを共有しているのですね？ わたしの理解に間違った点はありますか？
>
> **ユーザー**：ええ、間違っている点があります。ログインの問題はありますが、電子メールを使う主な理由は、日中はほとんど外回りをしている営業担当者が、出先からではイントラネットにアクセスできないからです。営業担当者とはメールでしかファイルを共有する手段がないのです。
>
> だから電子メールを使うしかないんです。通常は週2回程度ですが、営業担当者が追い込みをかける4半期末には毎日20個のファイルを電子メールで送受信します。

こうしてユーザーに答えてもらうことで、新たに重要な課題が浮かび上がりました。問題が安定的に発生しているのではなく、周期的に増える傾向があることもわかりました。

こうした細かい答えは、最初の回答では明らかになりにくいものです。インタビュー相手が情報を隠しているつもりがなくても、部外者の視点で問題をとらえていないため、最初から細かい説明ができないのです[†]。

「なぜ？」を上手く扱う

トヨタで開発された「5Whys（5つのなぜ）」という質問手法は、問題に対する表面的な答えよりも掘り下げた根本原因を見つけるための技法です。ほとんどの人は質問されると、もっとも明らかな答えだけを述べようとしますが、それは病気でいうところの症状に過ぎません。その症状だけを解消しても、病気を根本治療したことにはなりません。

エリック・リースのブログの例：

ウェブサイトがダウンしているのに気づいたとする。当然ながら、何よりも優先すべきは、サイトの復旧だ。しかし、危機が過ぎ去ったらすぐにポストモーテム（振り返り、反省会）を行ない、「なぜ」を尋ねるべきだ。

- 「ウェブサイトはなぜダウンした？」→すべてのフロントエンドサーバー上のCPU使用率が100%になったため。

[†] あるいは他の人と同様に、知識の呪縛に苦しめられているとも言えます。製品の作り手は製品のことを詳しく知り過ぎているため、ユーザーは誰でもタスクを実行したり、機能を見つけたりする方法を知っていて当然と見なしてしまうのです。ユーザーの側では、製品に欠陥があること、人々の要求に沿うものにはなっていないことを誰もが承知していると考えています。作家のシンシア・バートン・ラーベはこう述べています。「専門家は門外漢に理解してもらうために初歩的な説明をするとき、世界をいつもとは違う視点で見ることが求められる。その結果、古い問題に対する新しいソリューションを見つけることがある」（ジャネット・レイ・デュブリー『Innovative Minds Don't Think Alike』(http://www.nytimes.com/2007/12/30/business/30know.html)

- 「なぜCPUの使用率が急上昇したのか？」→新しく追加したコードに無限ループが含まれていた！

- 「なぜそのコードが書かれたのか？」→ある従業員がミスを犯したため。

- 「なぜ彼のミスだとわかるのか？」→彼は当該機能の単体テストを書いていなかった。

- 「なぜ彼は単体テストを書かなかったのか？」→彼は新入社員で、テスト駆動開発の適切な訓練を受けていなかった[†]。

最初の「なぜ」から推測できる原因は、ハードウェアの問題のように思えます。3回目の「なぜ」では、原因はエンジニアのせいだと思えます。しかし5回目の「なぜ」によって、問題の再発を防ぐ根治療法とは、従業員が入社するときの研修訓練の欠陥を直すことが必要だと、初めて明らかになりました。

5.8 脱線は生じる

インタビューにはオープンエンドな性質があるので、インタビュー相手が一見無関係な問題や状況について長々と話を始めてしまうことも起こります。あなたは「なぜ相手はわたしが話をして欲しいことから脱線して、こんな話をするのだろう？」と疑問に思うでしょう。

その疑問はよく考えてみる価値があります。なぜこの人は無関係に思える話をしているのでしょうか？ 相手が何かの話題を出すかぎり、その話題は相手にとって重要なことなのです。それこそ、あなたが解決しようとしている課題にも増して差し迫った課題なのかもしれません。相手があなたのアイデアについて考える前に、検討しておかなければならない前提条件であるかもしれません。もしくは、その相手は単にインタビュー対象としてふさわしくない場合だってあります。

[†] http://www.startuplessonslearned.com/2008/11/five-whys.html

杓子定規に軌道を戻そうとせず、少なくとも1〜2分間は脱線したままにしてみることをお勧めします。この際に有用な質問をいくつか紹介します。

- ［脱線した内容］についてもっと話したいですか？それとも、［オリジナルのアイデア］について話をしたいですか？

- ［脱線した内容］の実行／検討／承認／修正には、どれくらいの人が関与していますか？

- 家庭／職場での［脱線した内容］の優先度はどのくらいですか？

インタビュー相手が脱線した内容を話すことに多くの時間を費やし、優先度を高く置いていることが明らかな場合は、相手に別のインタビュー相手を紹介してもらうように頼むこともできます（もちろん「もっといいインタビュー相手はいないか」という意味のことを直接伝えると、相手を不愉快にさせてしまうことがあります。その相手に、再びインタビューを依頼することだってあるかもしれません。言い方には気をつけましょう）。以下に例を示します。

> いまのところは［脱線した内容］よりも［オリジナルのアイデア］に注目したいので、これ以上あなたにお時間を取らせたくはありません。でも将来的に［脱線した内容］について詳しく知りたい場合は、再び連絡をしても良いでしょうか？
>
> 最後に1つお尋ねします。わたしが［オリジナルのアイデア］についてもっと学びたいと思った場合にインタビューすべき方を誰かご存知ですか？

初めは脱線した内容が重要だと思えなくても、本当に重要ではないかどうかを確認するためには、ある程度無駄なパターンが見えてくるだけの人数と話をしなければなりません。KISSmetricsで顧客インタビューをしたとき、多くの人はわたしが質問をした分析ツールについてではなく、定性的なユーザーリサーチやアンケートの実施が

いかに難しいかと不満を述べていました。1人目がその話をしたとき、わたしはそれが例外的なケースだと思っていました。しかしその後も多くの人が同じ課題について話をするので、定性的なリサーチやアンケートこそ、ビジネスチャンスであると気づいたのです（わたしはよく「1人だけならその人の特徴かもしれないが、10人いたらそうではない」と話します）。脱線が、新しい製品開発のインスピレーションになったわけです。わたしたちはKISSinsights（現在の製品名はQualaroo）のオンサイト調査機能と、企業数千社をターゲットにしたインタラクション機能を強化しました。

通常はこうした脱線は2〜3分間で終わるので、次の質問に進めます。脱線がなかなか終わらない場合は、詫びながら相手の話を中断し、次の質問に進む時間であると伝えても良いでしょう。

5.9 「欲しい物リスト」は避ける

こちらからの質問にかまわず「わたしはこういうものが欲しい」と言ってくる人もいます。一方的に欲しい機能やオプションを挙げてきます。わたしはコーヒーショップでのインタビュー中に、モックアップのスケッチを始めた人に会ったこともあります。

これは表面的には、素晴らしいことのようにも思えます。見込み客が、製品の要件を話してくれるのですから。でもそうではありません。顧客の要求通りに作ったものの、失敗した製品は枚挙にいとまがありません。あなたもそのような製品の開発に関わったことはありませんか[†]。

顧客が望むものを知る必要はありません。あなたは知るべきことは、顧客がどのように行動しているか、顧客が何を必要としているかです。言い換えれば、顧客が欲しがるソリューションよりも、課題の方に焦点を当てるのです。

5.9.1 機能から離れる——課題に立ち返る

相手が機能のアイデアや具体的なソリューションについて話し始めたら、会話をもとの質問の話に戻しましょう。そのときは相手に「アイデアがつまらないと思われ

[†] 人気コメディアニメの『シンプソンズ』に恐ろしいエピソードが出てきます。主人公のホーマーは、長い間消息が途絶えていた弟、ハーブと再会を果たします。ハーブは、自動車メーカーのパウエルモーターズのオーナーを務めていました。ハーブから平均的な米国人向けの車を設計して欲しいと依頼されたホーマーは、けばの長いカーペット、子供を保護する透明カプセル、押すとメキシコ民謡の「ラクカラチャ」を演奏するクラクションなどを装備した車を設計しました。当然、誰もそんな車を買いたがらず、パウエルモーターズは倒産してしまいました（http://simpsons.wikia.com/wiki/The_Homer）。『シンプソンズ』では、チームはホーマーのために「レ・モン」という大会名の24時間耐久レースも開催しています。
http://techland.time.com/2013/06/27/finally-homer-simpson-designed-car-the-homer-comes-to-life

た」と取られないように、細やかな配慮が必要です。相手のアイデアは、実際に素晴らしいものである可能性がありますが、いまあなたが必要なものではないだけです。わたしは会話をもとに戻したいときには、相手にその機能やスケッチでどのように問題を解決するのか、と尋ねる方法があります。

> ［機能］が欲しいとおっしゃいましたね？ もしそれが実現したら、いつ、どのように使うのかを教えてください。
>
> （相手の答えを聞き、話を機能から答えに戻す）
>
> つまり、あなたは現在、_____という課題を抱えているのですね。その課題について、詳しく話してくれませんか？ その解決に取り組めるよう課題を正しく理解しておきたいので。

　既存の製品や顧客がある場合、インタビュー相手が欲しい機能を提案してくるのは、さらに困った問題です。製品代金を払っている人や、契約書に署名した人は、自分には機能追加を要求する権利があると思っているからです（十分なお金を払っているので、その機能が実装／リリースされるまでにどれくらい待てば良いかを教えてもらえると思っています）。
　コンサルタントが好んで引用する名言に、ヘンリー・フォードが語ったと言われる「顧客に何が欲しいか尋ねていたら、相手は『もっと速い馬が欲しい』と答えただろう」という言葉があります[†]。もし、当時に顧客開発インタビューが行なわれていたら、次のようなものになっていたかもしれません。

> 顧客：わたしには速い馬が必要です。いつ開発してくれます？

[†] これがヘンリー・フォードの言葉だという証拠はありませんが、子孫を含む多くの人がそうだと主張しています（http://quoteinvestigator.com/2011/07/28/fordfaster-horse/）。

> インタビュアー：何であれ、開発したものが本当にあなたの課題を解決するのか確認させてください。もし今、これまでよりも速く走る馬を持っていたら、どんなことが便利になりますか？
>
> 顧客：今よりも速く、職場に到着できるようになります！

5.9.2　魔法の杖の質問

　顧客が求めるものは、「すでに知っていること」の制約を受けているため、多くの場合、最善のソリューションではありません。また自分が完全には理解していないアイデアについて話すのは恥ずかしいと感じていることもあります。このため顧客は制限された視点しか持てません。こういう顧客の心を開くのに役立つのが「魔法の杖の質問」です。

> もし、魔法の杖を振って［課題の領域］について何でも変えられるとしたら、どのようなことが起こると思いますか？　それが可能かどうかは気にしないで！

　この質問にはおどけた響きがありますが、それは意図的なものです。大人同士の会話では使われない「魔法の杖」という言葉を用いることで、相手を笑顔にし、肩の力を抜いてもらうのです。魔法の杖には法律の規制も会社の組織図も技術的な制約も関係ありません。杖を振れば、なんでも叶うのです。消費者は魔法の杖を持つことで、人間の根本的な制約を乗り越えることができます。おとぎ話の妖精のように、時間やお金の制約を考える必要がなくなるのです。
　魔法の杖の質問によって解放された相手は、大規模で複雑な課題について話ができます。相手が実現不可能であることを前提にして話していたことが、実は実現可能であることは珍しくありません。結果的に、さらに魅力的な課題が見つかることさえ珍しくありません。
　この質問をする習慣を身につけましょう。この魔法の杖の質問は頻繁に使えます。

顧客には、抱えている課題を説明することよりも、提案をしたり、具体的なソリューションを求めたりしたがる傾向があります。このような質問をしたとしても、T型フォードモデルのような発明は生まれませんが、相手が課題をより根本的に考えるよう仕向けることができます。

魔法の杖の質問をした後は、あなたが何をしようとしているかについて、少し説明を加えても良いでしょう。

> 目に見える具体的な何かを実行することを目的として開発した製品では、その具体的な何かのかげに隠れた根本的な課題を解決できなかった苦い経験があるんです。だからこそ、あなたの状況を改善し、あなたが直面している困難に根本的に対処する製品を開発したいのです。

このメッセージを理解してくれない顧客はいないはずです。誰でも謳い文句通りのものを提供しない製品を買ったことがあるはずだからです。

5.10 製品仕様についての話を避ける

インタビュー相手が、あなたの製品に関する細かい質問をしてきた場合はどうすれば良いでしょうか？ 特に、相手が課題を解決しようと意欲的なときには、あなたが開発しようとしているものを熱心に知りたがるはずです。

開発中の製品が手元にあってもなくても、インタビューが終わるまでは、相手に製品を見せたり、その仕様について話をしたりするのは避けましょう。ソリューションについて話をするためのインタビューは、別途スケジュールしましょう。

なぜこの段階で、製品を見せることが良くないのでしょうか？ 製品の画像や具体的な仕様を見ることで、インタビュー相手の話が影響されてしまうからです。相手は無意識のうちに、日頃の行動や感じている不満について考えるのではなく、目にした製品にもとづいて答えを調整してしまいます（これは、「金槌を持つと、すべてが釘

に見える」法則のバリエーションです）†。

インタビュー相手が、それでも最初に製品やビジュアルを見たいと熱望している場合は「既存の製品に影響されないように、最初にあなたの経験やフラストレーションについて知りたいのです」と説明しましょう。フォローアップのデモをスケジュールすることはいつでもできますが、いったん製品を見せてしまうと、その相手からは純粋なフィードバックを得られなくなるのです。

相手に提示できるものがない場合、そう伝えればOKです。「わたしたちは、家計を管理している人の課題を解決しようとしているのですが、そのため人々が現在家計をどう管理しているのか、どのような点で苦労をしているのかを、正確に理解したいんです」。

5.11　話が長引いたとき

20分間の約束でインタビューを始めたところ、相手がその時間を過ぎても熱心に話を続ける場合があります（わたしが20分間のインタビューを1時間に2回以上詰め込もうとするのをお勧めしないのはそのためです）。相手が話を続けたがっていて時間に気づかないケースもあります。次の予定に遅れさせてしまうことで、迷惑はかけたくありません。30分が過ぎても相手が話をしている場合は、「話を続けたくて仕方ありませんが、これ以上あなたの時間をいただくわけにはいきません」と話を遮りましょう。

相手とあなたの両方に意欲があっても、インタビューを45分以上続けることはお勧めしません。時間あたりの効果は減ってきますし、相手の厚意を使い切るリスクも生じます。相手ともっと話をしたいなら「フォローアップの質問をしたいので、連絡をしてもかまいませんか？」と再会を約束するほうが良いでしょう。

最初のインタビューでは、できる限り多くを試したり詰め込んだりしたくなるものです。その相手と話ができる、唯一の機会かもしれないからです。でも人はある相手にいちど親切をすると、もういちどしたくなるものです。慈善団体に小さな額の寄付をしたら、その後もっと大きな額を求められたことがありませんか？ これは、最初に大金を求めるよりも効果的だとされている「フット・イン・ザ・ドア」と呼ばれる

---

† この概念は、心理学者のアブラハム・マズローが著書『The Psychology of Science』のなかで、次のように記述したことによって普及したものです。「金槌しか道具を持たない人は、すべてを釘であると見なしたくなる」。わたしのお気に入りは、同じくアブラハムという名前のアブラハム・カプランの言葉です。「小さい男の子に金槌をを与えてみよ。目にするすべてが叩かれるのを求めていると感じるだろう」。
https://en.wikipedia.org/wiki/Law_of_the_instrument

手法です†。

　顧客開発を進めてさらに多くを学んだ時点、または相手に見せられる初期スケッチができた時点で、2回目のインタビューを依頼しましょう。製品の開発前にインタビューをした顧客は、将来エバンジェリストユーザーになる可能性があることを忘れないようにしましょう（最初に考えていたものとはまったく違うものを開発したとしてもです）。

5.12　最後の数分間

　最初の数分間が相手から話を引き出すために重要であることと同様に、最後の数分間は相手との関係を築くために重要です。相手に、インタビューに費やした20〜30分間が無駄だったと後悔させたくはありません。

　あなたは会話の最後の数分間には、以下の3つのメッセージが必要です。

- 自分も相手のために時間を提供できると伝える。

- インタビューが大いに役立ったことを伝える。

- 時間を費やしてくれたことへの感謝を伝える。

何を言うにしても、形式的ではなく本心からのものでなければなりません。取引の終わりではなく、また次回話をしたい相手との会話の一区切りなのです。インタビューの最後にわたしがいつも使う言葉を紹介しますが、そのまま使うのではなくあなたのスタイルに合わせてください。

---

† 　Wikipedia（英語版）によれば「フット・イン・ザ・ドア」技法は「アイデアやコンセプトを支援することを宣言した人は、そのことにより具体的にコミットすることで、宣言した状態を保とうとします。
　http://en.wikipedia.org/wiki/Foot-in-the-door_technique
　「フット・イン・ザ・ドア」について頻繁に引用されるのが、1960年代に行なわれた社会心理学の実験です。もっとも近年のメタ分析の結果は、この現象の効果に疑問を投げかけています。
　http://psp.sagepub.com/content/9/2/181
　でも、わたし自身はこの効果をよく目の当たりにしてきました。相手が2回目のインタビューを依頼するメールに応答しないとき、わたしは社会心理学がデタラメを言っていると非難するのではなく、解決しようとしている課題が魅力的ではないことの合図だと受け止めるようにしています。

> [名前]さんには、これですべての質問に答えていただいたと思います。何かご質問はありますか？
>
> （間を置く。必要に応じて質問に答える）
>
> 本日は、お話くださりありがとうございました。［相手が話をした課題や状況の内容を繰り返す］について伺うことができ、本当に役に立ちました。これは経験者から話を伺わなければ知り得ない情報です。
>
> さらに理解を深めていくため、今後も連絡してもよろしいでしょうか？ 伺いたい質問が生じたときや、実際のソリューションの開発に近づいたときに、連絡を取ることはできますか？
>
> （間を置く）
>
> あらためまして、ありがとうございました。良い一日をお過ごしください！

　これも、フット・イン・ザ・ドア手法の一種です。再び連絡しても良いかと尋ねることで、相手に与える「自分のことを専門家と見なしてくれている」という感覚を強めることができます。相手に頼み事をしているにもかかわらず、それは相手には褒め言葉のように聞こえるのです。

　わたしは同じ相手に、後でフォローアップの質問をします。そのタイミングはプロセスの後半や、パターンを見つけたと思えたとき、さらにデータが必要なとき、顧客に提示する「実用最小限の製品」を作ったときなどです。

「お客様」という言葉は使わない

わたしがインタビューのなかで、相手を「お客様（customer）」と呼ぶのを避けているのに気づいた人がいるかもしれません。インタビューをしているとき、わたしは相手を「お客様」や「顧客」とは呼びません。顧客開発の本なのに、奇妙ですね。

その理由はこうです。わたしはテーブルの向こうにいる人にインタビューの時点では自分を顧客だと思って欲しくないのです。相手は自分が顧客だと思うと、交渉モードになってしまうからです。買い物をするとき値切り交渉をしたことはありますか？ 売り手にこちらが買う意欲があることを示したり、手の内を多く見せてしまったりすると、買い手は不利になります。売り手は、買い手がその品を必要としていることに気づくと、価格を下げなくなります。このため交渉モードにある人たちは、多くを語ろうとしなくなるのです。相手がそのようなモードになるのは、顧客開発の際には一番避けたいことです。

「まだ製品を持っていない」「何かを売ろうとしているのではない」と最初に伝えている場合でも、「お客様」や「顧客」と呼ぶことで、相手は無意識のうちに交渉モードになってしまいます。「あなた」や「人（たち）」などの呼び方を使うことで、オープンな会話の感覚を保ちやすくなるのです。

5.13 インタビュー後

インタビューは製品開発のプロセスと同じように反復的であるべきです。最初からうまくいくことはありません。インタビューで何を実施したのか、何が機能したのかを評価し、うまくいかなかった点を修正し、こうすればもっと良くなるという点を改良しながら、微調整をしていく必要があります。

インタビューの記憶が新鮮なうちに、5分間を使ってあなた自身と書記で次の質問に答えましょう。

- インタビューの導入部分はスムーズだったか？ インタビュー相手はすぐに話し始めたか？

5.13 インタビュー後

- 意図せずに誘導尋問をしたり、相手の発言にバイアスをかける意見を述べたりしなかったか？（インタビュー担当者は、なかなかこの点を客観的に判断できません。書記とコンビを組んでいた場合は、書記の方がこの点に気づきやすくなります）。

- 短か過ぎたり、当たりさわりのない回答を誘導しなかったか？ オープンエンドで有効な回答を引き出すために質問を修正する余地はないか？

- その場のTPOに応じた質問をしていたか？ 相手の話のなかにインタビューのテンプレートに追加すべき質問やアイデアはなかったか？

- 「知りたかったのに得られなかった情報」はなかったか？ 次回、どうすればその情報が得られるか？

- 相手は何の話をしているときに強い感情を示したか？ どの質問が、もっとも詳細かつ情熱的な答えを引き出したか？

インタビューの直後にこのチェック作業を行なわないと、生々しいディテールを忘れてしまいます。メモはいつでも見返すことができますが、インタビューでの上手くいった点と、うまくいかなかった点についての感覚はすぐに消えてしまいます。

またこれは会話の感情面を振り返るのに良い作業です。インタビューの間、相手はどのような感情を表現しましたか？ 怒り、落ち着きの無さ、欲求不満、恥かしさ、好奇心、興奮しましたか？ 友人に、その会話のトーンを1文に要約して伝えなければならないとしたら、それはどのようなものでしょうか？ 大切なのは分析ではなく（6章では、メモの分析方法について詳しく説明します）直感です。インタビューの感覚が消えてしまう前に、書き留めましょう。

これらを、次のインタビューの前に時間をとって改善部分を確認しましょう。そしてこのプロセスを反復しましょう！

インタビューが上手くいかなかった場合は？

　わたしは、この欄を書くことを躊躇しました。読者には、結果を得るためには完璧な作法に沿って実施しなければならないと誤解して欲しくないからです。完璧である必要はありません。たとえミスがあったとしても、多くのインタビューは大きな問題なく進み、相手は概して寛容で、そのミスに気づかないでしょう。

　あなたが次に挙げる厄介な状況に陥ることはほとんどないでしょうが、念のためトラブルシューティングのヒントを共有しておきます。わたしは数多くの顧客開発インタビューを行なってきたので、いくつかのケースを体験しました。

インタビューを相手に嫌がられてしまった

　インタビューの時間を相手に通知してあっても、直前に相手の都合を再確認することをお勧めします。相手がアポイントを設定した後で忙しい状況に追い込まれていたり、なんらか顧客側の事情でやりたくなかった場合は、インタビューを延期することもあります。

　そうした事情がないのにインタビューの後に相手にストレスが残るなら、インタビューが期待していたものと違っていたのです。これが、3章で紹介メールの例を挙げた理由です。インタビュー時間がごく短く済むと思い込んでいたり、すでに製品があってそれを見るチャンスがあると期待していたり、謝礼がもらえると思っていたりします。こうなるとインタビューは相手にとって期待を裏切る経験になってしまい、あなたにとっても役に立たないものになるので注意しましょう。

インタビュー相手を侮辱していると感じる

　見込み客が抱える課題について質問していると、相手があなたのコメントを批判的に受け止めたり、裁かれているかのような感覚を覚えることがあります。自分が話すことときは、慎重に言葉を選ぶ必要があるのです。質問の前に、間をおいて「お尋ねしたいのですが」「確認させていただきたい

のですが」といったフレーズを加えることで、相手はその後突っ込んだ質問が来ることを予測できます。「いくらかの」「わずかな」「少々の」「時々」などの言葉も役に立ちます（詳細については、この章のコラム「「なぜ」を上手く扱う」を参照してください）。

相手が心を閉ざしているなら、共感を伝えるフレーズが役に立ちます。「わたしたちにも——という経験があるんですよ」「他の人たちからも——と聞いています」などは相手を安心させるフレーズです。

5.14　オフィスを飛び出せ、今！

さあ、ここまで読めばインタビューの準備は整ったはずです。本を置いて顧客のところに話をしに行きましょう。

尋ねるべき質問、相手に話をさせる手法、話を続けさせる質問を見てきました。あとは行動あるのみです。6章を読み始める前に、少なくとも2件のインタビューを実体験してみてください。オフィスを飛び出しましょう！

この章のまとめ

- 同僚を使って模擬インタビューを行なう。

- 2人組でインタビューを行ない、インタビューを改善し、顧客開発に多くの人（顧客と直接話をすることに居心地の悪さを感じている人も含む）を巻き込む。

- インタビューは気軽でパーソナルな調子を心がける。

- 最初の質問の後、相手がスラスラとしゃべってくれず沈黙があっても追加の質問に移るまで60秒は待つ。

- メモを取るときは相手の感情面に注目する。感情の観察に優先度を置く。

- 仮説の妥当性をサポート／棄却するもの、意外なものには何であれ耳を傾ける。

- 顧客の話が脱線したときにも耳を傾ける。脱線が頻発するならそれは探索すべき別の機会かもしれないと考える。

- 顧客が機能やソリューションを提案したときは、顧客が解決したい課題の話に戻す。

- インタビューを改善し内容を復習するために、インタビューの直後にメモを振り返る。

6章
検証済みの仮説はどのように見えるのか？

最初のインタビュー相手が、「それはいいアイデアだね！」と言ってくれたときは胸が高鳴りました。でも、いくつかインタビューをやってみると、人によってある瞬間にひらめくと、興奮してずっとしゃべることがあるものだと気づきました。インタビューを重ねることで、こちらに気兼ねして「いい人」として振る舞っているだけの人と、わたしが解決できる課題を実際に抱えている人を区別できるようになるのを感じました。

——バルトス・マルトコ、Starters CEO

顧客開発インタビューを始めたあなたはわくわくしながらインタビューの答えが出るのを待っているのではないでしょうか。テーマを絞り込んだ検証可能な仮説を作成し、インタビュー相手を見つけ出し、意図的にオープンエンドの質問をし、顧客に専門家であると感じさせることもできました。インタビューから学んだことを意思決定の指針として活用するときがきたのです。

この章では、インタビューの回答から信頼性のある答えを取得する方法を見ていきます。一時的に悲観的にならなければならない理由、耳にしたことを信用すべきではないとき、バイアスを減らす方法などについて学んでいきましょう。以下のことも取り上げます。

- チームのなかでストーリーを共有する方法。

- どれくらいのインタビュー数が必要か？

- インタビューを 2 回、5 回、10 回実施した後で身につけるべきこと。

- インタビューがうまくいかない場合の対策。

- 仮説が検証済みであることをどう判断すれば良いのか？

そもそも、「仮説が検証される」とは何を意味するのでしょう？ 製品の成功が保証されたのでしょうか？ 十分な数のインタビューをこなすまでは何も開発するなということでしょうか？ 顧客開発を完了しても良いのでしょうか？

すべて違います。

「仮説が検証された」とは、「この方向で時間と労力を投資し続けても大丈夫という確信を得た」状態です。言い換えれば、その後 10 回、15 回、20 回――とインタビューを積み重ねていかなくても、すぐにコードを書き始めてもかまわないサインです。顧客開発は製品開発と並行して行なわれるので、インタビュー期間中いつでもMVP を作り始めても良いのです。ただし製品やサービスを開発し始めた後も、顧客との対話は続けるべきです。

6.1 健全な懐疑主義を保つ

顧客開発インタビューは主観的になりがちなところに難しさがあります。意識しないと、ほとんどの人は物事に対して都合の良い面ばかりを見ようとします。例えば、インタビュー相手のからは、「多分」という言葉をよく聴きますし、笑った顔ばかり印象に残ります。逆に、ためらった表情やぎこちなさを見逃してしまうのです。

そのような都合の良い解釈をしてしまうと、膨大な時間が無駄になります。これは避けなくてはなりません。

6.1.1 相手は「あなたが聞きたいこと」を語っていませんか？

相手が熱心にあなたを喜ばせようとしてくれている場合、相手は単に礼儀正しく振る舞っているのか、はたまた正直な意見を述べているのか、違いを見抜かなくてはなりません。行間を読みましょう。また会話の言外の意味は、製品が消費者向けか企業向けかによっても異なる場合があります。

一般に消費者は、インタビュアーであるあなたを失望させたくないと考えています。あなたが相手と親密な関係を築き、相手を尊重した言葉で話していると、その相手はあなたに協力して喜ばせたいと考えるようになります。実際にはそうではないのに、「課題に直面している」「特定の行動を取っている」と述べることがあります。このような相手は「目的を達成できるならソリューションにカネを払ってもいいよ」と言ってくれますが、実際にクレジットカードを財布から出してくれる客にはなりません。

企業向け製品を開発している場合、相手のトーンは変わります。相手は「職業人であるならば、正直さよりも礼儀が優先される」と思う人がいます。実現には困難とわかっているにもかかわらず、実現可能と同意することで「相手を立てる礼儀ただしい振る舞いができた」と感じることもあります。このような会話を言葉によるかけひきと見なし、あなたに同意することで取引上の貸しを作ることができたと考えるのです。

どちらにしても、自分が聞きたい話と一致し「過ぎている」答えが返ってきます。相手があなたの仮説を肯定したときは、そのまま受け止めず懐疑的になりましょう。

わたしは「相手が『多分』と言ったときは、それを書き留めておくこと」とアドバイスします。

6.1.2 顧客は本気で欲しがっているのか、それとも単なる願望なのか？

「何か（製品やサービス、仕事をこなす能力など）が欲しい」という答えは、それ

だけでは十分ではありません。何かを欲しがるだけならタダですし簡単です。

その人が実際に行動を変えたり、おカネをはらったり、新しい何かを学んだりするにはコストがかかるのです。願望と意志は違います。それを明らかにするために、話し方を工夫しましょう。あなたが質問して、相手が受け身で「はい」と答えた場合、相手が自発的にテーマを持ちだしてきた場合よりも、重要性は低く見積もります。

4章で自由回答形式（オープンエンド）の質問をする重要性について話しました。「はい／いいえ」形式の質問は基本的には避けるのがセオリーですが、初めのうちは簡単ではありません。つい「Xを行なっていますか？」「Xは好きですか？」のような質問をしてしまいます。しかし相手の答えを額面通りに受け取れない場合の確認ならば、「はい／いいえ」形式の質問は使ってもかまいません。その場合は相手の意図を明確に確認しなければならないからです。

数年前、わたしは大手銀行の仕事で対面顧客調査を行ないました。その銀行の幹部は「ファイナンス情報のセキュリティに不安を感じていますか？」という質問をすべきだと主張しました。わたしは「そのような質問では誰も『はい』しか答えないし、それ以上の何も得られない」と指摘しました。予想通り、わたしが話をした10人の顧客は全員、「自分のファイナンス情報のセキュリティとプライバシーをきわめて心配している」と答え始めました。そのうち1人がインタビューを終えて立ち去ろうとしたとき、わたしは彼に感謝の言葉を伝えて「50ドルの謝礼をお渡ししたいのでお母様の旧姓とあなたの社会保障番号を書いてください」と言いました、男性はさっそくボールペンで紙に書き始めました。もちろんすぐ書くのを止めてもらいましたが、彼の反応はわたしの思った通りだったのです。「セキュリティを非常に不安に思っている」と言った直後に、その人は50ドルを目の前にチラつかされただけで大切な情報をわたしに渡そうとしたのです。

この場合、最初の質問として適切なのは「ファイナンス情報のセキュリティを確保するためにどのような行動が取れると思いますか？」という風に、現在の行動について尋ねることなのです。「はい／いいえ」形式の質問に対して、相手が「はい」と答えている場合には、その後はオープンエンドの質問にしましょう。

もし信頼できる回答をしてくれているのなら、「安全なパスワードを選ぶ」とか、「銀行のウェブサイトを使用したら、その都度ログアウトする」などの具体的な行動が記述されているはずです。対照的に「よくわかりません」とか、「クレジットカード番号を盗まれる記事をよく見かけますが、それを防ぐためにできることは、実質的に何も思いつきません」といった答えは信頼性が低くなります。

あなたが適切に質問をしたとしても、製品を購入／使用する可能性の低い顧客が、熱心に回答してくれることがあります。わたしもファイナンス系の製品の設計と調査を実施したときに、そのような状況を経験しました。ベータプログラム用のユーザーを選ぶため見込み客インタビューをしたところ、ほとんどの人がファイナンス管理に課題があるとまくし立て、不満の内容について詳しく話してくれたのです。そこでデモを見せてみると大いに気に入り、「このような製品を使ってみたい、お金を払ってもいい」と言いました。にも関わらず、その製品の使用率が100%に近づくようなことはありませんでした（これは、製品の作り手にとって大きなショックを受ける話です）。

このような経験を踏んでいくうちに、わたしはインタビュー相手が使う言葉に違いがあることに気づきました。実際に顧客になってくれる人は能動態を多く使って具体的な話をします。一方、顧客にならない人は受動態を多く使って仮定にもとづいた話をします。詳しいメモを取っているなら、**表6-1** のパターンを探してみましょう。

表6-1　顧客になる人とならない人の話し方のパターンの比較

顧客になる人が言うこと	顧客にならない人が言うこと
わたしはすでに_____を試しました。 わたしは_____をこのようにしています。	_____をすることを計画しています。 まだ_____をしたことはありません。 ずっと_____をしようと思っているのですが。
［タスク］をもっと速く／上手くできるようにならなくてはいけません。 現在、［タスク］を難しくしているものはこれらです。	［タスク］は不可能です。 他の人が［タスク］をどのようにしているのかは知りません。
これはわたしが［目標］を達成するのに役立つと思います。 もしこれがあれば、わたしは_____をすることができます。	_____があれば良いのですが。 _____を見るのは面白そうです。 もしそれを入手できれば、どのように使うかがわかるのですが。
今すぐに。	いずれ。 ［出来事が発生］したらすぐに。 _____をする準備はほとんどできています。
これが、わたしが_____をする方法です。	わたしは_____をしていません！本当はすべきなのですが。

ここで明らかなのは、笑顔で熱心にみえた大勢の人たちが話すことが、実は願望に過ぎなかったということです。自分の財布を管理することは、5キロ減量したり、毎

日デンタルフロスをするような誰もがしなければならないと感じている目標の1つに過ぎなかったのです。

　顧客の行動を予測するのに最善の方法は、現在の行動を観察することです。今現在、具体的にどんな行動をとっているかに注目することで、相手の話から願望の要素を取り除くことができます。「5キロ痩せたい」と言う相手には、先週どんなエクササイズをしたかを尋ねましょう。「プロジェクト管理を合理化したい」という相手には、これまでに削減した会議や、それが困難だった要因が何だったかを尋ねるのです。

　インタビューのメモに、相手が興奮して話していたことを示す感嘆符がたくさん付いていたとしても、実際に行動をしたことを示す証拠がなければ、仮説が検証されたとは言えません。仮説を検証（棄却）する方法については、この章の後半で詳しく説明します。重要なのは、検証（棄却）をすばやく行なうことです。いつまでたっても仮説に白黒をつけることができない場合は、すぐに調整を行ない、プロセスを改善させなければなりません。仮説をすばやく検証できるほど、MVPの開発に早く着手できるのです（7章で詳しく説明します）。

　とはいえ先に進む前に、まずはメモについて話をしましょう。これは、仮説の検証／棄却に役立ちます。

6.2　メモの管理

　KISSmetricsでのわたしの最優先事項の1つは、顧客開発で得たインサイトをまとめることでした。わたしは毎週、平均して10～15人（週によってはそれ以上）に顧客インタビューをしていました。会社の複数の創設メンバーも顧客と頻繁に話をしていました（ほとんどは体系的な方法ではありませんでしたが）。チームが成長するにつれてカスタマーサポートやセールスエンジニアリングのメンバーも毎日顧客と話をするようになりました。このため大量のメモを管理しなければなりませんでした。

　1人で多くの情報を管理しなければならない場合は十分な注意が必要です。製品開発チームの多くのメンバー（全員は難しくても）が顧客開発に参加することが理想的です。

　わたしはすぐに20分間のインタビューの話をありのままメモすると、チーム内で効果的に共有できるテキスト量を越えてしまうことがわかりました。メンバー全員が顧客開発メモのすべて読むことは不可能なのでメモを所定のテンプレートに従って要約し管理することが不可欠なのです。

6.2.1　1つの電子ファイルでメモを管理する

　わたしがメインインタビュアーを務めるプロジェクトでは、顧客インタビューで作成したメモをすべて1つのWordファイルで管理します。新しい相手と話をする前に空白行を数行挿入し、太字で相手の名前と会社名を記載し、シンプルなインタビューテンプレート（5章で紹介したもの）をコピー&ペーストします。

　複数メンバーでインタビューを実施している場合は共同編集機能のあるGoogleドキュメントが便利です。2人以上が同時にインタビューを行なっているときでも、誤って他の人のメモに上書きする心配が不要になります。

　単一ドキュメントですべてのメモを管理すると検索が楽になります。あなたが、インタビュー相手の誰かが「電子メールの統合」と言っていたことを思い出したとき、誰が言ったか思い出す必要はありません。検索すれば済むからです。また単語や製品名が何件メモに記載されているかを調べるのも簡単です。これは複数のドキュメントでも行なえますが時間がかかります。

　わたしがこれまでに一緒に働いてきた人のなかには、顧客開発にEvernoteを使うことを推奨する人もいました。Evernoteには、複数のプラットフォームで利用できるメリットがあります。後になって何かを思いついた場合は、携帯電話やiPadでファイルを参照して簡単にメモを追加できます。わたし自身はWordやGoogleドキュメントを使っています。

6.2.2　要約を作成する

　わたしは、メモを要約するときにはもう一つ別にWord文書を作成します。要約用に別の文書を作成しておくと、流し読みをしたり、パターンを見つけたりするのに便利です。この要約版はボリュームが少ないので、大量の情報を押しつけることなくチームのメンバーと共有できるわけです。

　要約作業では、最初にインタビューから学んだことをまとめます。相手の述べた内容を単純に短くするのではなく、次のステップに向けた結論と提案になっていなければなりません。顧客開発が効果を発揮するのは、チームを重要なことに集中させ、非効率的な活動に時間を費やすことを回避できたときです。

　こちらが用意した仮説に顧客が同意してくれないとき、その反応を要約したものを見せるだけでは、チームのメンバーは「顧客が仮説に同意していない」ことを受け容れてくれません。5章でペアインタビューの有効性を強調したのはそのためです。書記としてでもインタビューに実際に立ち会ったことのあるメンバーなら、顧客の

フィードバックの要約を受け入れやすくなります。要約以上の証拠が見たいメンバーには、メモの完全版を見せたうえで、今後のインタビューに書記として参加してほしいと言いましょう。

5章で見たようにメモを作成するときは以下が重要です。

- 仮説をサポートする材料。

- 仮説を棄却する材料。

- あなたが驚きを感じたもの。

- 相手が強い感情を示したもの。

こうしたポイントにこそ多くの学びがあります。わたしは要約メモを作るときに、もっとも興味深いインタビューの内容を中心に5～7個の箇条書きに落としこみ、相手から聞いたことに優先順位をつけて、最重要な情報を選びます。

複数人でインタビューを実施した場合、それぞれのインタビュアーがメモの3つのセクション（「仮説をサポートする材料」「仮説を棄却する材料」「他の興味深い点」）について5～7個の箇条書きにまとめます。

どの内容を選ぶかわからないときは、インタビュー相手の感情を基準にしましょう。あなたの仮説をサポートする当たり前の事実よりも、競合他社の製品について熱く語った5分間の脱線話の方がはるかに興味深いのです。

KISSmetricsでのインタビューを5点に要約した例をご紹介します。

ジョアン――中小企業のマーケティングディレクター

仮説をサポートする材料

Google Analyticsを使っていますが、正直、答えが出るよりも新たに疑問が湧いてくる状況ですね（「顧客はGoogle Analyticsを使っているが気に入らずあまり使っていない」という想定を裏付ける）。

開発者は製品機能の開発に取り組んでいるため分析機能の優先度が低い。一方マーケティングを担当するジョアンは、分析結果がよく見えず、手探りで仕事を

している感覚になる（「製品仕様は開発者のリソースを最小限しか使わないうちに決まる」という想定を裏付ける）。

仮説を棄却する材料

オンラインマーケティングの取り組みはまるでなされていない。「わたしのサイトに来る前にユーザーがどこにいたのかなんてわたしには関係ないですよね？なぜそれを知る必要があるのかわかりません」（「市場の属性は顧客にとってきわめて重要」という想定が棄却された！）。

他の興味深い点

しばらくの時間、カスタマーサポートの話題で話が脱線した。「社内の他のメンバーは、製品の問題をはっきり指摘するサポートメールをみることがないので、問題を十分に認識していない」とのこと。

初期のベータ版に興味がある。インストールを手伝ってくれる開発者に報酬を払ってもいいと考えている。

6.3　チームを招集して新情報を共有する

顧客開発によって製品開発を改善するために一番良い方法は、顧客と話をするチームメンバーをできるだけ多くすることです。それによってそれぞれのメンバーが顧客から得た知識を「製品スコープ」「実装の詳細」「設計の詳細」「マーケティング」といった日々の業務に活かせるようになります。

ペアインタビューは多くのメンバーを顧客との接点を持たせるのに効果的です。顧客フィードバックの分類作業を大勢のメンバーで行なうのも良いでしょう。Yammerでは通常、大きな壁にポストイットを貼り付けて作業しています。顧客フィードバックの内容を付箋に書き写すのに時間がかかりますが、ポストイットをあちこち移動させながら話をすることで、議論やリアクションが活性化しますし、チーム内に顧客のフィードバックが浸透しやすくなります（図6-1）。

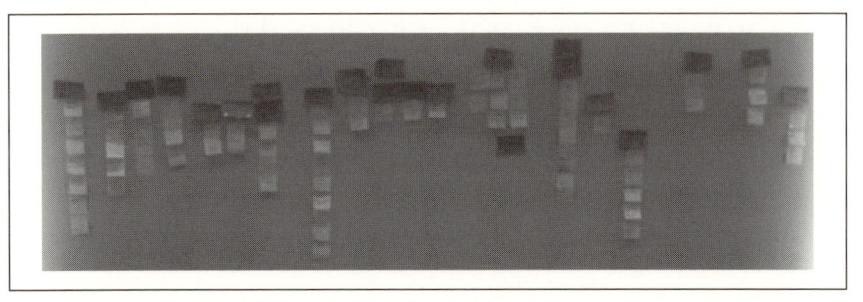

図6-1 顧客コメントの分類作業への参加をチーム全体に呼びかけることで、顧客開発で得た情報にチーム全体の目を向けさせることができる

とはいえメンバーの考えが簡単に変わることはありません。仮説が顧客から否定されるのを目の当たりにしても、繰り返し時間をかけて新たな情報を提示し続けなければ、チームの軌道修正はできないのです。

あなたの仕事はチームが正しい方向にエネルギーを集中させ、無駄な努力を避けるようにすることです。そのためには、顧客の視点で世界を見て必要な修正を行なうようにチームを誘導しなければなりません。顧客開発で得たものをチーム内で効果的に共有するためのヒントを紹介します。

学びをチーム内に売り込む

あなたはすでに、顧客開発を通じてきわめて重要な情報を得ています。あなたがチームに伝える話は、製品を救うことにもなれば、製品を失敗させることにもつながります。これらのインサイトの重要性を認識し、チームに適切に伝えることは、きわめて重要です。「顧客インタビューの要約」のような、退屈な件名のメールを送信しないようにしましょう。メンバーはそのメールには注目してくれません。

メンバーは文脈を知らない──背景を説明すること

チームに顧客インタビューの内容を報告する際、チームのメンバーは顧客が置かれている背景について知らないということを忘れてはいけません。これは非常に難しい問題です。何人もの顧客から、日頃の行動や考えについて話を聞いてしまうと「顧客が置かれている状況をまったく知らなかったときに自分が何を考えていたか」を思い出すのは難しくなります。これは別に顧客開発に特有のものでは

なく5章で説明した「知識の呪い」と同じです。知識の呪いのせいで、結論に至った道筋を相手に説明するのがムダに思えてしまうのです。インタビューに参加していないメンバーは顧客フィードバックのどのコメントや身振り、質問が重要なのかについて、すぐにはわかりません。

質問を促す（いきなり提案を持ち出さない）

チームメンバーに質問や議論を促しましょう。あなたの提案や意見をいきなり伝えてしまうと、メンバーを顧客開発の輪から締め出してしまうことになります。顧客開発に関わっていないと感じたメンバーは、顧客開発に抵抗を示すことがあります。メンバーをプロセスに巻き込む第一歩はメンバーに耳を傾けてもらうことです。

意思決定がされる場で伝える

顧客開発のインサイトは、アクションや意思決定につながっていなければ意味がありません。製品スコープや優先順位付けの会議で5分間情報共有する方が、参加者が話を聞くだけでアクションを取らない会議に1時間話をするよりも、役に立ちます。

あなたが学んだことを共有する定期的なスケジュールを設定しましょう。どのくらいの頻度で実施すべきかは、状況次第です。会社の規模やスピード感にあわせましょう。わたしが適切だと感じる頻度は次の通りです。

わたしは、KISSmetricsで製品の優先順位付けを行なう週次会議の前に、顧客開発フィードバックの概要をチームに報告します。一週間に5〜10件のインタビューを行なうので、前述した方法に従ってインタビューの要約をメンバーに伝えます。

Yammerでは顧客開発を実施するメンバーはインタビューを終えるとすぐに、社内ネットワークにインタビューメモを投稿します。プロジェクトチームのメンバーはすぐにそのメモを読むことができ質問もできます。また、製品チーム内に情報を広めるために月例会議で要約を共有し、ユーザーリサーチや分析の最新情報にもとづいて議論をしています。これらの会議ではメンバーの間の会話が多く行なわれるので、簡単なプレゼンテーションスライドを使って、会話を促す情報を見せています（図6-2を参照）。

> **1%からのインサイト**
>
> * 顧客はクライアントと連携し、**絶えず変化する情報**を処理する傾向がある。
> * 顧客はYammerを、複数チーム間での情報共有と**アーカイブ**のために使っている。
> * 顧客はYammerについて、Eメールよりも**スピード**が**速い**点を評価している。
> * 顧客は**毎日、一日中ログインしている**。
> * 顧客は、最初から**一貫して**Yammerを使い続けている。
> * 顧客は、より良いリーダーになろうとしている**管理職**、または**Yammerを使うことで他との差別化を図ろうとしている従業員**である。
> * 顧客は、デバイス間で同期がとれないことが**最大の不満**だと述べている。

図 6-2　インタビュー内容を簡潔にまとめたスライドで、チーム内での議論を促す。上記は、Yammerでのもっとも活発な顧客に対する顧客開発インタビューの内容をまとめたもの

6.4　どれくらいの数のインタビューが必要か？

　　短い答えその1——状況による。
　　短い答えその2——15〜20回。

　これらの答えがあなたにとって本当に役立つかはわかりませんが、本当の答えを探すため、ここから数ページは読み飛ばさないでください。そのためにまず、これらの答えについて一緒に考えていきましょう。あなたがこの先に遭遇するであろうことについても詳しく説明します。

　インタビューを2回終えた後、質問やメモを見返してインタビューの内容を調整します。

　インタビューを5回終えれば、少なくとも1人の熱心な顧客と話をしているはずです。

　インタビューを10回終えれば、顧客の回答にパターンが見えてくるはずです[†]。あなたを驚かせるような話は、ほとんどなくなっています。

　以下で詳しく説明していきましょう。

[†] もちろんこれはひとりよがりの答えです。これはニューイングランドで道を尋ねたときによく遭遇する「町の中心に行って左折」という指示に似ています。ニューイングランドの小さな町に住んでいない限り、それでは不十分です。でもそのまま車を走らせてみると、それで十分だったことがわかるのです！

6.4.1 インタビューを2回終えた後
——学ぶべきことを学んでいるか？

5章では、顧客インタビューを初めて実施した後に、インタビューのどの部分がもっとも役に立っているかを把握するため、数分間かけて振り返ることについて説明しました。ほとんどの場合、最初に手をつけるのは話し方のトーンや言葉遣いといった細かなことからです。

インタビューを2〜3回終えたところで「学ぶべきことが学べているのか？」について確認する必要があります。

仮説が検証されたことを示す要素

仮説が支持されたというシグナルは通常、顧客が以下の4つの点を熱心に語ることで示されます。

- 顧客は、課題が存在していることをはっきりと認識している。

- 顧客は、課題は解決可能であり、また解決すべきだと考えている。

- 顧客は、これまでにこの課題を積極的に解決しようとするための投資(労力、時間、お金、学習)をしてきている。

- 顧客は、課題の解決の妨げとなるほどのコントロールできる範囲を越えた状況には置かれていない[†]。

各インタビューが示していること

インタビューのメモを読み返すときは、相手が抱えている課題の深さと、その課題を解決したい動機の強さを十分理解しなければなりません。

[†] 顧客が課題解決のために時間やリソースを積極的に投資している場合でも、さまざまな理由(他のステークホルダー、規則や規制、文化／社会的規範)によって制約を受けている場合があります。たとえば、教師に効果的な教育を可能にするソリューションに投資する意思があっても、州レベルで規定されているカリキュラムには従わなければなりません。レストランの従業員は、廃棄食品を減らしたくても、衛生関連の規制に違反するわけにはいきません。ティーンエイジャーが職業訓練プログラムを受講したいと願っても、プログラムを受講する場所までの公共交通機関がない場所に住んでいたり、車で送ってくれる大人が身近にいなければ通学することはできないのです。

そのために、以下の質問には自信を持って答えられるようにしておきましょう。

- 顧客の課題を完全に解決できる製品があったとしても顧客がそれを購入／使用するのを妨げる阻害要因はあるか？

- 顧客は、この製品をどのように日常生活に取り入れるか？

- この製品は、それまで顧客が使っていた何を置き換えるものになるか？

- 顧客がソリューションを購入しない場合、その具体的な理由は何か？

　もしこれらの質問に自信をもって答えられないなら、質問を修正すべきです（後述のコラムを参照）。
　インタビューを適切に行なっている確信を得るためには、たかだか2件程度のインタビューでは足りません。2件程度では、せいぜいそれが「完全にピントがずれたインタビュー」ではないことを確認できるだけです。

インタビューの質問内容を修正する

　すべてのインタビューを一貫した方法でやらなければならないという心配は無用です。わたしは大学時代、社会心理学を勉強したときに、実験にバイアスをかけないためは同じスクリプト、同じ方法でインタビューしなければならないと教え込まれました。社会人になってユーザービリティテストを始めたときにも、同じアドバイスを受けました。でもこれは顧客開発インタビューには当てはまりません。顧客開発インタビューはほとんどの変数を制御できる実験ではありません。対象は異なる環境にいる、常に合理的に意思決定をするわけではない個性をもった個人なのです。
　経験を積むにつれてインタビューのスタイルや質問は自然に進化します。相手の言うことに合わせて臨機応変に話せるようになりました。ここで重要なのは、学び続ける姿勢です。

> こうした懸念を解決するには、もっぱら人の意見を聞くことが大事です。同僚をつかまえてインタビュー依頼のメールの文案を読んでもらったり、質問するのを聴いてもらったりしましょう。他者のアドバイスを得ることで相手から誤解されやすいポイントを見つけやすくなります。

6.4.2　5回目までのインタビュー ——アイデアに興奮する相手が1人はいる

　インタビューを5回もやれば、あなたのアイデアに心から興奮してくれる相手が1人は出てくるでしょう。5人のなかにいなくても（課題の設定が適切なら）相応しい人を紹介してくれるはずです（「これはわたし自身には関係ないけど、相手としてうってつけの人を知っていますよ」と）。そのような紹介は素晴らしいことです。その人にインタビューしましょう。

　でも、そんなことが起こりそうにないとしたら、次に該当する可能性が高いと言えます。

- インタビューする相手を間違っている。

- 課題と仮定しているものが実は課題ではない。

　どちらもあなたの仮説を棄却する材料です（仮説は課題自体と、その課題に直面している人という2つの要素で成り立っています）。

　インタビューにも外れはあるので、たまたま例外的な相手にあたってしまうことはあります。5人インタビューすれば、そういう人が2人まじっている可能性もなくはありません。でも5人全員が例外的ということは、まずありません。ですから、5人全員があなたのアイデアに興味を示してくれないのなら、その仮説は棄却されたと見なしても良いでしょう。

> **おめでとう。あなたの仮説は棄却されました！**
>
> 　もちろん仮説が間違っていると気づくのは嫌なものですが、ポジティブに考えましょう。正しい市場や製品を一発で見つけ出せる人はいないので、仮説が間違っていたからといって、あなたの考え方や製品が根本から間違っているわけではありません。
> 　顧客の食いつきが悪いことを客観的に受け容れられるということは、誘導尋問せずに話し、バイアスをかけずに相手の話を聞いた証拠なので、良いしるしです。
> 　顧客開発でオープンエンドの質問が重要なのは、「何」だけでなく、「なぜ」を学べるからです。相手が、自分の行動やその理由について説明している部分に注目しましょう。インタビューメモを読めば、どんな顧客があなたの探している顧客なのかを知る手がかりがあります。最初の仮説も見返してみましょう。インタビューからの学びを踏まえてその仮説がどのように変わったか？　検証されたり棄却されたりした小さな仮説はありますか？
> 　学びを踏まえて仮説を書き直しましょう。繰り返すうちにどんどん簡単にできるようになります。
> 　何より、仮説が棄却されたことに気づいてそれを練り直す作業を、インタビューをたった5回やっただけで行なえたのです。これは市場に製品を出した後で行なうよりも、はるかに良いことなのです！

　「ちょっと待てよ。質問の仕方がまずかっただけかも」と思う人もいるかもしれません。しかし、その可能性はあまり高くないのです。真に課題を解決したいと思っている相手と話しているなら、熱意が伝わってくるものです。そういう相手なら、質問する前に疑問に答えてくれるものです。
　あなたのアイデアに興奮している相手の話を聞けたら、どれくらいの期間でMVPを作成できるか考えても良いでしょう。わたしは通常、インタビューを10回こなした後でMVPの作成に着手することを勧めていますが、もっと早くMVPを作成できるなら、いたずらに先延ばしする理由はありません。

相手がどれほどアイデアに興奮しているように見えても、実際にお金（または時間、予約注文、電子メールアドレスといった個人的なカレンシー（対価））を払ってもいいと思うかどうかを確かめなければ、真意はわかりません。ユーザーからカレンシーを得る方法を見つけたら、さっそく実行しない手はありません。

6.4.3　10回目までのインタビュー——パターンの出現

　10回もインタビューすると、複数の回答に共通点が見いだせるようになってくるはずです。たとえば10人のうちの2～3人が同じような「不満」「動機」「現状対策の限界」「願望」などを口にするという形でパターンが現れます。

パターンの存在を確かめる
　わたしは同じ表現を3回耳にしたら、その後のインタビューからは明示的にそのパターンの存在を確かめるようにしています。ここではパターンが強いかどうかではなく、パターンが存在すること自体を確認したいので、「はい／いいえ」や「～と思いますよね？」式にバイアスをかけてしまう質問ではなく、日々の暮らしや過去の行動についての質問に徹して、相手が自然に受け答えするのを観察することで、パターンの存在を確かめるのです。
　漫然と話しているだけでは話題が浮かび上がってこない場合は「他の人たちは」という話し方が効果的です。実際には存在しない「他の人たち」が、パターンと反対の意見を述べていると伝え、相手の反応を見るのです。

確認したいパターン
　　複数のインタビュー相手が「インターネットで車を調べてから販売店に行く」と述べている。

パターンが本当に存在しているかどうかの確認
　　パターンと反対のことを相手に言ってみます。「他の人たちは、まず販売店に行って試運転をしてからインターネットで車の情報を調べると言っていますが、あなたは車を買うときにどう行動するか教えてください」。

　必ず「他の人たちは」の後に質問を続けるようにします。そうすることで相手は、

あなたの質問に注意を向け、詳細に回答しようとしてくれるのです[†]。相手は架空の「他の人たち」に同意する場合であれ、しない場合であれ、「これらの人々」と自分のどこが異なっていて、どこが似ているかを説明しようとします。

まだパターンが見えない？

10回インタビューをしてもパターンが見えてこない場合はどうすれば良いのでしょうか？ 本心で言葉を熱心に語る人と10人以上話をしても、その話にパターンを発見できない状況はあります。おそらく、これはターゲットの幅が広過ぎたのです。説得力のある話をしていても、それぞれニーズの異なるさまざまな種類の人と話をしてしまったのです。

話をする人の種類を狭めましょう。「職種」「ライフスタイル」「専門能力」「業界」などのカテゴリーを1つに絞り込むのです。そうすることでパターンが現れやすくなるため、フラストレーションを感じずに学習を続けやすくなります。ターゲットを狭め過ぎていないかと不安になる必要はありません。ここでの目標は早く仮説を検証することです。ターゲットを狭めれば狭めるほど、検証が早く行なえるようになります。

6.4.4　何回インタビューをすれば十分か？

前に述べたように、答えは「状況」によります。顧客開発の目的がリスクの軽減であることを忘れないようにしましょう。最低限必要なインタビューの数は、次の要因と反比例します。

- 顧客開発の経験と業界経験。

- ビジネスモデルの複雑さと当事者間の依存関係の数。

- MVPの作成と検証に必要な投資の額。

[†] 社会心理学の研究では、質問をすることは「単なるセンテンスよりも読み手に不確実性についての感覚を喚起し、メッセージ内容を集中的に処理するよう動機付ける」と理論化しています。Robert E. Burnkrant and Daniel J. Howard, "Effects of the Use of Introductory Rhetorical Questions Versus Statements on Information Processing," Journal of Personality and Social Psychology, vol47(6), Dec 1984

顧客開発の経験と業界経験

経験を積んでうまく顧客開発を実施できるようになると、必要なインタビューの数が減ってきます（でもオフィスを出て人と話をすることを省略して、自分の判断で結論を出して良いわけではありません）。適切なインタビュー相手を選ぶ能力が高まることで早い段階から適切な相手と話ができるようになります。質問の質も上がるので、価値あるインサイトが多く得やすくなります。

同様に、顧客や業界に精通していると、顧客開発のサイクルを短縮できます。なぜなら業界に通じていれば、顧客の現在の行動や意思決定のパターン、ニーズにもとづく初期仮説を構築できるからです。初期仮説が完全に正しいものではなくても、顧客や業界についての知識があることで、試行錯誤の期間は短くできます。わたしはYodleeにいたとき、顧客開発インタビューの何年も前からユーザーのことを知っていました。ユーザーがオンラインとオフラインで家計簿をどう管理しているのかがよくわかっていたので、製品機能を開発する前のインタビューは少なくて済んだのです。

「リーチ不可能」な市場でどのように仮説を検証するか？

業界経験が豊富である場合、対象にするビジネスに関する規制や法律や慣習を学ぶのに多くの時間を投資せずに済むものです。アメリカ自転車連盟の元代表であるマーク・エイブラムソンは「転倒して怪我をした自転車選手に質の高い治療を提供し、早く競技に復帰してもらうためのより良い方法があるはずだ」という仮説を立てました。彼はすぐに課題を検証して、ソリューションの開発を開始できました。その製品とは、「メディスン・オブ・サイクリング」という業界団体でした。その団体は医師、サイクリングチーム、選手を結びつけ、年次のカンファレンスも開催しています。

エイブラムソンは次のように述べています。「メディスン・オブ・サイクリングを設立したきっかけは、医師である妻のアンナがハーバード大学の外傷専門の外科医と話したことでした。その医師が言うには『緊急治療室に怪我をした自転車選手が頻繁に運び込まれてくる。選手の回復を早め、治療の質を高めることは可能だ』ということでした。

多くの人は顧客開発インタビューを始めるときに、どのような質問をすれ

ば良いのかわからないものです。しかしアメリカ自転車連盟の代表者であったエイブラムソンには、背景となる業界知識と、アンケートへの回答を依頼できる人脈がありました。エイブラムソンは選手に「怪我をする頻度」「怪我が完治して競技に復活するまでの期間」「チームが保険を提供していたかどうか」「治療に使った費用」などを尋ねました。

イベントでの顧客開発

エイブラムソンは2010年の「ツアー・オブ・カリフォルニア」で、サイクリングチームのオーナー、監督、医師など約30人を集めてこの調査結果を伝えました。「そこに集まった人たちが、怪我の問題について話し合ったことがないのがすぐにわかりました」(エイブラムソン)。その会議では「ひらめきの瞬間がいくつもありました。全員で力を合わせる必要があることが、はっきりわかったのです。わたしたちは、選手の治療をテーマにしたカンファレンスを開催することにしました。わたしたちはこれを5月に話し合い、カンファレンスを11月に開催することに決定しました。それがいかに無謀なことかは医学生涯教育(CME)のカンファレンスの開催準備に、1年を要することから考えればよくわかります」。

顧客開発は医療業界にも通用するのか？

エイブラムソンは医療業界で顧客開発を行なうことの有効性に懐疑的な人に同意している部分もあります。「顧客開発のコツは、そのままではこの業界では通用しません。製薬会社や医療機器の営業担当者の売り込みも多く、大勢の患者も病院を訪れるので医師と連絡を取ることはほとんど不可能です。医師は仕事の邪魔になるものをブロックするためまわりに壁を築いているのです。受付にいきなり電話をして医師につないでもらえたことはいちどもありません」。

エイブラムソンのアドバイスはこうです。「小さな規模で始めても問題ありません」。CMEのカンファレンスへの参加者は数百から数千人になる一方「メディスン・オブ・サイクリング」第1回目の参加者はたった40人でした。講演者も他のカンファレンスよりもかなり少ない10人でした。「自転車業界の直接的な人脈を使ってカンファレンスに相応しい人々を厳選して招待しました。これらの人々はこの団体の話を周囲に広めてくれまし

た。「ツアー・オブ・カリフォルニア」の大会ドクター、「チーム・ガーミン」の専属医師、アメリカ・オリンピック委員会の医師、同業者の知り合いの多いチームドクターといった業界のインフルエンサー達なのです」。

仮説が検証された！
　「メディスン・オブ・サイクリング」は、「関係者が力を合わせることで、自転車選手に質の高い治療を提供し、早く競技に復帰させることができる」という初期仮説を、ごく短期間の間に検証することができました。「適切な人々が同じ部屋に集まったことで、仮説は自然に検証されました」（エイブラムソン）。以来、この団体は、メンバーからの継続的なフィードバックにもとづいてさまざまな活動を続けています（継続的な会員制度の開始、自転車によって生じた一般的な怪我に関するガイドラインの出版、治療の標準手順の確立など）。同団体は今、第4回のカンファレンスを準備しています。

ビジネスモデルの複雑さと依存関係の数

　ビジネスモデルによっては、顧客開発と当該領域の専門家であっても多くの仮説を検証する必要があるものがあります。ビジネスがサプライヤーやディストリビューターや他の外部業者に依存している場合は、顧客だけでなくそうした人々とも話をする必要があります。2つの顧客セグメントのなかの「二面の市場」を仲介している場合は、両側の人々の話に耳を傾け、両方に価値をもたらすことを確認する必要があります。そのため、インタビューをしなければならない人の数は2〜3倍にもなります。両者にはそれぞれ課題と制約があるので、両者からそれぞれパターンが現れるまでインタビューを続ける必要があるのです。

鶏と卵の課題——二面市場では、どちらが先に来るか？

　複数のステークホルダーがいる環境で顧客開発を行なう場合、最初に片方のターゲット顧客のセグメントと話をしてから、別のセグメントと話をすべきなのでしょうか？　それとも、交互に話をすべきなのでしょうか？

二面市場にサービスを提供するスタートアップであるLaunchBitは、顧客開発を通じてアイデアを検証しました。電子メール向けのアドネットワークである同社は、オンラインマーケッターとコンテンツパブリッシャーの両方のニーズを理解する必要があります。

CEOのエリザベス・インは次のように説明します。

> 二面市場に取り組むのは容易ではありません。「最初に片方への顧客開発をしてから、もう一方に移ればいい」と言う人もいますが、わたしたちにはほとんどできませんでした。
>
> わたしたちは手始めにコンテンツパブリッシャー6社と広告主2社にインタビューしました。広告主2社は新しい広告の枠を試すことに積極的で、MVP（最小限の広告キャンペーン）を使うことにも意欲的でした。コンテンツ6社もニュースレターの収益化というアイデアを試したがっていました。最初は少数の広告主とコンテンツパブリッシャーがMVPを使用している状況だったのです。わたしたちはMVPはあくまで実験として位置付けていたのですが、新しいアイデアを試すことに意欲的な人には、むしろアピールしました。最初の実験がうまくいったので、広告主とコンテンツパブリッシャーの双方の参加を増やしていきました。やがてアドネットワークへの参加者が増えたことで、最初は懐疑的だった潜在顧客も興味を示し始めました。

最初から誰にインタビューするのが最適かを予測することはできません。とにかくインタビューを始めてみましょう。2回ほどインタビューをすれば、すべてのステークホルダーから網羅的に話を聞くことが可能かどうか、それが役に立つかどうかの感触が得られるでしょう。

LaunchBitは、ビジネスの両側の顧客が持つ「痛みを伴う課題」を明確にしました。製品を売り込みたい広告主がニュースレターで宣伝をするつど、毎回単発の取引をやり直さなければならないことを面倒がっていたので、いちど広告枠を購入すれば、複数回のニュースレターに広告掲載できる仕組みを導入して成果をあげました。一方、コンテンツパブリッシャーは、

バナー広告は読者に嫌がられるので、売上が上がるとしても掲載したくないことがわかっていました。そこでテキスト広告に切り替えました。パブリッシャーに嫌われては、広告主への広告メディアを提供できません。

> 市場の両側（パブリッシャーと広告主）の心情を理解することはきわめて重要です。顧客が何を考えているかを絶えず把握しておくことは本当に重要です。わたしたちはパブリッシャーと広告主のニーズを満たすため、両者と会話を絶やさずにイテレーションを続けています（イン）。

MVPの作成のために必要な投資

本書の冒頭の「はじめに」で、KISSmetricsで1ヵ月かけて顧客開発インタビューを実施したことについて触れた際に、わたしは50回のインタビューを実施したと書きました。顧客開発のインタビュー数としては、相当に多い部類です。MVPをサポートするために、なぜこれだけの数のインタビューが必要だったかの理由を説明しましょう。

この50回のインタビューから生まれたKISSmetricsのベータ版は、厳密に言えば顧客検証に向けた最初の一歩ではありませんでした。わたしたちには数百人もの顧客がサインアップし、顧客個人や会社についての情報を入力してくれるプレローンチのサイトがあったからです。検証が必要だったのは、顧客に関心があるかどうかではなく、わたしたちのウェブ解析への取り組みが顧客にとって効果的で、差別化されたものになっているかどうかでした。

この製品には、顧客の体験はそれぞれ異なり、精度がきわめて重要なデータ駆動型の製品であるという特性があるため、わたしたちが学びを得られる何かを開発するためには、膨大なエンジニアリング・リソースが必要でした。その投資を、50件の顧客開発インタビューを重ねることで、最小限に抑えることができました。

一般的に言って、MVPが機能するかどうかの検証のために1ヵ月以上かかるのはオーバーエンジニアリングです。MVPのアイデアの有効性をチェックしてもらうためには、メンターの助言を求めると良いでしょう。

6.4.5　インタビューを十分に実施すると相手の発言に驚かなくなる

　インタビューを十分に行なったかどうかの判断基準は、相手の話に驚かなくなったか否かです。相手の話に驚かなくなる頃には、顧客に共通する「課題」「動機」「不満」「ステークホルダー」について十分なインサイトを得たと確信できるはずです。

　わたしの場合は通常 15 〜 20 回のインタビューをすると、課題とソリューションにポテンシャルがあるかどうかを確信できるようになります。この分量をこなすのに要する時間は、インタビュー相手の確保、質問の準備、メモの作成と要約の作業で、おおよそ 2 週間を要します。かなりの作業量だと思えるかもしれませんが、製品の不要な機能の開発を 1 つ省くことができると考えれば十分に見合います。

　この作業は、MVP の開発と並行して行なうことが可能です。

　わたしが最近関わった顧客開発プロジェクトに、「顧客が Yammer をどのように理解しているか」と「顧客がこのツールを使って成果をどのように測定しているか」の検証に取り組んだものがありました。

　わたしたちは、多くのユーザーが上司に Yammer の使用状況やその成果を報告していることを知っていました（従業員は誰でもトップダウンの許可なしに Yammer を用いて社内用の SNS を無料で開始できます。その結果、Yammer を支持してくれるユーザーである従業員が、その価値を知らない幹部に向けて社内的な売り込みを頻繁に行なってくれるのです）。ユーザーは、既存の社内レポートツールが不満でした。既存のレポートツールは、顧客のニーズや行動に関する実験結果とはずれた、顧客の要望に沿って開発したものだったのです。わたしは機能の追加開発の前に、顧客の課題を十分に理解して効果的なソリューションを提供したいと考えました。

　わたしは 2 週間で 22 回の短い顧客インタビューを実施しましたが、終わりの頃になると顧客の話から新たに重要だと思われる情報が見当たらなくなっていました。そこでわたしは自信を持って以下の点について答えを示すことができたのです。

- 顧客は報告の際にどのようなプレゼンテーション用のスライドを作成しているか？

- 顧客はどのステークホルダーを喜ばせる必要があるか？

- 顧客はどのような不満をもっているか？

- 顧客が製品についての特定の変更を要求している背景にある根本的な問題。

わたしはこの情報にもとづいて「顧客の真の課題につながるリクエスト」と「開発しない機能」を区別しました。さらによかったのは、インタビューで学んだことの要約を顧客と共有できたことです。これは顧客にとっても大いに役立ちました。顧客開発のサイクルに顧客を巻き込む（わたしたちが真剣に顧客の懸念について考え課題を明確化し実装した変更を示す）ことで、顧客との結びつきが深まったのです[†]。

6.5　検証済みの仮説はどのように見える？

いよいよ読者にとって最も関心の高いポイントです。「検証済みの仮説はどのように見えるか？」について話しましょう。

例として、わたしがKISSmetricsで顧客からの学びを踏まえてKISSinsightsという第2の製品を開発したケースを紹介します。これには複雑な事情が絡んでいます。

実はこのとき、顧客にインタビューをするまで課題が存在すること自体に気づいていなかったのです。わたしは課題仮説の作成から開始したわけではありませんでした。このときわたしは新製品のアイデアのためではなく、ウェブ解析製品であるKISSmetricsについての顧客開発インタビューを行なっていたのです。しかし、パターンとして浮かび上がってきた新たな課題が無視できないものだったので、それがKISSinsightsを開発するきっかけになったのです。

わざと曖昧な表現で、ウェブサイトの測定にどのようなツールを使っているか尋ねたところ、ほぼすべての潜在顧客がGoogle AnalyticsとUserVoiceという2つの名を挙げました。その他の多くの顧客は、外注でユーザービリティテストを実施したり、内製でのユーザービリティテストが可能になるUserTesting.comなどのオンラインツールを使用していました。

もともとのわたしのインタビューの目的は、「顧客はより良い分析ツールを必要としている（無料のGoogle Analyticsを使う代わりにお金を払ってでもKISSmetricsを使用する）」という仮説を検証することでした。

[†] とはいえ、公平を期すために言うなら、顧客には「もちろんわたしたちは、お客様が求めるものを全部開発しますよ」と言った方が喜ぶでしょう。でも顧客はわたしたちが顧客の話を聞き、その課題について真剣に考え、その課題を解決するために具体的に行動していると伝えれば、その解決策が顧客の期待したものではなかったとしても不満を飲み込んでくれるものです。

KISSmetricsは定性的なフィードバックプラットフォームや、ユーザービリティテストの直接競合製品ではなかったので、別の使い方があるかもしれないことは、脱線から生まれたアイデアだったのです。インタビューのもともとの目的は、ウェブ解析について学ぶことだったのですが、興味深い脱線をしたおかげで、良いアイデアが生まれたのです。

顧客が何かを話し続けているのに、それを無視するのはもったいありません。

4～5件のインタビューをしてみて、わたしにはパターンが見えてきました。インタビュー相手はきまって「ユーザーからフィードバックを得る」「ユーザーを理解する」ことについて語るときに、不満を露わにしていたのです。相手はお手上げといった感じで語っていました。

> ユーザーがサイトにいるとき、何を考えているのかわかるといいのですが。
>
> サイトについての調査を試みましたが時間の無駄でした。とんでもなく長い時間をかけて、2件しかレスポンスがなかったのです。
>
> そのフィードバックといえば「素晴らしい」と「最低」だけ。これでは役に立ちません。
>
> 顧客の肩の上に乗って耳元で「なぜ買わないの？」「今、何で混乱しているの？」と、リアルタイムで聞いてみたいものです。

このようなコメントをいくつか耳にしてからわたしはシンプルな仮説を立てました。

> プロダクトマネージャーは迅速／効果的／頻繁な顧客調査を行なえない課題を抱えている。

これについてさらに知るため、KISSmetricsのチームは並行して次の2つを実施し

ました。

- 顧客のニーズを検証するためのMVPを開発しました。MVPはこのコンセプトの概要を記載し、調査フォーム（顧客はサインアップをすることでサービス開始時にベータ製品を使用できる）に誘導するスプラッシュページです。

- 並行してわたし自身は定性調査の代替というアイデアに特化した顧客インタビューを開始しました。わたしは相手に「定性的なフィードバックフォームから何を学んでいるか？」「これまで実施してきた他のユーザービリティテストや調査は何か？」「さらなる調査を実施する阻害要因は何か？」「魔法の杖を振ってサイトの訪問者について何でも知ることができるなら、何を知りたいか？」と尋ねました。

すでに顧客基盤はあったので、わたしはすぐにふさわしい20人に対してインタビューを実施することができました。この20人のインタビューを次のように要約しました。

顧客はこの問題を解決するために何をしているか？
顧客調査を実施せずに業務を進めている。

顧客が本当に望みながら、他のツールが提供／解決できていない
非公開のフィードバック、特定のページ／特定のアクションを行なっている最中の人を対象にする調査機能。

現在、顧客フィードバックの収集に関与しているのは誰か？
この種の情報を強く欲しているプロダクトマネージャー。開発者も関与こそしているが機能のコーディングの時間が減ってしまうために消極的。

課題の深刻度／頻度は？
常時（何を開発するかの意思決定するときはいつでも）。物事が「なぜ」機能していないのか視覚化されていない。

他に顧客が強い感情を抱いているものは何か？
　調査のための質問を作るのを嫌がっている。開発者に助けを求めるのを嫌がっている。何から着手すれば良いかわからず困惑している。

　これによってわたしたちはきわめて短期間に、MVP開発に投資するために十分な根拠を得ました。そのMVPは外観も良くなく、ハードコーディングされていて、KISSmetricsサイト上でしか動作しないものでしたが、それを見た既存顧客はすぐ「自社サイトでこの調査機能を使いたいのだがどうすればいい？」かを電子メールでわたしたちに尋ねてきました。
　こうして脱線と思えたものが、まったく新しいKISSinsightsという製品の誕生につながったのです。KISSinsightsでは静的／汎用的なフィードバックタブではなく、一定時間、当該のウェブページに滞在したユーザーだけに関連性の高い調査質問をポップアップ表示するように設定できます。さらに調査用の質問テンプレートを提供しているので、ユーザーは自分で質問をすべて作らなくても調査を行なえます。
　この種の調査の回答率は通常1〜2％ですが、KISSinsightsでは10〜40％にもなり、その回答も非常に明確で、すぐ対応が可能になる内容でした。顧客の1社であるOfficeDropはKISSinsightsを使って問題点を特定したことで、サインアップの顧客転換率を40％も増加させることに成功したのです[†]。2012年KISSinsightsは別会社に売却され製品名はQualarooに変わりましたが、今でも製品やビジネスモデルの進化のために顧客開発を使い続けているのです。

6.6　次にすべきことは？

　顧客開発には潮の満ち干きのような性質があります。仮説を検証したら、次はその方向に前進することです。
　まだ製品がないなら、学びを踏まえてMVPを開発（または変更）する必要があります。7章ではさまざまなMVPを見ながら、経営資源を最適に配分する方法と、そこで答えるべき質問について明らかにします。
　既存の製品の改善策を探している人には、8章の内容も役立ちます。でもその前に、まず7章を読んでください。意外かもしれませんが、大手企業でもMVPは効果を挙げているのです。

[†] http://blog.kissmetrics.com/1-2-punch-for-increasing-conversion/

この章のまとめ

- 仮説の検証では懐疑的であること。

- 顧客が課題を実際に解決しようとしたのかどうか、しっかり聞きこむこと。課題を解決すべきだと考えていても、実際には製品を購入しない人は多い。

- 顧客の将来的な行動を予測する最善の方法は、現在の行動に注目することである。インタビューメモに感嘆符が多く書かれていても、実際に行動をした証拠がなければ、仮説を検証したことにはならない。

- インタビューの内容は、5点ほどの箇条書き項目にまとめる。各項目は、「仮説を検証するもの」「仮説を棄却するもの」「他の興味深い点」に分類する。

- 検証済の仮説には、次の要素が含まれる。顧客が「課題があることを確認していること」「それを解決できると確信していること」「その解決を試みていること」「解決を妨げるものがないこと」。

- インタビューを5回も行なえばあなたのソリューションに興奮する人に会えるはず。そうでない場合は仮説が棄却されたと考える。

- 10人にインタビューをすると、パターンが見え始める。パターンの存在を確認するために、次のインタビューでは、パターンとは別の行動を取る架空の「他の人たち」の話をして、インタビュー相手にこれらの人たちと同じ行動をするか、それともパターンと同じ行動をするかを尋ねる。

- 相手の話に驚きを感じなくなってくるのが、十分な数のインタビューを

行なったことの目安になる。

7章
実用最小限の製品を
どのように開発すべきか？

話していても真実は見つけられない——真実は、行動によってのみ明らかになる。理想的な製品機能について心配するのを止め、手持ちの情報を使って最善の推測をして、MVP（あなたがそれをどう定義しようとも）を作って顧客に手渡すことだ。それこそが、発見のプロセスを維持するための唯一の方法である。

——ケヴィン・デウォルト
soHelpful CEO、アメリカ国立科学財団元駐在起業家

だからわたしは尋ねた。「カメラと飛行機かヘリコプターをレンタルして、農家の畑の上空を飛び、データを手作業で処理し、それを農家が買ってくれる情報かどうかを確認するのはどうだろう？ 1～2日の時間と、予想利益の10分の1のコストで実現できるのではないだろうか？」そしてしばらくの間、それについて考えた後、笑いながら言った。「わたしたちはエンジニアで、クールなテクノロジーをすべてテストしたいと思っています。でもあなたはわたしたちに、まず顧客が興味を示す製品を持っているかどうか、それがビジネスになるかをテストしろというのですね？ ええ、できますよ！」[†]

——スティーブン・ブランク

[†] http://steveblank.com/2013/07/22/an-mvp-is-not-a-cheaper-product-its-about-smart-learning/

本書ではこれまで、仮説や想定の検証に主眼を置き、その後に行なうソリューションの検証や、作成することになる実用最小限の製品（MVP）には詳しく触れませんでした。

この構成は、意図的なものです。なぜなら、MVPを早く作ろうとするあまり、リスクを軽減したり、ミスを特定したりする機会を逃してしまう企業が多いからです。思考段階にあるときのほうが、はるかに短期間かつ低コストでエラーを見つけられます。いったんプロトタイプや製品を開発してしまったら、思考の誤りを訂正するためには、はるかにコストがかかります。

とはいえ、顧客が製品に支払いをしたことの証拠は、顧客があなたの製品に支払いをした瞬間のみにしか生じないのも事実です[†]。

この章では、MVPをどう考えるべきかを詳細に検討します。次の点についても説明します。

- MVPに合った目標の設定。

- MVPの種類。

- 種類別のMVPの使用例。

― ノート ―――――――――――――――――――――――――――
既存の製品や顧客を持っている場合については、8章で説明しています。MVPの一般的な問題点、社内チーム、パートナー、顧客と連携する際に直面するダイナミクスへの対処方法も取り上げます。
――――――――――――――――――――――――――――――――

7.1　MVPはどのように活用すべきか？

MVPの目的は、リスクや投資を最小限に抑えながら学びを最大化することです。

このため、仮説や想定の検証のみをMVPの目的にすべきです。MVPは、完璧に外見を整える必要もなければ、完全に機能を実装する必要も、スケーラブルである必要もありません。コードを書く必要がないケースさえあります。

それどころか、MVPは製品のバージョンである必要すらありません。よく耳にす

[†] 支払い（pay）の対象は、お金だけではありません。「クレジットカード番号」「注文書」「技術やプロセスを学ぶための時間の投資」なども含まれます。

る起業家の間違いは、「OK、まず最終的な製品をどうするか決めて、次に、すぐにMVPを出荷するためにどの機能をカットできるか検討しよう」というものです。このようなマインドセット（顧客と初めて接触する前から、最終的な製品がどんなものになるかを描いている状態）は、正しいものではありません。

　さらにこのアプローチは、最大のリスクが製品の機能にあると想定しているところが問題です。多くの企業にとって最大のリスクは、製品機能よりも、「流通」「適切な価格設定」「経営資源やパートナーと協力する能力」などにあります。MVPが答えられるもっとも重要な質問には、次のようなものがあります。

- ターゲット顧客の目の前に、この製品を差し出すことができるか？

- 顧客は、この製品が約束する価値のために進んで支払いをするか？

- 顧客は製品から得た価値をどのように測定しているか？

- 顧客価値と顧客の支払能力には、どのような価格設定モデルが適切か？

　どの質問に最初に回答するのかを考えることが、あなたにとってもっとも関連性の高いMVPを作る役に立ちます。

7.2　MVPの種類

　MVPに何が含まれるべきかについては、厳密な定義はありません（少なくとも「機能をいくつ含めるべきか」や「どのような種類のテクノロジーを使うべきか」という点において）。

　MVPとは、最大の想定を検証し、リスクを最小化する手段であり、会社や製品によって異なるものです。ときには（この章の後半で説明するように）実際の製品ではない場合もあります。

　「最小（Minimum）」とは、最小の時間とリソースの投資によっていかに学ぶかに焦点を当てていることを意味します。MVPの作成に数ヵ月もかかりそうなら、それは最小ではありません。2センテンス程度でMVPを説明できないのであれば、それも最小ではないのです。

　作成するのは、「実用的（Viable）」なものでなくてはいけません。実用性は、

「顧客に価値を示すための十分な体験を提供すること」「仮説を証明／棄却するために十分な情報を提供すること」の2つの観点で考える必要があります。たとえば、Googleアドワーズ広告の購入をMVPと見なす人もいます。しかしわたしは、これが良いMVPだとは思いません。Googleアドワーズ広告によってわかることは、ユーザーがリンクを何回クリックしたかということだけで、「なぜ」ユーザーがクリックをしたのかはわかりません。また、クリックしたからといって、そのユーザーがお金を使うと想定することもできないからです。

　MVPの成功例（と失敗例）の体験談を書く企業が増えるにつれ、MVPの種類にいくつかのパターンが見られるようになってきました。一般的なMVPの種類を以下に挙げます[†]。

- プレオーダーMVP

- オーディエンス開発型MVP

- コンシェルジュMVP

- オズの魔法使いMVP

- シングルユースケースMVP

- 他社製品MVP

　それぞれのMVPについて、「それがどのようなものであるか」「使用例」「得られるメリット」などを細かく見ていきます。各種類のMVPがうまく機能する状況についても説明します（ヒント——プレオーダーMVPからは、どんな人でもメリットが得られます）。

[†] これらの種類はさまざまな場所で自然発生的に生じているので、同じようなMVPの種類が、異なる名称で呼ばれていることもあります。わたしは、コンシェルジュMVPが『マニュアル化』、オズの魔法使いMVPが『フリントストーン』、プレオーダーMVPが『スモークテスト』と呼ばれているのを知っています。MVPのさらに多くのバリエーションについては、以下を参照してください。http://scalemybusiness.com/the-ultimate-guide-to-minimum-viable-products/

7.3　プレオーダー MVP

プレオーダー MVP は、予定しているソリューションを説明し、その利用開始前にサインアップして注文するよう潜在顧客を勧誘するものです。プレオーダー MVP では、関心ではなく、コミットメントを測ります。この MVP は、見込み客の電子メールアドレスやアンケートデータを収集するだけでは不十分と見なします。

どのような製品やソリューションを開発するのであれ、解決対象の課題を記述したウェブサイトを作成することはできます。プレオーダー MVP ではたいてい、製品の使用前には課金しないことを約束したうえで、潜在顧客のクレジットカード番号の入力を求めます[†]。企業の状況によっては、パイロットプログラムを公開することへの基本合意書や契約書でも十分な場合があります。

当該製品の開発に必要な費用と投資を考慮に入れながら、一定数のプレオーダーを超えた場合のみ、開発の続行を決定することもできます。

キックスターターはプレオーダー MVP です。これはたいていクラウドファンディングプラットフォームだと説明されますが、ソリューションへの顧客の需要と金銭的コミットの意思を効果的に検証するものです。顧客が誓約した額が、最終的な製品価格よりもはるかに小さくても、それは依然としてきわめて強いシグナルです。どのようなものであれ、顧客に支払いをしてもらおうとすれば、非常に強い摩擦があるのですから。

まだ存在していない製品のために何千もの人がお金を支払うと約束してくれるのなら、強い需要があることを検証できたことになります。もしプロジェクトが目標の資金額を調達できない場合は、そのプロジェクトが十分な人数の顧客が抱える真の課題を解決していないことを示唆しています。

7.3.1　ケーススタディ：Finale Fireworks

マーカス・ゴスリング（現 Salesforce.com プリンシパル・デザイン・アーキテクト）は、こう説明しています。「ビジネス仮説の最良の検証は、顧客がクレジットカードを取り出すときに起こります。Finale Fireworks が成長段階にあった数ヵ月の間、わたしはパイロテクニクス・ギルド・インターナショナルが催す年次の花火コ

[†] これを「ベイパーウェア（水蒸気のように、いつ発売されるのかがわからないソフトウェア）」「デモウェア」と呼ぶ人もいます。わたしはこうした呼称には少々悪意が感じられると思います。たとえば、企業は顧客が競合他社へ乗り換えるのを防ぐために、決して実現しない将来的なメリットの提供を約束するかもしれません。

ンベンションに出席するために、ふたりの共同設立者と一緒にアイオワ州を訪れました」。

ゴスリングらは、花火をテーマにしたゲームを開発しており、それを販売したいと考えていました。「わたしたちは小さなブースを借り、この花火ゲームのごく基本的なデモを提示しました。すぐに、花火業界の人がバーチャルな花火には興味を示さないことがわかりました。その代わりに、ゴスリングらは実際の花火ショーの設計と制御ができる安価なソフトウェアを望んでいることがわかりました。そのコンベンションで、わたしたちはソフトウェアの50%割引のプレリリースコピーを60件販売しました。わたしたちは、まだそのソフトウェアを開発すらしていませんでした。わたしたちが手にしたこの売上高こそ、人々が製品のアイデアにお金を支払うことの、最善の検証でした」。

7.3.2 使用例

プレオーダーMVPは、あなたが「顧客が間違いなく購入するもの」を開発しているかどうかについて検証してくれる、最善の方法です。すでに戦略の検証のために前述したMVPのメソッドの一部を使用している場合であっても、ほぼすべての製品や企業において、プレオーダーMVPを実践する方法を探すべきです（主な例外は、先行者メリットに依存している注目度の高い企業です。こうした企業にとって、プレオーダーMVPを実施したときに報道を回避するのは難しいことです。報道は騒ぎを起こし、競合他社を有利にさせることが多くなります）。

プレオーダーMVPは以下の状況に適しています。

- 持続可能性や採算性確保のために顧客の絶対的な最少量を必要とするソリューション。

- 開発に相当量の時間とリソースを必要とするソリューション。

それでも、ほとんどの人は、プレオーダーMVPを試してみるべきです（誓約、プレオーダー、基本合意書、パイロットプログラムなど、どのような形であれ）。

7.4　オーディエンス開発型 MVP

　オーディエンス開発型 MVP は顧客開発の文字通りの適用です。すなわち、製品を開発する前に顧客基盤を開発することです。まず、見込み客のセグメントを明確にし、次に、これらの顧客が集まり、情報を獲得し、同じ考えを持った人たちと意見交換をするための場所を構築します。この場所でオーディエンスを観察することで、オーディエンスがどのようなコンテンツや機能、人々ともっとも熱心に関わっているのかを測定できます。このデータは、最終的に開発する機能やサービスへの需要の検証に用いることができます。製品をリリースする準備が整ったら、宣伝や流通を心配する必要はありません。すでに、どこに行けば見込み客がいるかは、はっきりとわかっているからです。

　MOZ[†]、37Signals、Mint.com は、自社製品のリリースに先立って、コミュニティを開発するためにブログを活用しました。この3社がスケーラブルな製品を発売する時点で、すでに製品にすっかり惚れ込んでいる数千人もの顧客がいました。ただし、これらのブログが、実際に製品コンセプトの検証に使われたのかどうかは不明です（つまり、もし Mint.com が MintLife ブログで大勢の読者を得ることができなかったとしたら、その個人向けファイナンス製品の開発の取り下げを決定していたのかどうかまではわかりません）。

　オーディエンス開発型 MVP を検証に用いたさらに明確な例が、最近リリースされた Product Hunt のウェブサイトです。このサイトは、売れ筋の新製品に関するスコアを毎日提供するというものです。創設者のライアン・フーバーは、潜在的なオーディエンスを評価するのに、わずか20分しか MVP に投資しませんでした。電子メールを介してリンクを共有できる Linkydink を使ってシンプルなメーリングリストを作成し、数十人を招待したのです。このメーリングリストへの申し込みが多くない場合や、何日かが経過してもメーリングリストでのやりとりが活発化しない場合、フーバーは「このアイデアを追求する価値はない」という結論を下す準備ができていました。しかし、申し込みは多く、メーリングリストの参加者が熱心にやりとりをしているのを確認したフーバーは、基礎となるサイトの開発を開始しました。Product Hunt は、フーバーにとってのサイドプロジェクトですが、開始から2ヵ月ですでに4,000人以上のユーザーを集めています。[‡]

[†]　MOZ は最近変更された名称です。最初の10年間は SEOMoz として知られていました。
[‡]　http://www.producthunt.co/

7.4.1 使用例

オーディエンス開発型 MVP では、人々がすすんでソリューションにお金を支払うかどうかは検証できません。ただし、顧客の維持と参加を測定できます。これは、ソリューション全体の開発に投資するのを正当化するのに十分な場合もあります。また、オーディエンス開発はきわめてスケーラブルです。あなたは文字通り、見込み客基盤にリーチしようとしているのです。

オーディエンス開発型 MVP は以下の状況に適しています。

- オンラインの製品やサービス。

- 無料の製品またはソーシャルな性質を持った製品。

- コンテンツとコミュニティの生産スキルが豊富なチーム。

- よりスケーラブルな製品やサービスへの拡張を模索しているコンサルティング企業。

- お金よりも時間を大切にしたいオーディエンス（医師、ベンチャーキャピタリスト、経営者など）。

7.5 コンシェルジュ MVP

ホテルで宿泊客にサービスを提供するコンシェルジュにちなんで名づけられた MVP です。顧客の課題を解決するために手作業を用います。顧客は、あなたが手作業でソリューションを提供していることを知っています。あなたが相手にきめ細やかな対処をすることと引き換えに、相手も多くフィードバックを提供することに同意するようになります。コンシェルジュ MVP は、実際に開発を始める前に、顧客に製品を使用する体験を提供できます。

あなたが、子育て中の人を対象にして、カスタマイズ型の、子供向けの低コストな教育活動を提供するサービスに商機があるのではないかと考えたとしましょう。この場合にコンシェルジュ MVP を用いるには、どうしたら良いのでしょうか？ まず 5 人程度の親に接触して、子供たちの教育活動をどのように選んでいるかについて話をすることから始めます。次に、この情報をもとにして、手作業で地域の活動を調査

し、それぞれの親に、推奨する活動の一覧を作って提供するのです。

このソリューションは、まったくスケーラブルではありません。自動化することもなく、ソリューションを提供するために、毎週、顧客ごとに数時間をかけなければなりません。しかし、この集中的な手作業のフェーズ中に学んだことによって、リスクを劇的に削減することができます。

あなたが提案した活動にそれぞれの親がどの程度参加したかをフォローアップすることによって、需要を検証します。リストに記載したもののうちどの情報が重要か（または不足しているか）を尋ねることで、機能に優先順位をつけられます。コンシェルジュMVPを通じて、クライアントである親たちは、あなたのサービスを、「あればいいがなくてもいい」と見なして、支払ってくれる可能性が低いことがわかるかもしれません。親が子供の活動を選ぶ際に用いる基準が、あなたが予期したものとは違うものだとわかるかもしれません。あなたはこうした学びを、サイトの設計やコーディング、データベースへの情報入力の前に得ることができるのです。

7.5.1　ケーススタディ：StyleSeat

StyleSeatのターゲット市場にいるスタイリスト、スパのオーナー、マッサージセラピスト、他の美容業界従事者は忙しい人たちです。テクノロジーは彼／彼女らの専門領域ではないため優先度は低く、関心すらもたれていないこともあります。

StyleSeatの最高技術責任者（CTO）ダン・レヴァインは説明します。「わたしたちの顧客にとって、『この人たちは信頼できるか？』が、意思決定の際にきわめて重要です。顧客は、『自分はこのテクノロジーサービスを使いこなせるだろうか？』という強い不安を抱いています」。

最初の仮説

StyleSeatはまず、「消費者がスタイリストの予約をし、これらの小規模ビジネスのオーナー（スタイリスト）がビジネスを促進できる、より良い方法があるはずだ」という仮説を立てました。しかし、同社創設者のメロディー・マクロスキーとダン・レヴァインは、業界についてさらに詳しく学ぶ必要があることを理解していました。ふたりはまず、スパを所有している友人に「パーティーを催すので、業界の知り合いを全員招待して欲しい」と依頼しました。ふたりはパーティーの席で、これらの業界関係者にシャンパンを飲んでもらいながら、テクノロジーの説明をしました。

このパーティーをきっかけにして、マクロスキーとレヴァインは毎週、美容業界の

ビジネスオーナーたちに、FacebookやTwitter、電子メールのビジネスへの活用方法を教えるようになりました。「わたしたちは、これらのスタイリストたちにとっての『ギーク隊』になりました。そうすることが、美容の現場の課題を学ぶために最速の方法だったからです。相手の居場所に出向き、市場の現場にどっぷりと浸かることで、業界について学べただけではなく、顧客との信頼関係を築くうえでも役立ちました」（レヴァイン）。

MVPで開始する

　数週間が経過し、マクロスキーとレヴァインは、MVPの開発を開始できるだけの、顧客の課題についての十分な理解を得ました。その後の6ヵ月間は、顧客開発と製品開発に平行して取り組みました。製品の開発を開始したのに伴い、ふたりは次第に顧客との会話における焦点を、「仮説を検証すること」から「ベータユーザーのグループと製品を検証すること」にシフトしていきました。「人々がわたしたちの製品を使っているのを見ることがきわめて重要でした。新しいツールを使うときの人々の心の動きを確認する必要があったからです」。

仮説の枠を広げる

　StyleSeatにとって、商機が最初の仮説よりもはるかに大きなものであることに気づいたのは、きわめて大きなブレークスルーでした。マクロスキーとレヴァインは当初、スケジューリングの課題を解決するツールを開発することを想定していました。しかし、「スタイリストたちはアプリを望んでいませんでした。スタイリストたちは、『パーツAはここ、パーツBはここ』などとは考えていませんでした。相手は、すべてを1ヵ所で管理することを望んでいました。はっきりしていたことは、顧客はビジネスの成長に役立つソリューションを必要としていたことです。わたしたちは、考え方を変えました。目指すのは、『スケジューリングツールを開発すること』ではなく、『美容業界にとってのテクノロジーパートナーになること』だと気づいたのです」。

　マクロスキーとレヴァインの顧客ニーズへの深い理解は、最初の顧客価値体験の促進に役立ちました。StyleSeatは、写真のアップロードとFacebookの設定が、最適なフリーミアム・フックになることを確認しました。「わたしたちはそこからスタイリストに、電子メールで顧客にリーチしたいかどうかを尋ね、他のサービスも提供していると伝えます。顧客に、アップグレードを説得することは、ゼロからサービスを

購入してもらうよりも簡単なのです」。

継続的な顧客開発

　最初の6ヵ月間の集中的な顧客開発の後も、StyleSeatは機能やマーケティングの開発のために顧客との連携を続けています。StyleSeatが使用している戦術の1つは、顧客を「最もアクティブなユーザー」と「新規ユーザー」にセグメント化し、電話をすることです。「電話の際、厳密にはスクリプトを用意していますが、実際にしているのは、マニュアル的ではない普通の会話です。顧客はどのような点で課題を抱えているのか？　何を好んでいるのか？　わたしたちの製品を使うのを止めていたとしたら、もともと何を期待していたのか？　こうした会話に変化を促され、StyleSeatはその後、A/Bテストを使用して検証を行なうようになりました」。

　4年後レヴァインは、自分たちの製品が、もともとのMVPときわめて似ていることに気づいて驚きました。つまり同社は、顧客と密着した最初の6ヵ月間で学んだことを通じて、多くのミスや、間違った方向に進むことを回避できたのです。「確かに、そのために初期の開発はスローダウンしたかもしれません。しかしその後、十分にその時間を取り戻すことができました」。

7.5.2　使用例

　コンシェルジュMVPはスケーラブルではありませんが、製品への需要があるかどうかを検証できる他、流通や機能についての想定が妥当かどうかも確認できます。コンシェルジュMVPは以下のような状況に適しています。

- オーディエンスがオフライン／技術に詳しくない場合。

- 流通の予測が困難なソリューション。

- 運用への投資を拡大すると資本集約的になりそうなソリューション。

- パーソナライズされた顧客満足度が、競争的差別化になる製品／サービス。

7.6　オズの魔法使い MVP

オズの魔法使い MVP では、完全に機能が実装されているように見せかけながら、実際には人が手作業によって動作させている製品を提供します。コンシェルジュ MVP とは異なり、通常はソフトウェアや自動化プロセスによって処理されるタスクを裏で人間が実行していることを、顧客は認識していません。

たとえば、アジャイル開発を採用している企業が、「ソフトウェアを頻繁にローカライズしたい」という課題を解決したいと考えているとします。この場合、オズの魔法使い MVP によって、テキストを入力すると自動的に翻訳が行なわれるオンラインダッシュボードを少数の顧客に提示できます。しかし、実際には自動翻訳処理は行なわれておらず、1〜2人のスペイン語翻訳者が別のコンピュータの前に待機していて、顧客がテキストを入力すると即座に翻訳しているのです。

コンシェルジュ MVP と同様、このソリューションはスケーラブルではありません。しかしあなたは、顧客が偽のダッシュボードを操作する方法を観察し、翻訳の質や反応速度についての感想を尋ね、このサービスに支払いをするかどうかの評価をすることができます。

7.6.1　ケーススタディ：Porch.com

「わたしたちは、住宅リフォーム市場を観察することで、適切なソリューションについてのアイデアを得ていました」と語るのは、Porch.com の CEO マットアーリックマンです。

チームは、住宅所有者の求めていること、顧客の獲得方法、価格にもとづいたデータの構築などの想定を行なってから、MVP の作成に取りかかりました。同社（当時は HelpScore.com）のアイデアは、ユーザーが採点システムにもとづいて、住宅リフォームのサービス提供者を選択できるようにするものでした。

チームはオズの魔法使い MVP を作成しました。同社のウェブサイトを、採点アルゴリズムが動作しているように見せかけたのです。実際には、チームメンバーが手作業で調査をしてレポートを書いていました。チームはこの情報を Web インターフェイスに掲示し、顧客がどう反応するか、サイト経由で支払いをするかどうかを観察しました。

仮説は棄却された

「住宅所有者と話をすることで、わたしたちの仮説が完全に間違っていたことが証

明されました。採点システムはまるで重要ではありませんでした。人々がわたしたちに尋ねたのは、『友人や隣人は、この業者を使用しましたか？』だったのです。住宅所有者は、その業者の経歴や実績、実際の仕事の実例を知りたがっていたのです。人々は、口コミを求めていました。これを理解したことで、わたしたちは大きく方向転換することにしたのです」。

例外的最小限の製品

「Porch」と名前を変えたチームは、製品の方向性が検証されたことを確信できるまで、数ヵ月に渡って MVP の開発を続けました。そしてその後、収益性の高い方法で顧客を獲得するために必要なコンテンツやチャネルの検証に移行しました。「リーンとは、無駄を省くことです。道を間違えれば、多くの時間と労力を無駄にしてしまいます。データと方向性を検証すれば、自信を持ってさらなる投資ができます。わたしたちはステルスモードに切り替え、膨大なデータを集めました。わたしたちは顧客がリフォーム業者の選定に役立つこのデータを求めていることをすでに知っていました。わたしたちは、うまく作用することがわかっている、すぐに実行できそうな実装を作りました。つまり、『例外的』に最小限の製品をリリースしたのです」。

Porch は 2013 年 6 月にリリースされ、150 万件以上のリフォーム業者のデータを提供しています。

7.6.2 使用例

オズの魔法使い MVP は、顧客の行動を、実際の環境で検証するための優れた方法です。じつは裏で人が関与していますが、自動化した完全なソリューションにみせかけて提示しているため、顧客は人に気を遣って普段通りの行動を取らないかもしれない可能性を心配する必要はありません。ソリューションが有用なら、顧客はそれを使おうとしてくれます。そうでなければ、使おうとはしません。

オズの魔法使い MVP は、以下のような状況に適しています。

- 最終的には洗練されたアルゴリズムや自動化が必要になるソリューション。

- デリケートな領域の課題（金融、健康、出会い系、法律）。

- 一方をエミュレートしてもう一方の関心を検証できる二面市場[†]。

7.7　シングルユースケース MVP

　シングルユースケース MVP は、1つの課題やタスクのみに焦点を当てた製品や技術を指します。これにより、1つの仮説を検証できます。

　規模が小さいことを、手抜きと混同してはいけません。シングルユースケース MVP でも、できるだけ早く機能を開発するためには、設計やユーザーエクスペリエンスをスキップしても良いという免罪符ではないのです。ポイントは、1つの機能だけを、うまく行なうことです（MVP の実用性の部分は、顧客に価値を提供する必要があるという意味を忘れないようにしましょう！）。

　ある企業が抱える、「カスタマーサポートに費やす時間が多過ぎる」という課題を解決したい場合に、シングルユースケース MVP を使うケースを考えてみましょう。まず、最初に、取り組むべきシングルチャネルと課題の種類を選びます。たとえば、顧客がテンプレートを用いて、「アカウントをキャンセルする」「請求先の住所を変更する」などの定型文を含む返信メールを作成できるようにします。

　このソリューションはスケーラブルですが、それはあなたが思い描くもののほんの一部です。これは、定型文が含まれないメールや、電話やライブチャットのサポートの場合には役に立ちません。しかし、顧客がそれを使いたがるかどうかや、部分的なソリューションのために支払いをするかどうかを検証できます。これらの初期の顧客がより多くの機能を求めるに従い、あなたはこれらのリクエストを用いて、次に開発するソリューションに優先順位をつけることができます。

　シングルユースケース MVP を使う顧客は、不満を述べるはずです。それは良い兆候です。なぜなら、顧客は製品になんらかの価値を感じているからです。あなたにとっては、より多くの価値を提供する準備が整ったことを意味しています。

　もし、シングルユースケース MVP を使っている顧客が不満を口にしないとき、それは顧客がさらに多くの機能を求めていることを意味しているのではありません。顧客は、その MVP に価値を感じていないことを意味します。この場合、さらに多くの機能を投入しても課題は解決しないでしょう。その代わりに、焦点をきわめて狭くし

[†] たとえば、6章で言及した LaunchBit です。LaunchBit は、広告代理店ネットワークとコンテンツパブリッシャーの両方に価値を提供する必要があるため、二面市場にいる企業と言えます。LaunchBit は、広告代理店ネットワークがいなければコンテンツパブリッシャーに提供する価値がなく、コンテンツパブリッシャーがいなければ広告代理店ネットワークに提供する価値はありません。

た仮説がなぜ間違っていたのかを解明し、顧客が望むものに近づくためにどう方向転換したら良いかを検討すべきです。

7.7.1　ケーススタディ：Hotwire

Hotwireは課題に直面していました。同社は、ホテルの予約ができるサイトを提供していましたが、サービス開始から10年が経過し、機能やワークフローに古さが目立つようになってきたのです。

プロダクトマネージャーのクリステン・ミレンダとインタラクションデザイナーのカール・シュルツは、Hotwire.comを使用する顧客を観察した後、明確な仮説を形成することができました。

「Hotwireを使おうとしている顧客は、目当てのホテルの場所を把握できないために、申し込みを途中で放棄していました。だからわたしたちは、ホテル予約の顧客転換率を高めるために、地図ベースで検索結果を表示すべきだと考えました」

しかしそれを実現するには、現在のHotwire.comサイトの操作を大きく変えることになります。誰も、サイトが一晩で大きく様変わりすることを望んではいませんでした。「Hotwireのホテル予約は、同社の収益の大部分をもたらすものでした」（ミレンダ）。

シャドーサイトに地図ベースの検索結果を表示

その代わりに、ミレンダ、シュルツ、リードエンジニアのジム・テイは、シャドーサイトを開発しました。このシャドーサイトで、Hotwireの通常のトラフィックのごく一部を対象にして、仮説を検証するのです。

彼／彼女たちはサイトのMVPバージョンを開発し、地図ベースの検索結果を表示するようにしました。「最初のバージョンはデザイン効果を何も施しておらず、並べ替えやフィルター機能はもちろん、検索の修正すらできませんでした。これらのデザインや機能は、マップ中心の検索結果の表示が効果的であるというわたしたちの仮説にとって、重要ではなかったからです」。このサイトは、指定した割合のトラフィックが、新デザインのサイトにリダイレクトできるように設計されていました。新デザインのサイトには、フィードバックを提供するためのリンクが含まれていましたが、新しいサイトを訪問した人々は、自分たちが実験群の一部であることに気づいていませんでした（**図7-1**を参照）。

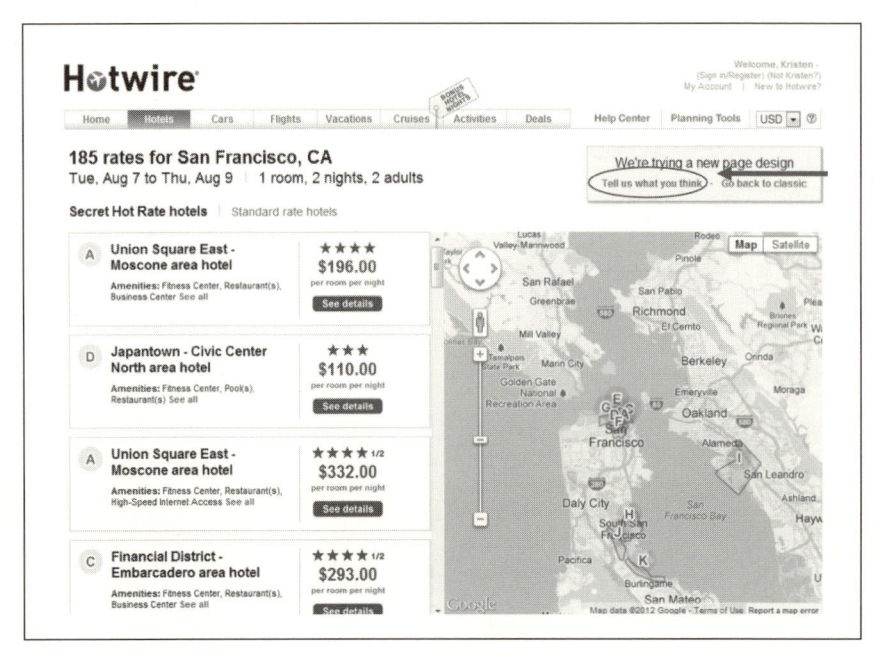

図7-1 HotwireのMVPのバージョン1は多くの機能を欠いていたが、地図ベースの検索結果がより良い顧客体験を提供し、最終的には有益になり得るという仮説を検証した

　MVPの最初のバージョンには、Hotwire.comを訪問するユーザーの1%のみをリダイレクトさせることにしました。「このようなサイトをリリースするのは、間違いなくわたしたちにとって、安全地帯の外に出ることでした。わたしたちは念のために、いざというときに数時間以内にこのサイトを閉鎖できる機能を組み込んでいました」（ミレンダ）。

MVPのイテレーション

　この実験的なHotwireサイトに対する顧客のフィードバックは、ほとんどネガティブなものでした。ただし、その内容は、並べ替えやフィルター機能が欠けているというものであり、画面の中央に大きな地図があることではありませんでした。そして、それでも顧客はまだホテルを予約してくれたのです！　地図への関与が増加し、実験群の顧客転換率は実サイトに比べて17%下がっただけした。最適化がまったくなされていない、機能不足のMVPとしては悪くない数字です。

課題解決のために MVP を修正する

チームは、次のイテレーションを開始できるだけのデータを得るとすぐに、1%の実験的な MVP を閉鎖し、次の最大の課題を解決するために、並べ替えとフィルター機能の実装を開始しました。各機能を実装したサイトを連続してリリースし、パフォーマンスが向上すると、チームは実験群の規模を大きくすることで、より迅速に結果を得ることができるようになりました。

それにもかかわらず、ミレンダとシュルツは社内の説得に少々苦戦しました。ミレンダは述べています。「リーン手法を実践した最初のチームとして、わたしたちはあらゆる問題にぶち当たりました。ミスをするつど、次回にしてはならないことを明らかにするために検証を行ないました。しかし、社内の人はそのようなことに慣れていませんでした。彼／彼女らは、顧客が不満を言うことに慣れていませんでした。たとえそれが、全体的なサイト利用には影響を与えないものだとしても」。シュルツも同意します。「（リーン手法を採用する）メリットは、幅広く共有して、その価値が理解されるようにしなければなりません」。

勢いを増す新サイト

次第に、新しい Hotwire サイトを見たことがある人の割合は 50% に達し、パフォーマンスは本サイトと同等のレベルに追いつきました。

Hotwire は現在、米国と国外のオーディエンスに向けて、地図ベースの検索結果が表示される新しいサイトを提供しています。チームが最適化を続けた結果、顧客転換率は増加し続けました。Hotwire はエクスペディアの子会社として 2012 年には 40 億ドルを売り上げました。

7.7.2 使用例

シングルユースケース MVP では、1 つのソリューション・エリアに集中します。このことは、迅速な開発が可能になるだけではなく、見込み客への説明も簡単になります。たった 1 つのことに焦点を絞っているために、新しい製品やソリューションを試みることへの内部的な摩擦も少なくて済みます。

シングルユースケース MVP は、以下のような状況に適しています。

- 方向転換やスピンオフ製品の検証を必要とする既存の製品や会社。

- 大規模、複雑、高価な製品が支配的である市場に参入しようとしているとき。

- 自社製品によって顧客に最大の価値を与えるにはどうすれば良いかを検証するとき。

7.8　他社製品 MVP

　他社製品 MVP とは、アイデアの検証のために、既存の製品やサービスの一部を使用することを指します。顧客にソリューションを提供する際に、競合他社のツールやインフラストラクチャを手作業で使用するという、オズの魔法使い MVP の変化形になることもあります。迅速にソリューションを開発するために、既存の API やフレームワークを使用することもあります。

　他社製品 MVP の最大の特徴は、迅速な学習とアイデア検証の手段として、すでに課題を解決している競合他社の製品やサービスを使う点です。

　たとえば、タクシー業界の課題のいくつかを解決したい場合、自分で UberX のドライバーとしてサインアップしてみるのです。そうすることで、あなたは競合他社のために時間を費やすだけではなく、その売上に貢献することもできます！ その代わりに、短期間でサービスのどの側面が重要なのかを学ぶことができ、差別化の機会を見つけるために顧客と話をすることもできます。既存製品のマーケティングやインフラに頼ることで、学習コストを大幅に削減できます。

7.8.1　ケーススタディ：Bing Offers

　「午後4時。店内には客はほとんどいません。『マーチャント』としてサイトに登録している店主は、この時間を無駄にすまいと電話を取りだし、『ディール』（割引クーポン）を作成してサイトに投稿します。その店の前を歩いているあなたは、ディールに気づくことができます」。

　これが、エンジニアのガイ・シャヒーンたちが、地元の広告スペース向けに Bing が提供できるかもしれないと考えたサービスの1つでした。

　チームは、リアルタイムでの取引を提供するプラットフォームを構築するというビジョンを持っていました。しかし、Bing Offers のチームは、アプリの開発を開始するとすぐに、障害に突き当たりました。「店主は、ユーザーがいるのを確認するまでそれを使おうとしませんでした。しかしユーザーも、店主が参加していない限り、情報取得のためのアプリをインストールしようとしなかったのです」（シャヒーン）。

障害物がピボットを導く

　この認識は、チームで初めてのピボットにつながりました。チームは、マーチャントにディールを促すことに投資をするのではなく、LivingSocial や Yelp、Amazon Local などの競合他社のディールに便乗したのです。

　「このときのピッチは簡単でした。わたしたちはただこう言っただけです。『御社のディールを、より多くの人の目にさらすことができます』」（シャヒーン）。

　これにより Bing Offers のチームは、数ヵ月どころか数週間のうちに、実際の顧客とのサービスのテストを開始することができました。

顧客が取引を簡単にできるようにする機会

　「顧客は、わたしたちによって他の取引サイトにリダイレクトされたことで混乱しました。そして、Groupon などの他のサービスを使ったときに体験した問題について不満を述べました。ディールを購入したが、そのことを忘れてしまい期限切れにしてしまった、デートのときにクーポンをウェイターに差し出すのが恥ずかしかった、情報を探すために毎日サイトをチェックするのは面倒だ、などです。そしてわたしたちは、顧客のクレジットカードに取引の情報をリンクすることにより、優れた顧客体験を提供できることに気づきました」。

　Microsoft で何年も働いた経験のあるシャヒーンたちにとって、リーンアプローチを採用するのは新鮮でした。「わたしたちには強力な製品ビジョンがありましたが、6ヵ月先までの詳細が決まっている計画はありませんでした。わたしたちは 2 週間のスプリントですべてを行ない、2 回以上先のスプリントは計画しませんでした」。これによって、チームはアプリを試した顧客からのフィードバックにもとづいてイテレーションを行なうことができました。たとえば、人々は自動割引を有効にするためにクレジットカード番号の入力を促されると、躊躇していました。「人々は、番号を入力すると、クレジットカードに何らかの料金を請求されてしまうのではないかと考え、設定を途中で止めていたのです」。このことに気づいたチームは、ホームページを即座に変更し、クレジットカード番号は割引処理のためだけに使われるもので、一切の請求はされないことを明記しました。

顧客から学び続ける

　チームはアプリやサービスを開発しながら、さまざまな方法（Omniture や Crazy Egg などの分析ツール、UserVoice などのフィードバックツール、ハンズオンの観

察など）を用いて、顧客から学ぶことを続けました。

「現在では、週末にコーヒーショップに行き、人々に Bing Offers を自由に操作してもらい、そのフィードバックを月曜日にオフィスに持ち帰って、数日以内に微調整することができます。これは、大勢の設計アーキテクトが何年もかかって設計のレビューをしてから、ようやく開発にゴーサインを出すような、ウォーターフォール式の開発手法からの大きな変化です。それでもこれまでのところ、わたしは（Microsoft でリーン手法を採用することについて）支持を得ています。この手法を採用することで、多くを学べるようになり、仕事ももっと楽しくなりました」（シャヒーン）。

7.8.2　使用例

他社製品 MVP では、競合他社のリソースを基礎的な道具にすることで、迅速な学習と検証が可能になります。これによって投資すべき時間とリソースを減らせるだけでなく、競合についての詳細を学び、競合に対抗するための自社の利点を明らかにすることもできます。

他社製品 MVP は、以下のような状況で効果的です。

- 競合他社によってすでに確立された市場に参入する場合。

- 流通の予測が困難なソリューション。

- チームのエンジニアリングリソースが限られている場合。

7.9　MVP を作成した後に、どうすれば良いか？

この章の冒頭では、最大の危険因子を明確化することの重要性について説明しました。あなたが、流通や顧客価値、ビジネスモデル、機能性についてのもっとも差し迫った疑問への答えを導くのに役立つ MVP を作成したとします。

しかし、顧客が実際に MVP を使い始めると、少なくともいくつかの想定は打ち砕かれます。機能は気に入ったが価格に尻込みする顧客や、価値提案に納得しない顧客が出てくるはずです。しかし、良い側面もあります。それはほぼ確実に、今までよりも市場や製品について詳しく理解できるようになっていることです。

新しい知識を武器にして、再び仮説を検討してみましょう。どの仮説が正しく、どれが間違っていたでしょうか？　仮説が間違っていた場合、その理由を示す情報は得

られているでしょうか？　更新された新しい情報にもとづくことで、より確かな仮説を立てることができるようになります。

　オーディエンスの種類を変えて、顧客インタビューを実施することもあります。別のMVPを考案して、ビジネスの他の側面について学ぶことが適切な場合もあります。

　残念ながら、「はい、MVPは仮説を検証しました。製品は間違いなく成功します」と「いいえ、MVPは仮説を検証できませんでした。振り出しに戻ってください」を区別する、明確な境界線はありません。それは1つの大きなグレーエリアであり、あなたはそこで、自分が正しい方向に進んでいることを示す証拠をひとつ1つ得ていくしかないのです。

　顧客開発には、完全に停止すべき地点もありません。大きな不可逆的決定（「サービスの開発を決めた」「技術者を1人雇った」「それまでの仕事を辞めた」）を行なった後でも、継続的な学習と検証からメリットを得ることができます。

　次の章では、すでに製品を開発し、収益を得、顧客との関係を構築した後で、顧客開発を使用する方法についてお話しします。

この章のまとめ

- MVPを開発するときは「顧客は製品から得る価値をどのように測定するか」を考える。

- 「最小限」を順守する。すべての機能を含めようとしない。

- プレオーダーMVPでは、何らかの方法で顧客にMVPに支払いをさせる。支払いは「誓約」「事前注文」「基本合意書」「パイロットプログラム」などの形態を取る。どれが効果的かを明らかにするためにいくつか試してみること。

- オーディエンス開発MVPは、市場の開発を支援する。

- コンシェルジュMVPとオズの魔法使いMVPでは、市場があることを

検証するために、手作業で課題を解決する。

- シングルユースケース MVP は、顧客の課題の一部を解決したり、単一の機能に焦点を当てる。

- 他社製品 MVP は、他者のアイデアを活用して、顧客の需要があるかを検証する。

8章
既存顧客がいる場合の顧客開発

医療業界では、18ヵ月に及ぶ長い販売サイクルで物事が進む。医師には絶対にミスが許されない。そして自分自身の希望さえ明確に表現できない。医師と一緒にイテレーションをする場合は、要求される完璧さに応えなくてはならない。

——ヘンリー・ウェイ、Aetna クリニカル・イノベーション
シニアメディカルディレクター

持続可能な唯一の競争優位は、競合よりも早く学ぶことだろう。

——アリエ・デゲス、シェルオイル戦略計画グループ元責任者

大企業で既存顧客を相手にしている読者なら次のように考えているでしょう。「この本で書かれているような手法は自分には使えない。推測にもとづいた情報を顧客に話すわけにはいかない。うっかり新しいアイデアの話なんかしたら、そのアイデアが製品の方向性だと見なされてしまう。製品を明日にでも買いたいと言いだすかもしれないし、新たな方向性を気に入らなければ怒り出すかもしれない。いくつも質問をすることで、貴重な顧客の時間を潰すことなんてできない。相手に見せるものが何もない状態ならなおさらとんでもない」。

それはその通りで、大企業ではスタートアップと同じようには顧客開発を実践できません。GEやMicrosoft、Aetna、Intuit、米国政府と同じようにやり方を調整する必要があります。

新たな顧客層を相手にしている読者や小規模なスタートアップの読者はこの章は流し読みして、会社が成長した後であらためて読み返してもかまいません。この章で説明する技法はかなり保守的なため、1章から7章（及び付録）で説明したインタビューや分析手法のような迅速な学習とリスク削減は期待できません。

本章では、融通が効かず制約も多く、お金を払っていることで既に高い期待値が設定されている顧客に対しても顧客開発を効果的に実践できるようにするための顧客開発手法の適合方法を学びます。また適切な期待値の設定や、バイアスを低減させる方法についても見ていきます。以下を含む、ターゲットを絞った戦術についても説明します。

- 実用最小限の製品（MVP）の概念を適合させる。

- 適切なインタビュー相手を発見する。

- 既存プロセスを妨げずに、新製品を導入する。

- 顧客の具体的な製品の使い方を学習する。

この章を読み終えれば、自分の会社でもリスクを最小限に抑え、学習を最大限に高めながら顧客開発を実践するにはどうすれば良いかがはっきりとわかるようになります。

8.1 MVPの概念を適合させる

　小規模なスタートアップでなら効果的なことも大企業では機能しないことがあります。スタートアップに関するブログを読んでいてTripAdvisorのCMOバーバラ・メッシングが用いている手法を知った人もいるでしょう。メッシングは旅行パッケージへの消費者の関心を評価する際にTripAdvisorのサイトに広告バナーを投稿します。サイトの訪問者があまりそのバナーをクリックしなければ、この旅行パッケージを推進する価値はないと見なします。広告バナーがクリックされた場合は「404」（Not Found）エラーを表示させます。広告バナーをクリックする人が十分に多ければ、その旅行パッケージを実際に商品化します[†]。これは、顧客の需要を評価するための効果的かつ低コストの方法です。でも自社のサイトでこれと同じようなことはしたくないと感じるのはあなただけではありません。

8.1.1 欠陥のあるものを提示しない

　実際には機能しない仕様を追加すると製品やウェブサイトが使いにくくなり、ユーザーに与える価値も低下します。製品の信頼性を評価する顧客は、切れたリンクや行き止まりがあれば「この製品の他の部分も信頼できるわけがない」と考えるでしょう。

　数年前、わたしは自分がデザイン変更を助言した金融サービス向けアプリケーションを対象にしてユーザービリティテストを行なっていました。被験者の反応は期待に反してサッパリで、その理由もわかりませんでした。ある被験者はサイトを見るなりこう言いました。「わたしならこのサイトを使いませんね」。

　いったいどうしたというのでしょう？

　彼は画面の下を指差して言いました。「プライバシーのリンクがないからです」。

　わたしは「この人はプライバシーを極端に気にする人なのかな」と疑問を抱きながら尋ねました。「ウェブサイトを使う前にプライバシーポリシーを読むのはそれほど重要なことなのですか？」。

　彼は困惑した様子で答えました。「わたしの知る限り銀行のウェブサイトにはみんな、下の方に錠の形をした小さな画像とプライバシーポリシーのリンクが掲載されています。それがなければ、誰もそのサイトを使わないと思いますよ」。

　信頼性のシンボルになっている小さな画像やリンクをうっかり省略してしまったことで、製品への顧客の信頼を損なってしまったのです。わたしは次の被験者が来る前

[†] http://blogs.hbr.org/cs/2013/03/four_ways_to_market_like_a_sta.html

に錠の画像とダミーのプライバシーポリシーリンクを追加しました。それ以降、被験者のフィードバックがネガティブなものからポジティブなものに変わりました。

単独で動作するデモの場合でも、厳しい基準を求める顧客に対処しなければならない場合があります。わたしは、PowerPoint スライドに1点のタイプミスを見つけただけで激昂する幹部を見たことがあります。スタートアップの世界ではよく「最初のバージョンで恥ずかしい思いをしなかったのなら、それはリリースに時間をかけ過ぎた証拠だ」という言葉を耳にします。しかし大企業の世界では、最初のバージョンで恥ずかしい思いをすれば、次のバージョンを提示するチャンスは得られないのです。十分な時間をかけてスペルチェックし、リンクが切れていないことを確認し、見栄えを良くしましょう。

8.1.2　魅力的だがフェイク

一方、デモやプロトタイプの見栄えがあまりにも良いと、顧客にすでにその製品が完成している（あるいは開発過程にある）と錯覚されるリスクが生じます。こうなると「その新しいバージョンが出るまで、購入やアップグレードを控えよう」と思われてしまう可能性があります。その後で仮説が棄却され製品や機能を開発しないと決めた場合、顧客をがっかりさせて怒らせてしまうことになりかねません。

スケッチを使う

あなたが「これは顧客が望むものを見つけるための調査であって、製品の方向性を示すものではありません」と説明し、「今、提示しているのは、今後変更される可能性があります」と繰り返しても、人の心理として経験したことを完全に頭から消し去ることは容易ではありません。このような事態を避けるために有効なのが、見映えは良いが明らかにフェイクとわかるものを作るという方法です。Balsamiq のようなアプリケーションを使えば一貫性と明瞭さによって本物らしさは感じさせつつもアニメーションで表現しているので明らかに実物ではないとわかるスケッチを作成できます。誰も Balsamiq で作ったモックアップ（図 8-1）を完成製品だとは思いません。

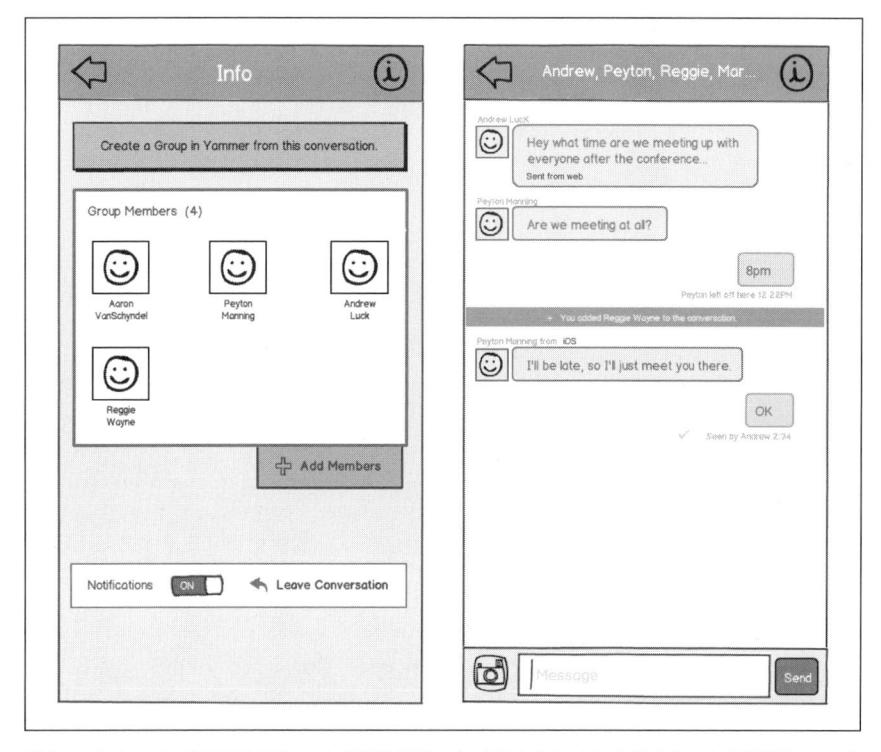

8.1 MVPの概念を適合させる | **187**

図 8-1 Balsamiq のワイヤフレームは実物に近いレイアウトとインタラクションを表現しつつも完成版ではないことをはっきりと示せる

別のドメインを使う

リアルな画像を表示する必要がある場合は、別のドメイン名やブランド名を使うのも良いでしょう。偽のドメインは、自社のデザインに誤解されない限りエレガントで見映えの良いものにしてもかまいません。Yodlee と KISSmetrics でも、実際の製品の開発にコミットする前に別のドメインでプロトタイプをテストしていました。

8.1.3 最小限より実用性を優先

既存顧客を持つ企業は、スタートアップとは異なる方法で MVP を定義する必要があります。

Aetna では製品開発では「販売可能な最小限の製品」（minimum sellable

product）という用語を使っていました。Yammer では、「実用性」を重視していました。顧客に一通りの体験をさせるために、「最小限」の定義をいくらか越えることがあってもかまいません（ときにはそれが必要になる場合もあります）。

スタートアップとは異なる

　スタートアップにとって MVP とは、顧客に非ニュートラルな反応をしてもらうための最小限の製品です。新しい会社は既存企業とは異なるリスクに直面しています。スティーブン・ブランクは「スタートアップには最初は顧客がいない。スタートアップとは思い込みから始まった、創業者の信念だけが頼りのイニシアチブなのだ」と述べています[†]。ですから、スタートアップが克服すべき最初のリスクは「このアイデアに誰か反応してくれるだろうか？」ということになります。スタートアップは、ユーザーがリンクをクリックするかどうか、ページを下にスクロールするかどうかといった小さなことすら、確実とは見なせないのです。

　TripAdvisor の例では、それはサイト訪問者がバナー広告をクリックするかしないかでした。クリックされないというのがニュートラルな反応です。人々には製品の存在に気づくだけの興味がないということです。クリックされたからといって多くを知ることまではできませんが、人々が製品になんとなく興味を持っている、とか広告に気づいたとかいったことくらいはわかります。その人がクレジットカードをスワイプして旅行パッケージを予約してくれるかどうかまではわかりませんが（図 8-2）。

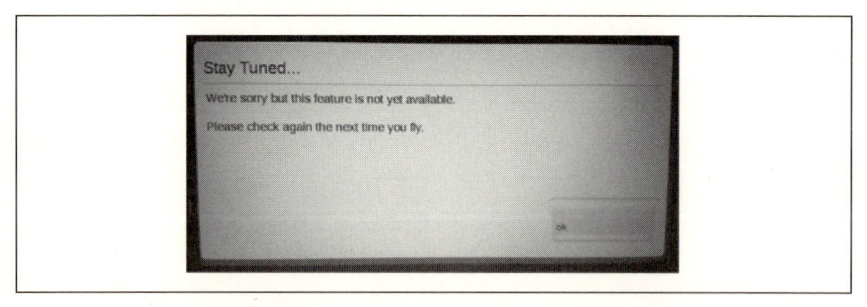

図 8-2　ヴァージンアメリカの機内エンターテインメントコンソールで Read ボタンを押したときに表示された画面。残念ながらヴァージンとして顧客がひそかに本を待ち望んでいたのか、単に退屈してボタンを押したのかまではわからない

[†]　http://steveblank.com/2012/05/14/9-deadliest-start-up-sins/

製品に興味を持つ人がいるのはわかっている

既存の製品と顧客がある場合は、「この製品に興味を持つ人はいるだろうか？」というリスクは一定以下に抑えられているので、顧客が少しは製品に興味を持っていることを安んじて想定できます。この場合、MVPは、より多くを学ぶための手段となります。

Yammer（現在はMicrosoftに吸収）では、MVPを「ユーザーに価値を提供し、かつ当該の文脈でのユーザーの振る舞いを学習するために開発が必要な、最小限の製品」と定義しています。「実用最小限の機能」は、顧客が作業を1つ行なえる機能と定義しています。アナリティクス機能を使って「顧客が作業を繰り返すか」を測定したり、定性的なユーザーリサーチを使ったりして「顧客がその作業をどのように感じたか」を学ぶことができます。成功するアプローチではたいていこの2つを組み合わせているのです。

YammerではうまくいくMVPとは次のような結論を導けるものだというのが共通認識でした。「このアイデアには労力を追加投資する価値がある。これがその理由だ」（または「このアイデアは、これ以上追求する価値はない。これがその理由だ」）。

最小限をわずかに越える――ユーザーは不満を言うが、失望までは感じない

顧客が失望を感じているのなら、十分なMVPではありません。一方、顧客が不満を口にしているのなら、良いことです。

> 不満は、関心の表れです。顧客はMVPを使った体験に価値を見いだしており、それを使い続けたいからこそ、改善を望んでいるのです。

最小限に留められない人に注意する

プロダクトマネージャーやデザイナーが、「でも、もし――だったら？」という発想で機能を追加し始めたら、間違いなく最小限を超えています。一般的にリーンスタートアップの原則に慣れていないプロダクトマネージャーやデザイナーは、機能を最小限に留めるのに苦労するものです。開発者たちは、完全な製品を設計するのに慣れているので、最小限のバージョンを快適に感じません。厳密には、最小限のバージョンを快適に感じる人など誰もいないのは当然ですが。

「最小限の機能」と「完全な機能」を慎重に区別したケースを紹介しましょう。Yammer で軽量の共同編集機能を導入したとき、フル機能を実装する前に 2 つの疑問を解消する必要があると考えていました。「人々はその機能を使用するか？」と「共同編集の体験は快適さと価値を提供するか？」という疑問です。

　これらの疑問を解消するために以下の主要タスクをこなせる一連の機能を提供する必要がありました。

- 文書を作成する。

- 文書を編集する。

- 文書の共同編集に他者を招待する。

- 編集作業を人によって区別する。

- 変更を保存する。

それ以外の機能は最初のバージョンからは落としました。削除機能はなく、バージョン管理機能も、文書の共有機能や電子メールでの送信機能もありませんでした。
　それは快適とはいえないリリースでした。誰も「メモを作成できるが、それを削除できない」ことに納得していませんでしたが「最大のリスクは誰も共同編集機能を使用しないことだ」と認識していました。文書の共同編集機能を使わなければ、削除や共有をする文書もありません。削除機能が欠けているのは苛立たしいものだとわかっていますがユーザーがそのことに気づくのは、あくまでもその機能を使ったときだけです。
　「共有」や「削除」は機能を充実させるために追加する必要はありましたが、そもそもの価値提案を検証する機能ではないので、そうした副次的用途の開発は基本ニーズを検証した後にまわしたのです。

MVPへのよくある反論

　Microsoft内部のさまざまなチームでMVP構築の実例が増えるにつれて、わたしは多くの反論にあうようになりました。一般的な反論とその答えを紹介します。

反論：わたしたちに対する顧客の期待は大きいのでMVPでは不十分だ。
答え：MVPは、欠陥のある体験を提供するものではありません。MVPのデザインと機能性の質は高くても良いのです。ただ、サポートする用途が限られているだけです。MVPが顧客に価値を提供していることがわかり、仮説が検証された後で機能を追加して価値を高めれば良いのです。仮説が正しくなかったとしても、それを大量の機能を作った後ではなく、一部の機能を作った後に気づくことができるのです。
　わたしはMicrosoftの社内チームと話をするときは「実用最小限の製品」という言葉を使うのをやめました。MVPが「基準以下」という意味ではないことを説明するのに時間がかかり過ぎたからです。代わりにわたしは「仮説検証志向の開発手法」と説明し、製品の品質よりもアイデアの検証に主眼を置いた手法であると伝えたのです[†]。

反論：すべてのプラットフォームを網羅的にサポートしなければならない。
答え：AndroidのみでMVPを開発し、誰もそれを使わなかった場合、この役に立たない機能をiOSやWindows Phone、MacOS、Windows8で開発しなかったことを後悔するでしょうか？ MVPによる機能のテストがポジティブなものならすぐに他プラットフォームでのサポートに向けた開発に取り組めます。

反論：何百万人ものユーザーに提供しなければならない。
答え：製品の検証で対象にするのは顧客のごく一部です。製品にアクセスす

[†] 本書の著者シンディ・アルバレスと、プリンシパル・プログラムマネージャーのイサン・グルシュは、2013年の「リーンスタートアップ・カンファレンス」で、Microsoftにおけるリーンの原則の取り組みについて講演をしました。http://www.youtube.com/watch?v=nD-JLrza1KU

るのはせいぜい数千人なので、その数に対応できる性能があれば十分です。顧客が購入しないかもしれない製品に過剰な機能を持たせるのはエンジニアリングリソースの無駄遣いです。顧客需要があると検証したときに、製品の性能を高めて、顧客基盤全体がアクセスできるようにすれば良いのです。

反論：機能が部分的にしか使えないなら顧客を満足させることはできない。
答え：MVPをもって開発完了というわけではありません。最小限の時間の投資によって最大の価値を提供するにはどうすれば良いかという観点で考えています。「顧客に多く使われている機能はないか？」「他の機能が一週間に1回以下しか使われていない一方、毎日使われている機能はあるか？」。最優先の機能から着手することで、学習とアイデアの検証を迅速に行なえます。顧客が不足している機能の実装を要求してきたら、その要求を以降に開発する機能の優先順位付けに使えば良いのです。

反論：設計に一貫性を欠くことは許容できない。
答え：設計の一貫性を維持するのは、逆に高いリスクを生じさせます。製品提供に時間がかかったり、使用感を損ないうる上に、お金もかかる製品全体の再設計につながったりするからです。新機能よりも設計変更を優先させるのは困難でもあります。小さな設計変更が、顧客の製品使用に役立つことをはっきりと示している場合は、製品の他の部分の設計改善を主張しやすくなります。

　わたしの経験では、反論に対してこのように答えていくことは、社内での対話を続けるのに役立ちますが、製品開発チームが完璧に納得してMVPを開発できるようになると保証するものではありません。
　大企業では、顧客開発の妨げとなる障害をすべて克服するのはきわめて難しいことです。それでも、小さな成功を積み重ねることで、次のプロジェクトチームに、この開発手法がリスクの軽減とより良い製品の開発に役立つという証拠を示すことはできます。

8.2 適切な顧客を見つける

3章にエバンジェリストユーザーの話がでてきました。エバンジェリストユーザーは、切実な課題を抱えていて、最低限の機能しかない製品を積極的に試し、フィードバックを与えてくれます。スタートアップが最初に製品を軌道に乗せようとするときに大きな助けになってくれますが、それ以降ももっとも貴重な顧客であり続けるとは限りません。製品や顧客を得た後に、あなたにとってもっとも価値の高い、熱心な顧客が誰であるかを見直すことはきわめて重要です。

では、そのような「最高の顧客」とは誰なのでしょうか？「もっとも初期に製品を採用してくれた顧客」「もっとも売上に貢献してくれている顧客」「決して不満を言わない顧客」「影響力と知名度がもっとも高い企業」などを思い浮かべた人もいるかもしれません。しかし、これらは「最高」の顧客を見つけ出す正しい考え方ではありません（これは、顧客開発をしていない企業を含む、あらゆる企業に当てはまります）[†]。

8.2.1 不適切な顧客を通じて適切な顧客を知る

適切な顧客がいかに重要か。わたしが「間違った」顧客を選んでしまったがために何が起きたかというわたしの体験を通じて説明しましょう。

わたしは Yodlee にいた頃、新製品のアイデアのデモを保守的な顧客に見せるというミスを犯しました。わたしがそのときに考えたことは「ありがちな誤解にもとづいていた」という好例なので、細かく書き出してみます。

> 相手は名の知れた企業だ。この顧客のニーズを満たし、そのフィードバックを製品に取り入れれば強力な宣伝になり、他の企業も呼び込める。相手はなかなかアップグレードしてくれないが、それはわたしたちが相手を満足させられなかったからだ。わたしたちの思考がどう進化したかを見せればヤツら満足させられるにちがいない！

このデモはうまくいきませんでした。顧客がその新しいアイデアを受け入れること

[†] わたしは自分のウェブサイトで一見すると最高と思える顧客が実際にはそうでない理由や、互恵的な顧客はどのように見えるかについてのさらに詳しい説明をしています。http://www.cindyalvarez.com/decisionmaking/your-bestcustomers

に大きな抵抗を示したので、有益な反応を得ることはできませんでした。顧客との関係への影響はさらに悪いものでした。顧客は、それまで使用し役に立っていた製品からわたしたちが撤退しようとしていると恐れてしまったのです。わたしたちが他の方向にイノベーションのエネルギーを向けてしまい、置き去りにされた製品を抱えて立ち往生してしまうのではないかと不安になったのです。わたしたちは顧客が抱いたネガティブな印象を回復させるために多くの時間を費やさなくてはならなくなりました。

　その後で、効果的であることがわかったのは、自社のアカウントマネージャーと協力して「どの顧客が変化に慣れているか？」「どの顧客が積極的な関わりを示してくるか（それが不満であっても）？」「どの顧客が将来の製品の方向性について頻繁に尋ねてくるか？」を明らかにすることでした。わたしはこれらの顧客にアプローチし、自分たちが新たな方向性を模索していること、顧客から多くを学びたいと思っていることを説明しました。

　これと同じ方法を採用しているのが、定期購読課金機能のプロバイダーである**Recurly**です。同社はカスタマーサポートチームのインサイトを活用しています。「カスタマーサポートの人は、ベータ版の製品を受け入れやすい顧客や、特定の機能に興味を持っている顧客を知っています。そのため、わたしたちはこれらの顧客に対して、初期のプロトタイプを提示したり、顧客が現行製品をどのように使っているかを観察できるのです」。

8.2.2　製品がなくては生きていけない人を見つける

　現時点の関係にもとづいて顧客を選ぶことは、会社の規模やブランドに頼るより適切です。しかし、顧客との既存の関係の質は、あなたが「正しい顧客」を選ぶ基準として最適とは言えません。またこれは、多くの製品やサービスに当てはまりません（大量生産型の製品や、営業部隊が少なくても成り立つサービス、消費者向けソフトウェア、顧客との定期的なコミュニケーションチャネルのない他の多くの事業など）。

　あなたにとっての最高の顧客とは、「製品から最大の価値を得ている人たち」です。Qualaroo CEOのショーン・エリスが、自社製品のもっとも熱心なユーザーを明らかにする質問を作成しています。あなたも、http://www.survey.io を使って、8つの質問から成る自社向けの質問を無料で作成できます。もっとも重要な質問は、「もしこの製品を使えなくなったら、どのように感じますか？」であることに注意しま

しょう（図 8-3 を参照）[†]。

```
How would you feel if you could no longer use Lean Customer
Development?
○ Very disappointed
○ Somewhat disappointed
○ Not disappointed (it really isn't that useful)
○ N/A - I no longer use Lean Customer Development

Please help us understand why you selected this answer.
```

図 8-3　「製品を使えなくなったらどれくらい失望するか」を尋ねる質問（ショーン・エリスの顧客開発調査。http://www.survey.io）

　この問いに対して「とても失望する」と答える顧客を探すのです。こういう人こそ、あなたがつきあって学ぶべき顧客です。

　あなたの製品に対してもっとも熱心で、あなたのことを単なるベンダーではなく、パートナーのようにとらえる顧客もいます（それはエンタープライズ製品だけに限定されません。近所の肉屋やお気に入りの栄養ドリンク、優れた音楽検索サービスを熱心に勧めてくる友人を思い浮かべてみましょう）。

　Yammer では、データを使って「もっとも熱心なユーザー」を特定しています。アナリティクスチームは、サイトに繰り返しアクセスして積極的に参加をするユーザーの上位 1% と上位 10% をセグメント化します。ユーザーリサーチチームはこれらのユーザー層を対象にしたサンプル調査を行ない、ネットプロモータースコア[‡]を収集します。また、インタビューによって「Yammer の使用方法」「作業環境」

[†] わたしの経験では「もしこの製品を使えなくなったらどれくらい落胆しますか？」と尋ねる方が、同じ質問をポジティブな枠組みで尋ねたとき（「あなたはこの製品にどれくらい満足していますか？」「あなたはこの製品をどのように評価しますか？」）よりも、はるかに効果的なものになります。これは「損失回避性」と呼ばれる現象のせいと考えています。「損失回避性とはわたしたちが自分のものと感じているもの（たとえばお金）を失うことで生じる惨めな気持ちは、同じもの（同額のお金）を手にすることで得られる幸福感を上回る傾向を指します。Dan Ariely、The Upside of Irrationality: The Unexpected Benefits of Defying Logic at Work and at Home, p.42

[‡] ネットプロモータースコアとは「友人や同僚に当社または当社の製品／サービスをどの程度勧めるか？」という質問にもとづく顧客の忠実度を示す指標です。このスコアは 0〜10 の尺度で現されポジティブな評価（9〜10 点）をした人数からネガティブな評価（6 以下）をした人数を差し引くことで表します。

「Yammerがどのように役立っているか」などを学ぶのです。

> ### 最高の顧客は劇的な変化を嫌う
>
> あなたが既存製品を変更して新しい方向に導こうとしているとします。
> 既存製品とは違う方法で機能する、飛躍的に優れた価値を提供する新製品をリリースしようとしています。
> こういうときは、まず何年も製品を使い続けてきた忠実な「最高の顧客」にアプローチしようとするのではないでしょうか。こうした顧客以上に、課題が生じる状況を理解している人がいるとは思わないからです。
> この考えは、正しいと同時に間違ってもいます。長年製品を使い続けてきた顧客は、客観的な質問に答えたり、参照情報を提供したり、他の見込み客を親切に紹介してくれたりする点では非常に優れています。しかし、その種の経験やニーズは新規／メインストリームの顧客とは大幅に異なっているのです。
> こうした顧客は、すでに製品に習熟するのに多大な労力を費やしているので、製品に欠点があっても、回避策を編み出し、現行製品を中心にしたプロセスを構築しています。そのため製品に忠実な顧客は、製品が劇的に変化するのを非常に嫌います。
> ハーバードビジネススクールのジョン・ガウヴィレ教授（マーケティング）の文章を紹介しましょう。
>
> 1888年、革新的なカメラを開発したジョージ・イーストマンは、彼の最初のコダックカメラのユーザーであったプロの写真家や本格的なアマチュア写真家ではなく、同社の製品を初めて買う人たちに向けてそれを売りだした。彼は既存ユーザーの間で定着したものとは違う、新規ユーザーによるカメラの新しい使い方を奨励したのだ。その結果、プロの写真家や本格派のアマチュアは、イーストマンが売りだしたカメラに憤慨した。自分たちは苦労して、なんとかやっていく技術を身につけたのに、（使いやすさ、利便性な

> ど）が補われてしまったら、自分たちのステータスであるメリット（特権性
> や高級感）は失われてしまうからだ。

　これは150年前に、すでに顧客開発のテクニックが実践されていた証拠です。

　もちろん、コダックを例に使ったのは偶然ではありません。コダックは幸先の良い始まり方をしたにもかかわらず、過去数十年に渡って自滅的な道のりを歩みました。1975年、コダックの技術者スティーブン・サスンが最初のデジタルカメラを発明しましたが、収益性の高いフィルムカメラ事業を中断してまでこの新技術を追求しようとはしませんでした。コダックは結局、2012年に破産手続きを申請するにいたりました[†]。

8.3　顧客の言葉こそ売り込みに効く

　熱狂的な顧客の言葉には、他の顧客も敏感に反応するものです。顧客が使う言葉は、マーケティングチームが使う言葉と異なります。顧客は機能についての話はしません。顧客は、製品によって得ているメリットや、製品を使うときの感情、その製品が何を置き換えたか、製品を使うことで生活や仕事がどう変わったかについて話をするのです。こうした言葉は他の顧客に心地良く聞こえます。

　Leancampの創設者サル・ヴィラーニは、顧客に次の3つの重要な質問をします。

- あなたは、わたしたちの製品を他の人に勧めますか？

- 勧める場合、その相手は誰ですか？

- その相手に話している状況を想像してください。あなたは製品をどのように説明していますか？

[†] コダックはデジタルカメラ技術を事業化しなかっただけでなく、消費者が写真をインタラクティブに楽しみたいという要求やそのための技術、自らを取り巻く競争環境についても大きな誤解をしていた点において、まさに顧客開発を全社で実践すべきだったのかもしれません。http://mashable.com/2012/01/20/kodak-digital-missteps/

カギは2番目の質問です。これらの顧客が、あなたが想定しているターゲット顧客とは異なる種類の顧客に製品を勧めると言う場合、その食い違いがなぜ違いが生じたのかを明らかにしなければなりません。また「誰かに製品について話す」という点を強調することで、顧客は肩の力を抜いて気楽に質問に答えることができます。

ヴィラーニはこう述べています。「わたしはこうした熱心な顧客の言葉を、そのまま広告の本文や見出し、コピーに転用するのですが、そのおかげで顧客転換率が大きく向上します[†]」。

真のカスタマーインテリジェンス

顧客自身が製品について話すときに選ぶ言葉は、製品の販売に役立つ。

顧客が言及した（しなかった）機能は、将来の製品開発での優先順位付けに役立つ。

このために正式な調査をする必要はなく、顧客と話をしたとき、最後に「あなたはこの製品のことをどのように説明しますか？」と尋ねればいいのです。わたしは販売デモ、カスタマーサポートの電子メール、ユーザービリティテストの最後にこの質問をしています。カンファレンスで自社製品の顧客に会ったときや、現実の場面で製品を使っている顧客を見つけたときに尋ねても良いでしょう。わたしは、採用面接でもこの質問をしたことがあります！（顧客との日常的なやりとりのなかに顧客開発を小さく織り交ぜていく方法については、9章で詳しく説明します）。

8.3.1　顧客を観察することで市場リスクを低減させる

製品にとっての最大のリスクは、製品のできが悪いことではなく、顧客に「使ってみよう」と思わせるだけの興味をもってもらえないことです。

製品を使わなければ、顧客はそこから価値を得ることはできません。世の中には、数多の製品がひしめき合っているので、あなたの製品に顧客の注意を向けさせることは至難の業です。あなたの製品は最高のものかもしれませんが、すべての製品が同じ

[†] http://www.saintsal.com/2012/10/a-simple-way-to-truly-understand-why-your-customers-buy/

主張をしているなかで顧客はあなたの製品に興味をもってくれるでしょうか？

顧客開発を行なうことでターゲット顧客の課題を理解しソリューションを出すことはできます。でもそれは顧客が製品を使うことで「何を感じるか」を明らかにすることとは異なります。

キャシー・シエラは「素晴らしい製品を売ること」と、「製品によって顧客を素晴らしい気持ちにさせること」の重要な違いについて語っています。わたしたちは製品の作り手として製品の機能や高度な技術、優れた設計やエンジニアリングについて話をしたがります。でも顧客にとって大事なのは、製品を使うことで自分が賢くなったと感じたり、仕事を早く終えられたり、まわりから格好いいと思われたり、不要なソリューションを置き換えられたりすることなのです。他の見込み客も、こうした言葉であればすぐに理解してくれます（図8-4）。

製品を顧客に売り込むのが一番うまいのはあなたの顧客なのです。

図8-4 重点を置くのは、製品の素晴らしさを顧客に伝えることではなく、顧客を素晴らしい気持ちにさせることである（http://headrush.typepad.com）

8.4 顧客を見つけたら、徹底して説明する

顧客には、顧客開発プロセスに快適さや楽しさを感じてもらう必要があります。あなたが適切な期待値を設定している限り、これは難しくありません。ただし、あなたが何をしようとしているのか、顧客にどのように参加して欲しいのか、取得した情報

をどう活用しようとしているのかを十分過ぎるほどに相手に伝えなければなりません。

あなたが気づいているか否かにかかわらず、最初の仮説は現実の情報に正確にもとづいているとは言えません。あなたは業界や顧客のことを知っているかもしれませんが、必ず顧客のニーズを満たす製品を作れるわけではないのです。業界通が正しい製品が作れるなら、ニューコークやQwikster、セグウェイなどの失敗作は作られていないはずです[†]。

8.4.1 あなたは質問をしている ――具体的に何かを作っているわけではない

顧客は、製品が方向性を変えることに慣れていません。顧客は、販売元から何かを売り込まれることには慣れていますが、質問をされることには慣れていません。特にエンタープライズ向けのソフトウェア業界ではそれが顕著です。きわめて明確なコミュニケーションをしていない限り、顧客はあなたが顧客開発について質問すると、何かを開発することへのコミットメントと解釈してしまいます。デモを見ても、それを「何が可能かを探索するためのもの」ではなく、「将来実現されるもの」ととらえてしまうのです。

徹底した説明の重要性を理解するために、お気に入りのピザレストランで、店主からハンバーガーについての質問をされた場合のことを考えてみましょう。文脈を説明されない限りあなたの答えは的を外したものになるでしょう。ペパロー二とフォーチーズで頭がいっぱいのあなたは、質問に答えないか、心ここにあらずといった感じで適当な答えをするかもしれません。平日の状況（ビールとプレミアムバーガーのランチ）には触れずに、それとは異なる週末の状況（好き嫌いの激しいサッカーチームの子供たちのために昼食を買う）についてのみ答えるかもしれません。ハンバーガーが食べられると思ってレストランにやってきたのに、メニューにハンバーガーが載っていないのを見て腹を立てるかもしれません。厨房がピザとハンバーガーのエリアに分割されたことで、ピザの質が低下すると思い込んで、もうそのレストランには足を運ばないぞと思うかもしれません。このような事態を避けるためには、レストランはあなたにハンバーガーの質問をする理由を説明し、顧客から学ぼうとしていることを

[†] http://www.time.com/time/business/article/0,8599,186660-1,00.html を参照。セグウェイが失敗したのは、「値段が高いこと」「乗っても良い場所や、免許が必要なのかなどがわかりにくい」などを始めとする、さまざまな理由のためだとされています。しかし、おそらくもっとも説得力がある理由は、ベンチャーキャピタリストでエッセイストのポール・グレアムが指摘した「セグウェイに乗っている姿が間抜けなので、人に見られたくないと思うから」というものでしょう。http://www.paulgraham.com/segway.html

強調し、まだ何も変更していないことを明確にしなければならないわけです。

初期の仮説はまるで間違っていたとまでは言わない場合でも、顧客開発を通じて得た現実世界のフィードバックにもとづいて大幅に変わることになるでしょう。あなたがもっとも重要だと思っていた機能は、おそらく顧客にとってはそうではないはずです。ある顧客が些細だと見なした機能を、別の顧客は絶賛することもあるでしょう。こうしてあなたが考えていた重要ポイントは不可避的に変化していきます。ですから、「最初に想定していた方向で開発を続ける」という守れない約束はすべきではありません。

また、顧客に「礼儀正しく振る舞わなければならない」と感じさせてはいけません。ビジネスや日常生活におけるさまざまな場面で、文句や不満を口にすることは礼儀や職業倫理を欠く行為だと見なされることがあります。Yammerのユーザーから、こう言われたことがあります。「わたしはアンケートに答えるとき、バランスを取るために、悪い点は良い点と同じくらいしか挙げないようにしています」(つまり製品が悪ければ悪いほど、顧客は正直な意見を言わなくなるのです)。

これらを勘案すると顧客との会話では何が重要なのでしょうか？　次の3つをはっきりと伝えることが重要です。

- あなたが相手から学ぶために話しかけているということをはっきりさせる。

- 会話が探索的なものであると明言する。

- 顧客に不満や文句を述べても良いと伝える。

最初の時点でこれらを明確にし、会話のなかでも何度も繰り返すことが重要です。わたしが最近、Yammerの顧客向けに使っているテンプレートを見てみましょう。

> Yammerの製品チームでは、＿＿＿＿＿＿の分野でいくつかの**新しいアイデアを模索**しています。顧客のニーズを深く**理解**するため、あなたにインタビューをして質問をし、**わたしたちが考えたアイデアについてのフィードバック**を得たいと考えています。新製品について意思決定をするのは先です

> が、あなたの専門知識はわたしたちにとって大きなヒントになるのです。
>
> まずいくつか質問をし（20分以内で終わります）、次に**きわめておおまかなプロトタイプ**のスライドを見ていただきたいと思います（合計45分ほどかかります）。この電話または面談に、ご協力いただけないでしょうか？

　ここで太字を使って強調したのは（実際のメールでは太字は使っていません）、「遠い未来を暗示する言葉を使うことで、インタビューが探索的なものであると認識させる方法」をみなさんに理解してもらいたかったからです。また、このことによって別の効果も得られます。それは、顧客に「製品の具体的な機能強化に関するロードマップについて質問をしよう」と思わせないようにできることです。顧客開発では、特定の機能の実装を要求しようと意気込む顧客とは有効な話はできません。

　顧客が探索的な会話をすることに同意した後、わたしは相手に「もっとも先見の明がある、ごく一部の顧客にしかこのインタビューを依頼していない」と告げます。わたしの実感では、自分が選ばれた立場にあるという感覚を与えることで、相手は具体的で、深いフィードバックを与えてくれるようになります。またこれには「相手がインタビューについて他の顧客に口外しにくくなる」「ソーシャルメディアで情報を共有することを控えるようになる」といったメリットもあります（あなたは弁護士から、何であれ、顧客にNDAに署名をしてもらってからではないと提示するべきではないと指示されるはずです）。

8.4.2 「目的は調査です」と繰り返す

　会話中、あなたは顧客から「それで、これはいつから利用できるようになるのですか？」「これを実際に開発する可能性はどれくらいですか？」と尋ねられることになるでしょう。このとき曖昧で誤解の余地を残す答えをしてはいけません。慣れないうちは説明が大変かもしれませんが、はっきりとインタビューの目的は調査であることを繰り返さなければなりません。

　Aetnaクリニカル・イノベーションのシニアメディカルディレクター、ヘンリー・ウェイもこれに同意します。「わたしたちはこの点についてきわめて明確である必要があり、顧客には『わたしたちは、あなたが本当に必要としているものを明らかにし

たいのです。あなたが価値を得られるものでなければ、急いでこれを開発しようとしたりはしません』と伝えなければなりません」。

このことをはっきりと相手に伝えながらインタビューをできるようになるには練習が必要ですが、いずれ顧客の多くがこのようなスタイルの会話を歓迎してくれるようになるはずです。ベンダーはよく将来的な機能や修正を約束するものの、製品を買った後は約束がおざなりになりがちです。ですから顧客の課題を積極的に探り、その解決に取り組もうとしているベンダーは貴重なのです。

「あなたの経験についてぜひ話を伺いたい」と言われることで、顧客はそのようなアプローチをしなければけっして見せてくれることのない、深い関心を示してくれるようになります。

このようなスタイルであなたが相手の話に耳を傾けることで、顧客には別のメリットももたらされます。それはわずかでも顧客の競合が何を考えているのかがわかるようになることです。わたしたちは通常、顧客開発インタビューの要約を、匿名の情報にして顧客に共有しています（例「フォーチュン500企業の所属する15名を含む、22人の顧客に話を聞きました。顧客の大きな関心事は、XとYでした」）。

8.5　ストーリーテリング・デモ

既存顧客についてはパラドックスがあります。それは「具体的なモノを見せなければ、顧客から相手にしてもらい、フィードバックを得るのは難しい。だがいったん顧客にモノを見せるとそれを現実のものだと見なしてしまう」というものです。製品の開発のかなり前にプレゼンテーションのスライドを見せるというスタイルは、顧客にとって何も目新しいものはありません。しかし、だからといって具体的な何かを見せてしまうと、顧客の心にそれが現実として映ってしまいます。顧客はすぐに飛躍して、具体的な機能や機能性についての質問をし始めます。あなたは、まだ開発すると決めていない機能の正当性を説明しなければならなくなり、本題である顧客の課題やニーズについて学ぶ機会を逸してしまうことになります。

このジレンマを解決する方法があります。それは、ストーリーテリングです。

会話のコントロールを保つため、あるユーザーが、どのようにこの製品を使うかについてのストーリーを語るのです。

わたしはKISSmetrics、Yodlee、Yammerで、ストーリーテリング・デモを実施したことがあります。ユーザーエクスペリエンスの専門家の間では「ペルソナの

ウォークスルー」として知られるものです†。ペルソナは通常、典型的なユーザーのニーズを説明するために内部的に使われるものですが、ここでは、その典型的なユーザーの一人にデモを見せ、質問をしてもらったり、問題点を指摘してもらったりするのです。

1人の典型的なユーザーの観点に立つことで、顧客が機能面や極端なケースの視点からデモをとらえようとするのを防ぐことができます。そして相手にワークフローを通じてデモをとらえるように仕向けることができます。こうしてワークフローを通じて考えさせ、それが理にかなっているかどうかを語ってもらうのです。

わたしは最近、典型的ユーザーの「ジェシカ」が、Yammer をどのように使っているかを示すストーリーテリング・デモを行ないました。

わたしは、次のように会話を始めました。「彼女はジェシカ。あなたの会社の架空の従業員です。これから、わたしたちが検討中の新機能をジェシカがどのように使うかについて、手順を追って見ていきます」。各画面では、わたしはジェシカがどのよう働き、何を考え、特定の機能をどのように使うかを説明します。読者のみなさんにデモの流れをはっきりとつかんでもらうため巻末の付録にサンプルスクリプトを掲載しました(「ストーリーテリング・デモを使う」を参照)。

— ノート —
必要なこと

- 検証の必要がある主な機能や概念を明確にする。

- ジェシカがこれらの機能をリアリティのある状況で使用するスクリプトを書く。ジェシカが関わる要素(人物やファイルなど)に具体的な名前を与える。「請求書の支払いをする」や「プレゼンテーションのために同僚と連携する」など、現実的なタスクを用いる

- 当該の機能や概念をすべて示せるように、それらを凝集させたプロトタイプを開発する。プロトタイプは一貫性のあるものにしなければならない。画面2でジェシカが編集するファイルのタイトルが「売上予測」であった場合、それが画面3で「議事録」になっていてはいけない。

- デモでは、ジェシカが取るすべての手順を示さなくてはならない。実コードで動作させる必要はないが、見ている者には実際にクリックできるという印象を与えなくてはならない。手順は省略しない。

- 筆者らは、コードを書かずにデモ用のプロトタイプを作成できる、Web アプリの

---

† ペルソナとそのユーザーリサーチでの使用方法についての簡潔かつ的確な説明が記載されています。
http://www.measuringusability.com/blog/personas-ux.php

Invisionを使っている。このアプリでは、画像ファイルのドラッグ＆ドロップやクリッカブル領域の定義によって、プロトタイプの動作イメージを表現できる（http://www.invisionapp.com）。Axureもクリッカブルなデモの作成に便利なアプリである（http://www.axure.com）。

　既存の資料をかき集めてプレゼンテーションを作るよりもデモを作成するのは手間がかかりますが、デモには「大量のPowerPointを見せられて視聴者が退屈したり無反応になったりする」といった事態を避けやすいメリットがあります。またデモは、実際に製品を開発する設計者や開発者に、製品コンセプトを説明するための軽量の製品仕様を提供できます。ストーリーテリング・デモは、顧客開発のなかでも、もっとも保守的なアプローチですが限界もあります。特定の利用シーンをデモするため、顧客のフィードバックもデモのその特定のシーンにとらわれてしまい、大きな視点で顧客の課題や現在の行動をとらえられなくなるのです。またデモを見た顧客は「これではわたしの課題は解決されません」とは言いだしにくくなる結果、読にも薬にもならないフィードバックばかりを口にしようとすることがあるのです。

　それでも機能リストやデータシートを見せるアプローチでしか顧客と話をしたことのない企業にとっては、ストーリーテリング・デモは顧客開発の新鮮な一歩になるはずです。

8.6　匿名での顧客開発

　顧客からの反応ではなく、顧客への質問や提示する内容にも注意する必要があります。会社のブランドや市場での地位、現在の戦略などが、顧客との会話にバイアスを生じさせることがあるからです。

　このバイアスが「後光効果」をもたらすことがあります。たとえば、「アップル製」と言われれば、無条件そその機器を高く評価してしまう消費者は大勢います。このバイアスがネガティブに作用することもあります。同じテクノロジー機器が「ウォルマート製」だと言われたときの人々の反応はどうなるでしょうか？　これは新しい業界や競争に参画しようとしている企業にとっても同じです。あなたがサウスウエスト航空に乗るのが大好きだとしてもサウスウエストが台所用のミキサーを開発予定と聞かされたときに客観的に意見を述べることはできるでしょうか？

8.6.1　新たなアイデンティティを身にまとう

ターゲット顧客にバイアスが生ずるのが必至の場合、あなたの会社か顧客のどちらかを「他の誰か」と置き換えなければなりません。

Microsoft は Hotmail.com（現 Outlook.com）の全面改修の時にこのバイアス問題に直面しました。Hotmail はかつて無料メールアドレスの先駆者として広く普及していましたが「時代遅れ」「デザインが良くない」「使うのが恥ずかしい」という印象が定着していました[†]。また、職場で Outlook を電子メールクライアントとして使う人が多いため、慣れ親しんだルックアンドフィールを変えることへの大きな抵抗もありました。このように普及した Hotmail や Microsoft の人間として見込み客にアプローチをしても、客観的なフィードバックを得る可能性は低いと考えられました。そこで Microsoft のユーザーリサーチ担当者は顧客との会話やプロトタイプから Microsoft の痕跡を消し去ることにしました。市場調査会社に依頼してターゲット顧客としての基準を満たす調査対象者を米国内の各都市から募集し、これらの人々に「自分たちは電子メール利用の改善に取り組んでいる会社の人間である」と説明し、現在どのようにメールを読み、作成し、選別し、送信しているかなどを尋ねたのです。

所属する会社を明らかにしないまま顧客開発を簡単に実施する方法があります。別のドメイン名を使うことです。「@（もっともらしいドメイン名）.com」というメールアドレスで連絡すれば、相手はまず、あなたがその会社に所属する人間だと見なすでしょう。

8.6.2　顧客ではない人と話をする

顧客開発を匿名で行ないたいなら、現在の顧客以外の人と話をする手もあります。顧客開発インタビューにとって理想的なのは現行の客や見込み客を相手にすることですが、適切に選択すればそれ以外の人からでも多くを学べます。

ターゲット顧客とは異なるステークホルダーを相手にしても良いでしょう。意思決定の権限はないけど豊富な現場知識を持つような人々です。管理部門のアシスタントや、プロダクトマネージャーやプロジェクトマネージャーになりたての人を対象にしてみましょう。新マネージャーは、話しかけやすく知識が豊富ですが、ほとんどの場

[†] Hotmail や Yahoo! のメールアドレスを使うと嘲笑の対象になることがあります。
http://www.thedailybeast.com/galleries/2012/06/06/mitt-romney-s-hotmail-account-and-more-famous-people-with-outdated-email-providers-photos.html
しかし、AOL メールをいまだに使っているよりはマシでしょう。
http://theoatmeal.com/comics/email_address

合は過小評価されています。自社内に相応しい人がいる場合もあります（自社のカスタマーサポートスタッフをまだ試していないのなら、今すぐにこの本を閉じて話してみましょう）。

ビジネスモデルによっては、買い手ではなく、製品の直接のユーザーの方がアクセスしやすい場合もあります。たとえば、広告モデルのサービスについて考えてみましょう。わたしがファイナンス関連のオンラインサービスの開発に取り組んでいたとき、ターゲット顧客である金融機関の幹部にアクセスする手段はありませんでしたが、これらの幹部にとっての顧客であるオンラインバンキングや請求書支払いサービスのユーザーには容易にアクセスできました。

わたしはCraigslistを使用して[†]顧客開発インタビューの対象者として数十人、アンケートの対象者として数百人のオンラインバンキングユーザーを集めることができました。

こうしたインタビューを通じて、わたしはユーザーの行動や、オンラインバンキングのどの機能が使われているかについて学んだのです。そして製品の買い手である銀行幹部へ直接売り込むチャンスが訪れたときには「わたしたちはあなたの顧客と話をし、相手が何を必要としているかを理解しています」とアピールすることができたのです。

調査の結果、銀行を切り替えたと思われる顧客の88%が、オンラインでの自動引き落としの設定が手間だという理由から、切り替え前の口座を使って請求書の支払いをしていることがわかりました。

消費者の観点から見るとこれは非常に面倒なことです。2つのATMカードを携帯し、2つの暗証番号を覚えておかなければならないからです。銀行にとっても巨大な損失です。銀行は顧客に他行から乗り換えて欲しいと懇願しているのにせっかく乗り換えてくれたとしても単に口座を開いてくれただけでは意味がありません。資産を口座に預けてくれなければ銀行の利益にはならないのです。銀行は顧客に、給料がその口座に直接振り込まれるようにし、そこから請求書の支払いをしてもらいたいのです。

わたしたちがこのことを銀行幹部に伝えたことで、2回目のミーティングの実施は確約されたも同然でした。逆にこのように顧客のニーズを具体的に語ることができな

[†] これは2005年の出来事でした。当時はCraigslistを使って調査対象者を非常にスムーズに募集できたのです。しかし、3章で述べたように、現在では同サイトを使った募集は非生産的です。現在同じ予算を使って当時と同じ調査をするなら、わたしは市場調査を使ってふさわしい調査対象者を募集します。予算がなければ、まず友人や家族を相手にしてインタビューを始めます。どんな人でも請求書の支払いをしているので、この調査の対象者になるはずだからです。

かったら二度と幹部たちに会うことはできなかったでしょう。これらの調査のインサイトからまったく新たな製品が生み出されることになったのです。

複数のユーザーから、「設定にものすごく時間がかかるから、請求書の自動引き落とし用の口座は前の銀行のものをそのまま使っている」という課題を聞いたとき、請求書支払い用の口座を自動的に切り替えられるツールを作れば、消費者と銀行のどちらにとっても大きなメリットになるのは明らかでした。このインサイトが、Yodlee BillPay Account Accelerator の誕生につながりました（rhttp://corporate.yodlee.com/solutions-payments-suite-yodleebillpay.html）。ちなみにわたしはこの製品の共同特許権者の1人ですが、このやたらに長い製品名を考えたのはわたしではありませんよ。

8.7 製品の使い方を示してもらう

匿名での顧客開発は、新たな分野や顧客セグメントを探索する際には驚くほど効果がありますが、成熟した大企業では、まったく新たに製品開発や新市場開拓に挑戦するケースはそう多くありません。むしろ既存顧客からの売り上げを増やすために既存製品の価値を高めることの方が大事です。無名のスタートアップと異なり、既存機能があり既存顧客との関係がある中で改善に取り組まなければならないのです。

既存顧客は、新機能やバグレポートを要求し、製品への不満を言ったり、賞賛したりと、頻繁にコミュニケーションが発生するので、それを通じて顧客の行動やニーズはわかっていると勘違いしやすいものです。しかし、おそらくあなたはこれまでに「顧客の要求に従って機能開発したりカスタマイズしたりしたにもかかわらず、それがまったく使われなくてフラストレーションを感じた」「一見大満足しているようにみえる顧客がキャンセルしたり、二度と戻ってこなかったりということがあって混乱した」といった体験をしたことがあるのではないでしょうか。

大企業でイノベーションを加速するには

2011年、コヴェントリー・ヘルスケアを買収したことでAetnaは全米50州に拠点を構える、連結ベース年商500億ドル以上の企業となり、フォーチュン100の常連となりました。それでも、Aetnaはイノベーショ

ンと新市場への参入へのあくなき追求を続け、同年の初めに、新たにビジネスユニット（現名称「ヘルサジェン」）を立ち上げました。このビジネスユニットには、「医療に変革をもたらす技術とサービスを提供する革新的な事業のポートフォリオを構築する」という明確なミッションが与えられていました。

　設立以来、ヘルサジェン戦略グループは、サービスプロバイダー、健康保険組合、雇用主、消費者を対象とした新規事業のイノベーションとインキュベーションを促進してきました。チームはまず、急速に進化するヘルスケア市場におけるビジネスチャンスをとらえるにはインキュベーション／プロセスを短縮しなければならないと気づきました。「イノベーションのチャンスは数多くありますが、従来のアプローチや綿密な調査手法ではイノベーションの実現に時間がかかり過ぎてしまうのです」とヘルサジェンの戦略部門責任者のヒュー・マは述べています。「リスクを最小限に抑えながら速く行動する必要がありました」。

リーンスタートアップ化
　2012年の半ばヘルサジェンのポートフォリオ企業であるiTriageが催したハッカソンが、新たなインキュベーション手法についてのインスピレーションを得るきっかけになりました。ヘルサジェンのCEOで医学博士でもあるチャールズ・サンダースは、複雑な課題の解決のためにさまざまなスキルや経験を持つ多様なグループを作る価値に気づき、問題を提起しました。「ハッカソンのアプローチを用いることでヘルサジェンは医療業界の課題に対するビジネスソリューションにイノベーションを起こせないだろうか？」

　ヒュー・マと元戦略リードのジョン・プティトーは、新規事業の立ち上げやヘルスケア、戦略コンサルティング、テクノロジーなどにおけるふたり合わせて25年以上にもなる経験を活かして迅速にビジネスをインキュベーションする手法の開発を始めました。ふたりは、顧客やユーザー、他のステークホルダーとの濃密かつ直接的な関り合いを持つことでニーズや製品、市場の適切性が事前に検証できるだけでなく、最終的には新規事業の開発プロセスを短縮化できると結論づけました。またふたりはスティーブン・ブランクの『アントレプレナーの教科書』とエリック・リースの『リーン・スタートアップ』に触発されて顧客フィードバックを中心に据えたフレーム

ワークを開発しました。

「買い手と消費者とではほとんどの場合動機が異なるので、わたしたちの会話には実在の人物が必要でした」（プティトー）。開発チームは、いろいろな要素を一つに結びつけ短期間での開発を可能にするSlingShotという迅速なソフトウェア開発フレームワークを開発しました。チームはヘルサジェン社内の新規事業リーダー、プロダクトデザイナー、社内スペシャリストを、顧客を含む社外のステークホルダーと連携させることで価値提案の迅速な検証、潜在的課題の明確化、従来型の製品開発の落とし穴を回避できると確信していました。そしてチームは、長い場合は数年もかかるリーンスタートアップの序盤の期間を実質わずか数ヵ月に圧縮することに成功したのです。

迅速な結果

SlingShotチームは、事前に複数のステークホルダーのニーズや課題を理解することに時間を使ったことで、事業の成功に不可欠な仮説を作成できるようになりました。SlingShotのセッションではスライドやデモを見せる代わりにヘルサジェンの内部デザイナーと連携して素材やビジュアルを作成し、ヘルサジェンチームや顧客、最終的にソリューションを使用することになる消費者との仮説ベースの会話を促しました。集中的なセッションを行なったことでリアルタイムでのイテレーションや重要なフィードバックの獲得が可能になりました。こうした初期の投資によって大きな効果が得られたのは言うまでもありません。

チームは最初のイベントで、わずか4日でアイデアをビジネスモデルにし製品を形にしてアーリーアダプターを獲得するという成果を得ることができました。このような成果は、他の方法では数ヵ月と莫大な費用を投じないと獲得できません。

2番目のイベントでは複数のステークホルダーと大々的にコラボレーションすることによって従来型のアプローチでは見つけられなかったまったく新しい市場を特定できたのです。

SlingShotはこうした成果をあげたことでヘルサジェンやAetnaの内部だけではなく、潜在顧客とも関係構築できました。マとプティトーはヘルサジェン／Aetnaでリーン原則がさらに広く採用させるために、SlingShotのハイライトの動画を会社のイントラネットに掲載して全員が見られるよう

にしました。この動画はヘルサジェンの外部ウェブサイトにも掲載しました。半年後にはヘルサジェン／Aetna の数多くのチームが SlingShot の使用を希望して列をなすまでになったのです。

イノベーションを継続する

　こうした初期の成功を収めてからもヘルサジェンは SlingShot をさらに磨き続けています。この開発法はビジネスコンセプトや製品開発上の検証から試験的なパートナーシップの構築に至るまで、新規事業開発のさまざまな段階においてヘルサジェンの新たなスタートアップをサポートするために使われているのです。また SlingShot は、Aetna の中核的な保険事業における成熟分野の事業機会の模索にも使われています。

　SlingShot のイベントは、消費者や顧客との対話を通じた製品や戦略の検証のための最適なツールとして活用されています。「わたしたちは、SlingShot のイベントの参加者の多くに質問し、その思考レベルの高さにいつも感銘を受けています。消費者や顧客と連携することで、従来のビジネス上の文脈では明らかにするのが難しかった、奥深いインサイトが得られます」(SlingShot、現戦略リーダー、ロイヤル・タットヒル)。

　マはこう述べています。「外部参加者が関与するコラボレーティブ・イノベーションを敬遠する企業は多いですが、SlingShot の成功はそれを推進する上での励みになるはずです。SlingShot は、顧客を中心に据えた事業の進め方だけでなく重要なヘルスケアの課題の対処においてどう顧客と連携するかについての、生きた実例と言えるのです」。

　「機能要求」「VOC 調査」「向う18ヵ月の製品ロードマップ」など昔ながらの手法はいま顧客が製品から得ている価値を可視化したり、ビジネスチャンスを探したりするのには向いていません。それが知りたければ顧客に直接尋ねなければなりませんが、少し変な気もするものです。

　あるアカウントマネージャーは、わたしにこう言いました。「もう1年近くこの顧客向けの仕事をしてきたのに、いまさらわたしたちのソフトウェアをどう使っていますか、なんて訊けません。これまでそのことを気にかけていなかったように思われるかもしれないじゃないですか？」たしかにこれは大きな不安を生じさせる問題です

が、回避策があります。新しいメンバーを加えて「ボブに状況をキャッチアップしてもらいましょう」といって、顧客の現状を一から説明してもらうのです。

　直接会ったり画面共有を用いたりすることで顧客が何をしているかを具体的かつ正確に把握しましょう。可能なら顧客の自宅やオフィスを訪問しましょう。顧客が普段どのような場所にいるのか、どのような機器を使っているのかがわかります。もちろん、表情や身振り、口調を含めた、顧客自身のこともよく理解できます（図8-5）。

図8-5 Yammerがサイト訪問時に撮影した顧客の職場環境。顧客はコラボレーションとオープンな業務の推進のためにYammerを使用しようとしているが、スタッフは仕切られたスペースで仕事をしている

　しかし「必ず現場を訪れなくてはならない」と考える必要はありません。現場訪問には相当の時間や調整が必要になるからです。顧客訪問に準ずる方法も用いて数をこなしましょう。わたしはよく画面共有をしながらの電話会議をします。Skype、Lync、GoToMeetingのどれを使っても支障なくインタビューを行なえます。

　現地訪問（またはその代替手法）でのインタビューでは最初に簡単な説明をし、その後は基本的に自由なスタイルで会話を進めます。例を示します。

> 実際にみなさんがどのようにソフトウェアを使っているかを観察することできわめて価値のある発見ができることがわかりました。そこで是非あなたにもわたしたちの製品をどのように使っているかを普段通りに示していただきたいのです。操作中に手を止めて何か他のことをしたり、誰かを呼んで手を

借りたり何かを見せたりすることがあるのなら、それもその都度教えてください。

このソフトウェアをどのくらいの頻度で使っていますか？

このソフトウェアを使用する目的は何ですか？

では、そのタスクを実際に始めてみてください。その際、考えていることを声に出し、何をしているかを説明しながら操作してください。

　この機に乗じて追加の機能要求をする顧客もいます（「ほら、これが機能 X を製品ロードマップに追加すべき理由です」）。このような場合は、それについて議論するのではなく、相手の意見に同意して、「なるほど。ではそれをメモしますね。ところで機能 X があったら何が可能になるのか、もういちど繰り返してくださいますか？」などと言いメモをした後で、再び普段の操作を続けてもらうようにすると良いでしょう。
　顧客がいつもの手順で操作しているあいだ、あなたはメモを取り、質問することに徹するべきです。意見を述べたり、顧客の操作を正そうとしたりしてはいけません。相手はそれによって「自分は間違った操作をしている」「インタビュアーが退屈したり苛立ったりしている」と感じ、普段通りの操作をしにくくなってしまいます。
　大切なのはさじ加減です。こちらが話す場面が少ないほど、多くを学べます。しかし、相手の意見を引き出すための適切な質問をしなければ、重要なインサイトを逃してしまいます。お勧めしたいのは何を学びたいのかを事前にメモしておき、それを見ながらインタビューをすることです。インタビューでは、次のような点を学ぶことを意識すると良いでしょう。

顧客がソフトウェアを使用する頻度（使用方法）
　「顧客は毎日ソフトウェアを使っている」と考えていたが、実際にはそうではないことが明らかになったような場合は、その理由を突き止める必要があります。ソフトウェアに何かが不足しているのかもしれません。悲しいかな想定しているほど顧客が価値を感じてないことも考えられます。

ソフトウェアを使用した直後の顧客の様子

顧客はソフトウェアを使用した直後に、それにもとづいて何らかの行動を起こしたり、意思決定をしたりしているでしょうか？目的のタスクを完了したことに満足しているでしょうか？その反対のケースもあります。わたしは最近コーヒーショップで、「会社のマーケティングオートメーションソフトウェアを使ってメールキャンペーンを設定したが、使い勝手があまりに悪くストレスが溜まるのでいつも休憩が必要だ」と不満を口にしている人を見かけました。

ソフトウェアは顧客のワークフローに沿っているか？

あなたが提案する操作手順が、顧客の手順や社内の規則となじまないことがあります。あなたが「1人が、1セッションで完了する」と想定しているプロセスに実際には複数のセッションが必要だったり、複数のプロセスに分かれて上司の承認を得るために一旦中断しなければならなかったりすることがあるのです。

どの程度の機能が使われているか？

顧客は通常、機能の有無を確認したうえで製品を購入するかどうかを決めるので「顧客はほとんどの機能を使っているはずだ」と想定してしまいがちですが、わたしは日常的に製品の機能の半分以上を使っている顧客を見たことがありません。これは必ずしも顧客が製品に不満を抱いていることを意味するわけではありません。機能の一部で課題が解決されるのであれば、顧客はそれで十分に喜びを感じます。一方、製品の使い勝手を最適化すべき時に新機能の開発に過剰な投資をしてしまったと考えることもできます。

価値提供の新たな機会

デフォルト設定を最適化することで顧客のクリック回数やサポートコストを減らすことができます。顧客がどの部分で戸惑っているのかを明らかにすることで、利幅の大きなプロフェッショナルサービスやトレーニングの売上につながるかもしれません。顧客が他のプログラムにデータをインポート／エクスポートしていることに気づいたのなら、組み込み型の分析機能やAPIの強化など、データ統合機能の開発に投資すべきなのかもしれません。

「インタビュー中に指摘された問題点を全部解決することを顧客から期待されてし

まう」と心配する人もいるかもしれませんが、わたしの経験ではそのようなことはありません。気難しい顧客であっても、あなたが相手の話に時間をかけて真摯に耳を傾けることで満足し、協力を得やすくなるものです。

使用頻度と代替可能性

　わたしはKISSmetricsで、2人の顧客に連続してインタビューをしたときのことをよく覚えています。1人目の顧客は、この分析ツールを毎日朝一番で起動していると熱心に語りました。2人目の顧客は一週間にいちどしか使っていないことを認めました。最初、わたしは自分たちが多くの価値を提供しているのは、1人目の顧客のほうだと考えました。

　しかし、インタビューを進めるにつれて1人目の顧客が機能を表面的なレベルでしか理解していないことが明らかになりました。確かに彼は製品を使用していましたが、それを全社的な意見交換やプロセスに組み入れているわけではありませんでした。わたしたちの製品の代わりはいくらでもある、容易に代替可能なツールと見なされていたのです。

　2人目の顧客は、KISSmetricsをA/Bテストの設定と評価に活用していました。その結果を吟味し、翌週の開発のためのスプリントに取り入れていました。それはその顧客の製品開発プロセスにとってきわめて重要なものでした。

　使用頻度は、わたしたちが顧客に与えている価値を測る良い指標であり定量分析できますが、わたしは顧客と会話できるときには、製品がどの程度代替可能と見なされているかを理解するため掘り下げた質問をするようにしています。企業や家庭内のどれくらいの人が製品からメリットを得ているか？ 製品はどのように使われているか？ 解決する課題は1つのみか、それとも複数か？

　代替可能性の程度は、掘り下げるべき重要な定性的指標です。

8.8 製品の使い方を説明する

　顧客が製品を使う様子を観察するのは信じられないほど効果的ですが、そのためには、顧客がすでに製品の使い方を知っていて、日常的にそれを使っていることが必要です。では顧客が製品を初めて使う場合はどうすれば良いのでしょうか？ 短期間で習熟できる製品の場合は？ 多機能のために顧客がその10%未満しか使用していない製品の場合は？ アプリをダウンロードして1回だけ試したことがある顧客の場合は？ 期間契約型の製品で契約を既にキャンセルしている顧客の場合は？

　こうした場合、「製品の普段の使い方を尋ねて相手に話をしてもらう」のではなく、立場を逆にして、あなたが相手に製品を「使うべき」方法を伝えます。

　「こうすべき」という話をすると、顧客がうまく反応してくれないと思うかもしれません。しかし、事前にこちらの意図をきちんと説明している限り、この方法は適切に機能します。大切なのは、次の例のように、「こちらの前提が間違っていたら正してください」と相手に伝えることです。

> わたしたちは製品の改善に取り組んでいますが、難しいのは製品がお客様の利用目的やプロセスにどう適合するかを、自分たちだけでは確認できないというところです。
>
> これから「あなたのような人がこの製品をどう使うべきか」についてのわたしたちが想定する内容（他の顧客から学んだことにもとづいて想定したものです）を手順を追って説明していきます。わたしたちの理解が間違っていたり、わたしたちの想定に同意できないと思ったりしたら話を遮って指摘してください。わたしたちはこのような間違いや意見の相違はあって当然と考えています。また、質問が浮かんだらその都度お気軽にお尋ねください。

　1つ目の断定的な内容（たとえば「わたしはあなたが週2回、この製品を使うと想定しています」）を話したら、間を置いて、あなたが「相手が同意するかどうかの反応を見ていること」が相手にわかるようにします。これによって相手に、わたしたちが求めていることは、黙って大人しく話に同意することではなく、間違いや意見の相違があれば話を中断してそれを伝えることだということが明確に伝わります。

この形式のインタビューでは、できる限りはっきりとこちらの想定を伝えるようにします。あなたが断定的になればなるほど、相手は同意するかしないかを判断しやすくなります。こちらが「オプションA、B、C、Dを使えます」と言えば、相手は選択肢の少なくとも1つに同意しやすくなります。「あなたはAを使うべきです」と言えば、相手は「Bについて説明してもらえませんか？ わたしの会社ならそちらの方を使うと思います」という風に反応しやすくなります。

このアプローチではあなたが話をする割合が高くなるので、顧客が主体的に話をするオープンエンド形式のインタビューと比べれば、学べることは少なくなります。しかし、新たなアイデアを模索している初期段階にいる場合、想定が合っているかどうか確かめるためには効果的です。

この形式のインタビューからは、次のようなことが学べます。

制約条件を特定できる

インタビュー相手が製品アイデアの詳細までは理解せずとも、法規制による制約やプロセスやリソース上の制約が製品利用上の障害になるかどうかまでは案外わかるものです。

価値提案を明確にできる

あなたが「顧客は製品をこう使うべき」と主張したとき、それによってもたらされる価値が顧客に明確に伝わらなくてはいけません。製品をそう使うべき理由を説明してもうまく理解してもらえないのなら、あなたが提示している価値提案が曖昧か、または実際にはそれが顧客にとって価値がないかのどちらかなのです。

機能が使われていない理由がわかる

機能の説明をするときは、相手がその機能に以前から気づいていたかどうか、その機能についてどう思っているかを尋ねましょう。相手の答えによって、機能をもっと見つけやすくするためにインターフェイスを修正すべきかどうかや、UIのテキストを修正して意味が伝わりやすくすべきかどうか、顧客の課題を解決していない機能を削除すべきかどうかなどを明らかにしやすくなります。

顧客に製品の使用方法を説明するこのアプローチは、調査だけでなくトレーニングでも用いることができます。わたしはKISSmetricsで新規顧客に対して、製品の活

用の仕方をこちら側から説明するというこの形式のウォークスルーをよく実施しました。すると顧客はこれをサービスとして有難がり、わたしは顧客ごとの利用プロセスや制約要因について学ぶことができ双方にメリットをもたらしました。

遅くても、しないよりはマシ

　この本を通じて、できる限り早い段階で顧客の目の前にコンセプトを提示することの重要性を強調してきましたが、製品開発プロセスの初期段階で顧客インプットを取得しようとするとデメリットが生じる場合や、そもそもそれが不可能な場合があります。

　「Kinectは実現不可能と考えられていた製品でした」とMicrosoft Xboxのプログラムマネージャー、ベン・スミスは述べています。「しかし、すべてのイノベーションは不可能から生まれます。これは36ヵ月のプロジェクトでリリースには19ヵ月かかりました」。

　XboxチームにとってKinectの開発は大きな賭けでした。Kinectに取り組むことで他のXbox関連の新機能開発の多くを犠牲にすることになるからです。ステルスモードで進めることを優先したので製品開発プロセスの初期段階では、顧客関連のリスクを検証することがほとんどできませんでした。チームは自分たちの直感や専門知識、製品ビジョンを信じて「見て楽しく、遊んで楽しい」ものを開発するしかなかったのです。

リーンスタートアップの原則を使って想定を検証する

　Kinectの開発チームは、初期段階で顧客と話せない制約がありながらも、リーンスタートアップの原則に従うことでリスクの軽減と仮説の検証を体系的に行なうことができました。「わたしたちには、インキュベーションと製品開発を両輪で回しました。社内インキュベーターと連携していたメンバーは『不可能だと思えることが95個もあるけど、それがすべて可能になったらすごいぞ』と考えては、プロトタイプに近いものを開発するのに必要最低限のことを学習したのです。開発チームは可能な限りのアプローチを考え、『1つひとつ開発してみよう』と言いました」（スミス）。

また、チームは数々の課題についてブレインストーミングを行ないました。顧客は自分の動きが画面上に反映されるときに、反応の遅れをどれくらいまで許容するだろうか？　必要なモーションキャプチャデータはどうやって入手すれば良いか？　ソフトウェアとハードウェアはどのように最適化できるか？　チームはまた、リスクを明確にして、積極的にそれを低減させようとしました。たとえば、Kinect を既製の部品だけで開発することで専用部品の供給がネックにならないようにしました。またモーションキャプチャデータを短期間で取得するために Microsoft の会社敷地内のバスケットボールコートにモーションキャプチャステージを設けました（モーションキャプチャ用にステージを常設する許可を得るのに数ヵ月もかかることがわかったので、チームはバスケットボールコートを 1 つだけ借りることにしたのです）。

　チームはこの流れとテンポを維持するために開発手法をウォーターフォールからアジャイルに切り替えました（毎日成果物を確認する 2 週間のスプリント）。「毎日午後 6 時になると、わたしたちは部屋に集まり『今日はどの課題をつぶせたか？』と相互レビューしました」。

プロトタイプを試す

　開発から 1 年が経過し、チームはついに顧客が操作できる初期段階のプロトタイプを開発しました。プレイヤーの動きに合わせて画面上で骨格のように表現されるアバターに同じ動きをさせることができるようになると、チームはすぐに実際のユーザーにこのプロトタイプを試してもらいました。

　「最初に驚いたのは Kinect の内部のテクノロジーはユーザーには見えないということです。プレイヤーには何も握るものがありません。振動もなければ感覚的に与えられるフィードバックもないので、プレイヤーはなすすべもなくただ画面の前に座って何かが起こるのをじっと待っていたのです！」

　チームはこの結果をもとに、プレイヤーがどうすれば自分の動きに合わせてアバターを思い通りに動かせるかを短期間で把握できるように、うまくいく場合と失敗する場合を体感しやすいしくみの実装に取り組みました。

　チームは百貨店チェーンのメイシーズと提携して 12 店舗に、毎週土曜

> の朝に誰でもKinectをプレイできるコーナーを設置しました[†]。これには2つの目的がありました。多様な人のモーションキャプチャデータを取得することと、カジュアルで楽しげな雰囲気のなかで顧客がKinectをどのようにプレイするかを観察することです。「自分たちが作った製品は客観的に見ることができなくなるので、ベータプログラムを立ち上げて参加者を募るとか、参加者のリビングルームの大きさを測定するとか、色々やりました。実際のユーザーの動きを見て想定していた動きと比較をすることは、きわめて重要でした。もし、プロトタイプを操作する多様な人々を日常的に観察できていなかったとしたら、このプロジェクトは大失敗に終わっていたかもしれません」(スミス)。
>
> こうして2013年12月にブラッシュアップされたKinectを実装したXbox Oneがついに発売されたのです。

8.9 顧客開発は大企業でも有効

ここまで、顧客開発のさまざまな手法を学んできましたが、あなたは「顧客開発によって今後予定している機能や製品リリース、新たなイニシアチブについての仮説検証を自分でも始められるぞ」と感じているのではないでしょうか。大企業が顧客開発を行なう際には期待値の明確な設定や、慎重な顧客の選択、高品質のモックアップや機能リリースの作成など、スタートアップの場合と比較して準備作業が多くなることは否めません。しかし既に顧客がいる既存企業や既存製品でも仮説を構築して検証することは可能なのです。

あなたはカバーされていないトピックが残っていると思うかもしれません。時間です。自由な判断ができる小さな会社やスタートアップなら、1〜2週間を顧客開発に費やすことに決めるのは難しくはないでしょうが、大企業ではリリース日が決まっていたり顧客へのコミットメントがあったり、顧客開発の成果を何もせずにただじっと待っているわけにはいかない数百人もの従業員がいたりします。そのため、顧客開発を通じて学ぶ作業は、既存の製品開発プロセスと並行してさらに短期間で行なわなくてはなりません。

[†] スミスはこう述べています。「この時点では、わたしたちが集めたスケルトン・モーションキャプチャデータのほとんどは、Microsoftの従業員を使って取得したので、白人で太り気味の人のデータばかりだったのです」

次章では顧客開発の戦術を既存顧客との日常のやり取りの中で行なう方法を説明します。既存の社内プロセスに及ぼす影響が少なく社内の誰もが使える迅速な顧客開発技法の活用方法についても学びましょう。

この章のまとめ

- すでに製品と顧客がある場合は、MVPもそれに合わせたものにする。

- 認知度の高いブランドは見込み客にバイアスを生じさせる。別ドメインや、ノーブランドのスケッチを使えば「匿名の顧客開発」を実践できる。

- 「最小限」よりも「実用性」優先させる。ただし、最小限を大きく越えないようにする。

- 「製品を使えなくなったら失望する」顧客を探す。

- 既存顧客を相手にして顧客開発を行なう場合は、「具体的な何かを開発中というわけではなく、調査段階である」と徹底して説明する。

- ストーリーテリング・デモを使って、架空の人物が製品をどのように使うかを顧客に説明する。

- 顧客に、製品を普段どのように使っているかたずねる。

- まだ顧客がいない場合は、製品の想定している使用方法を説明する。その際、断定的な話し方をすることで、相手が反対意見を述べやすくする。

9章
継続的な顧客開発

わたしたちが恵まれているのは「スポーツファンやスポーツの話が大好きな人を見つけるのが難しくない」ということです。飛行機の機内を見渡してみましょう。ESPN を観ている人がたくさん見つかります。そこであなたは話かけます。「このサイトのことをどう思いますか？ このサイトに追加したい機能はあります？」ってね。

——リアン・スプーン、ESPN
製品開発部門シニア・バイス・プレジデント

カスタマーサポートをトラブル対応要員と見なしてはいけない。ビジネスのカギを握る「顧客インサイト」にアクセスできる特権を持つ研究者として見るべきなのだ。

——ダン・マーテル、Clarity CEO

製品の開発プロセスに継続的な顧客開発リサーチを組み込むのに四苦八苦している企業がたくさんあります。いつ顧客開発を実施すれば良いのか？ そのための時間はどう捻出するのか？

新規プロジェクトが始まったばかりなら、顧客について学ぶことに時間とリソースを投じるのを（比較的）簡単に正当化できるでしょうが、顧客開発はその後も製品開発と同じように継続的反復的に実施していかなければなりません。顧客開発をそのうち時間ができたらやろうと考えても「そのとき」は永遠にやってきません。

幸い継続的な顧客開発は、改めて仮説を作る必要も、インタビューに20時間も割く必要もありません。また、計画やスケジュールも必須なわけではありません。

本章では、すでに製品や顧客を持つ企業が日常的なプロセスに顧客開発を組み込む方法について話します。この手法はスタートアップにも効果的ですが、大企業に比べてあてはまらない点もあります（「特定の役割を持つ社内メンバーとの連携」「部門横断的なコニュニケーションの方法」「顧客開発の有益性の正当化」など）。

次の点についても見ていきます。

- すでに顧客と話をしている社員から助けを得る方法。

- 顧客主導のインタラクションを活用する方法。

- 顧客から機能を要求されたときの対処方法。

また社員全員が「顧客のニーズは何で会社はそれにどう対応しているか」を理解できるようにするため、顧客フィードバックをまとめ、共有する方法についても説明します。この、顧客開発のサイクルを循環させるためのステップは、省略しないようにしましょう。時間はかかりますが、チームの積極的関与や意欲を高める効果があるからです。

これなら時間ができるまで待つ必要はありません。顧客との会話をいつでも質問に変えることができるので、5分程度の短い時間で日常的に顧客から学ぶことができるのです。

9.1　すでにオフィスを飛び出しているのは誰か？

顧客に会うたび、小さな顧客開発を行なうという考えは確かに素晴らしいのです

が、実際問題として「正式なインタビュー以外の場で顧客に質問するタイミングなんてあるのだろうか？」という疑問を抱く人もいるでしょう。ここで発想を変えましょう。いつ質問をするかではなく、誰が質問をしているかという観点に立つのです。

さて、あなたの会社のどこかに、毎日顧客と話をしている人がいるとします。

そういう人は顧客開発やリーンスタートアップには精通していないかもしれませんが、顧客の話に耳を傾け、学習するのに最適なポジションにいるのです。顧客と日常的に接しているそういう同僚の力を借りることで信じられないほど大きな学習の可能性が開かれます。

営業担当者やアカウントマネージャー、カスタマーサポートなどの職種の人たちは顧客や見込み客と接することに1日の大半を費やしています。残念ながら、こうした人が顧客から学んだことを吸い上げる機会は滅多にありません。「彼女は契約を取るためなら何でも簡単に約束してしまう」「彼は製品に腹を立てている特殊なタイプの顧客の話を聞いてきただけだ」という風に。

そこにはバイアスがかかりがちですが、貴重なフィードバックを無視して良いはずがありません。

社内のありがちな会話を見てみましょう。

> **営業担当者**：ウチがセキュリティ機能を開発しない限り大手A社は契約を結んでくれないよ。
>
> **プロダクトマネージャー**：そんなA社のメリットになるだけの開発はできないよ。他にもっと優先順位の高い開発すべき機能が山積みなんだぞ。
>
> 営業担当者は顧客のところに戻って「セキュリティ機能は開発できません」と告げ、契約を失います。営業担当者は「プロダクトマネージャーは目先のことしか考えていない」と非難し、プロダクトマネージャーは「営業担当者からまた無理な注文をされた」とうんざりした表情を浮かべます。でも「A社はどうしてセキュリティ機能を欲しがったのか」を理解しようとしないままです。

このような会話の代わりに双方が協力することで良い結果を得ることができます。

顧客から機能の追加や変更を要求されたときは、「はい／いいえ」は良い答えとは言えません。このような二元的な答えではそこで会話が終わってしまいます。このような場合、顧客が「なぜ」それを求めているのかを問うことが、拒絶を避けるスマートなやり方であり、効果的な答えを引き出すこともできるのです。

わたしはYammerで営業担当者／アカウントマネージャー向けの新人教育プロセスの一環としてこのような会話テクニックを教えています。

> **顧客**：機能Xの開発を約束してくれるまでは製品を購入できません。
>
> **営業担当者**：製品開発のチームにそれを伝えるため、お客様のニーズをしっかり理解したいので、お客様が求める機能Xとは具体的にどんなもので、どう役立つのかについて質問してもよろしいでしょうか？
>
> **顧客**：大勢の社員からあなたのところの製品についての不満が出ています。それは機能Yがないからです。
>
> **アカウントマネージャー**：その社員の方々は当社の製品に満足されていないのですね？ 問題を詳しく理解したいので質問させていただけますか？ その方々は具体的には何が実行できないことが不満なのでしょうか？ 機能Yがあったならどのように使用するおつもりなのでしょう？

このように尋ねれば顧客は詳しく答えてくれ、営業担当者は、それが本当のニーズなのか、値引きさせるための口実なのかを判断できるようになります。顧客の方も営業担当者が契約を取ろうとしているだけでなく、ニーズをきちんと理解しようとしてくれていることを評価してくれます。製品開発チームも顧客の潜在ニーズや、対処すべき問題について知ることができます。

このようなテーマで研修を行なっても、新人の営業担当者やアカウントマネージャーは「そんな質問をしても本当に効果があるのか？」と懐疑的な態度を見せます。追加機能や変更が必要な理由を訊かれても顧客が快く質問に答えてくれることなどないと疑っています。ごもっともです。

顧客に「なぜ」と尋ねるときは言葉に気を遣わなければなりません。丁寧な言葉で、なぜ理由を尋ねるか目的を明らかにすることで、問い詰めるような印象を与えずカジュアルに話をしやすくなります。詳しくは5章のコラム「『なぜ？』を上手く扱う」を参照してください。

製品開発チームと営業チームが緊張関係にある場合は、営業チームのメンバーに「次に顧客に営業に出向くとき、こっちのチームのためにリサーチしてくれないか？」と頼むのは現実的ではありません。

わたしもこのような会社で働いたことがあります。そんなときは顧客開発のリサーチよりも「営業担当者のニーズ」に着目するのが有効でした。わたしは次のように相手に伝えていました。

> 顧客が追加機能を欲しがっていて、その実現を約束できないと契約獲得が難しくなるというのはよくわかるわ。
>
> 機能を実装できることは確約できないけど、あなたを顧客にノーと言わなければならない立場に置きたくないわ。では、こういうのはどうかしら？ 顧客になぜ機能を求めているのかを質問できないかしら？ 最悪、火に油を注ぐかもしれないけど、うまくいけば顧客のことを多く学べて関係を深めることに役立つはずよ。

営業担当者が顧客に売り込む時や表敬訪問するときに同行したりするのも、同僚との関係を深めるだけでなく顧客開発の有効性を実証する良い方法になります。顧客開発の実際を現場で見てもらうことは同僚を仲間に引き入れるのに最も良い方法です。

これをさらに一歩推し進めているのが諜報機関／軍事用のデータ分析ソフトウェアを開発しているPalantirです。同社は顧客の声に耳を傾けるため、営業担当者を訓練するのではなくエンジニアを直接現場に送り込むのです。

> Palantirではエンジニアは最初のうちは製品を開発せず、現場で顧客と直接話をして製品が顧客のニーズを満たしていることを確認します。Palantirのエンジニアは、顧客の課題にその場で取り組むことができるのです。何より、顧客がまだ気づいていなかったり、自分では気づかない新たな課題が明らかになることもあるのです[†]。

9.2　ドアをノックするのは誰だ？

> カスタマーサポートは問題を片付けるコストではない。情報収集のチャンスなのだ。
>
> ——ダリウス・ダンラップ

「顧客にとって押しつけがましいから」と言い訳して、顧客開発を敬遠する人がいます。確かにこれはフォーチュン500企業のCEOの携帯電話に突然電話をかけて20分のインタビューを依頼しない理由としてはまっとうでしょう。でも顧客が製品を購入して使っているのなら、あなたは毎日顧客と接する機会を得ていると言えるのです。それは顧客がカスタマーサポートに電話をしてきたときです[‡]。

優れたカスタマーサポートの担当者は、驚くほど活用されていないリソースです。1日中、製品に関する質問を受け、バグレポートを報告している人ほど製品を知り尽くしている人はいません。

誰に向けて製品を開発しているかをわかっていなかった

ヴァネッサ・プファフリンは、スポーツジムやフィットネスクラブのスタジオ管理ソフトを提供するMindbodyのカスタマーサポートとして仕事

[†] 『人を動かす新たな3原則——売らないセールスで、誰もが成功する！』ダニエル・ピンク著
[‡] このセクションのタイトルはメンアットワークの『Who Can It Be Now』という曲名から拝借しました。わたしは、この歌の語り手と同じ戦術は勧めません。でも残念ながら、実際には、せっかくフィードバックを提供してくれる顧客から『逃げ隠れする』企業がたくさんあります。

を始めたとき、顧客からの問い合わせに同じ内容のものが実に多いことに気づきました。「簡単な操作についての問い合わせが多くありました。たとえば『どうすればクラスをキャンセルできるか？』『販売データを 1 件削除にするにはどうすれば良いか？』といったものです。しばらくすると、こうした問題は根本から解決できるのではないかと思うようになりました。わたしは、顧客からの質問の内容を書き留め、スクリーンショットを取り、ユーザーインターフェイスの簡単な改善案を書き込んでいきました。インターフェイスを改善すれば、そもそも顧客が基本的な操作につまずくことはなくなると考えたからです」。

あるとき、Mindbody の業績が急拡大して CEO を含めたスタッフ全員でカスタマーサポートを支援しなければならない月がありました。CEO はきわめて多くの顧客が、頻繁に使われる基本的な機能を上手く操作できていないことを知って驚き、プファフリンに問題の洗い出しと、問題の発生を未然に防ぐための対策を講じるように指示しました。

「わたしはテクニカルサポートのログを分析してもっとも頻繁に生じている問題をつきとめ解決策を提案しました。顧客からの電話による問い合わせの最大の原因になっていたのは、アプリケーションで表示される画面のひとつでした。この画面はスタジオ経営の顧客が価格設定するために頻繁に使うものでしたが、悪夢のように複雑で使いにくいものでした。調査の結果平均的な顧客は 15 個のオプションのうちわずか 4 つしか使っていないことがわかりました。そこでほとんど使われていない 11 個のオプションは ［詳細設定］ をクリックするまで表示させないようにしたところ、問い合わせの件数が激減しました。開発の初期段階から顧客と話をしていればこれらのオプションはそもそも開発不要と判断できていたかもしれません」。

その後、Mindbody はユーザービリティのリサーチャーであるジャレッド・スプールを外部から招きいれました。スプールは、チームにフィールド調査の実施を促しました。「ジャレッドから『チームは誰に向けて製品を開発しているかまったく理解していない』と言われましたが、そのとおりでした。サポートチーム以外に顧客の話を聞いている人はいないのに、そのサポートチームはエンジニアチームと話をしていなかったのです」。

プファフリンは、同社初のユーザーリサーチャーになりました。同社は彼女の提案で、定期的な現地視察を開始しました。エンジニアとデザイナーが

> 顧客のオフィスを訪れて製品がどのように使われているか観察するのです。「わたしたちは、顧客が操作ミスをしても、カスタマーサポートに電話しない場合があることも知りました。スタジオが客で賑わっているので顧客がミスをしたことをいちいち覚えていられないような状況で仕事をしているときがあったからです。また、顧客が自分の操作の方法が間違っているからミスが生じるのだと考えているケースもありました」。
>
> Mindbody は製品開発チームの全員に 6 週間ごとに 2 時間、顧客を観察することを義務づけました。その時間を使ってメンバーは現地視察に行っても良いし、営業の電話の内容を聞くことも、ユーザーリサーチに同席することもできます。「最初メンバーは不満がっていましたが顧客が苦心している様子を見たメンバーが解決策を提案／実装したとき、その経験がチーム全体にとって本当に価値あるものになりました」。

サポート担当者にとって、機能を要求されたり、苦情を言われたりすることは、顧客とのやりとりのなかでも、もっともイライラするものです。腹を立てる顧客に対応しなければならないうえ、立場上、問題を修正できるかどうか、できる場合はいつかを約束することができないからです。

しかし意外にも、こうした場合に顧客に質問をすることは相手の否定的な態度や感情を和らげるのに効果的なツールになります。フォローアップの質問をすることで顧客が「話に真剣に耳を傾けてもらっている」「自分のことを理解してくれている」と感じます。質問することは「一緒に問題を解決しましょう」というパートナーシップのシグナルになるのです。激怒して電話をしてきた顧客も、電話の向こうの相手が自分の問題を積極的に理解し解決しようとしているのに気づくと、怒りが和らぎやすくなります。SupportUX コンサルティングの創設者であるダリウス・ダンラップもこの点について冗談めかしてこう述べています。「真摯に話を聞いていれば、顧客が突然『この馬鹿野郎！』から『ワォ、相手は本当に客のことを考えてくれるんだね』と考え方を転換してくれる」。

9.2.1　機能追加を要求されたとき

機能追加を要求されたときの良い対処策は、オウム返しにしたうえで「なぜそれを望んでいるのか」を尋ねることです。顧客の言葉を繰り返すことでこちらが相手の

言っていることを正しく理解しているかどうかを確認できます。また問い詰めるような言い方ではなく、好奇心を持っている感じを伝えられるので「なぜ？」と相手に尋ねるときに生じるきつい印象を抑えやすくなります。例を示します。

> わたしが話を正しく理解しているか確認させてください。あなたはデータエクスポート機能を追加してほしいとおっしゃいましたね？
>
> わたしたちがこのデータエクスポート機能を開発した場合、あなたはそれを使って何を実現したいのですか？

　この種の質問への回答率はきわめて高くなります。顧客は質問に答えることで、望む機能が実装される確率が高まると考えるからです。Recurly のカスタマーサポートディレクター、レイチェル・ペニングはこう述べています。「わたしたちは顧客にこう言います。『行なう必要があることをすべて教えてください。わたしたちはすべてにイエスと言うことはできませんが、フィードバックを社内で共有し情報にもとづく意思決定のために活かします』わたしは最近6万種類（！）もの料金プランを作成する方法を望んでいる顧客と話をしました。この顧客が何を達成しようとしているのか尋ねることで3種類の料金プランを使った、合理的なソリューションを考え出すことができました。

顧客の話に耳を傾けること
——ただし、額面通りに受け取ってはいけない

わたしにはいつも驚かされることが2つあります（**図9-1**）。

- 20人の顧客から同じ要求をされているように思えても詳しく話をしてみると、実際にはそれぞれが「異なる」課題を解決しようとしていること。Yammer では、顧客が頻繁に運営管理のコントロール機能の改善

を「是非やって欲しい機能強化」として要求してきます。でも実際は顧客はそれぞれまったく異なる要求をしているのです。

- 20人の顧客から機能の実装や変更についての異なる要求をされているように思えても、詳しく話をしてみると実際にはその根底に横たわる課題が同じであること。KISSmetricsでは、わたしたちは分析機能のデバッガのバージョン1.0を開発しました。このデバッガは顧客にとって非常に重要なツールでした。それぞれの顧客はツールのさまざまな改善策を要求してきたのですが、すべて情報の表示や密度に関する同じ課題から生じていたものでした。

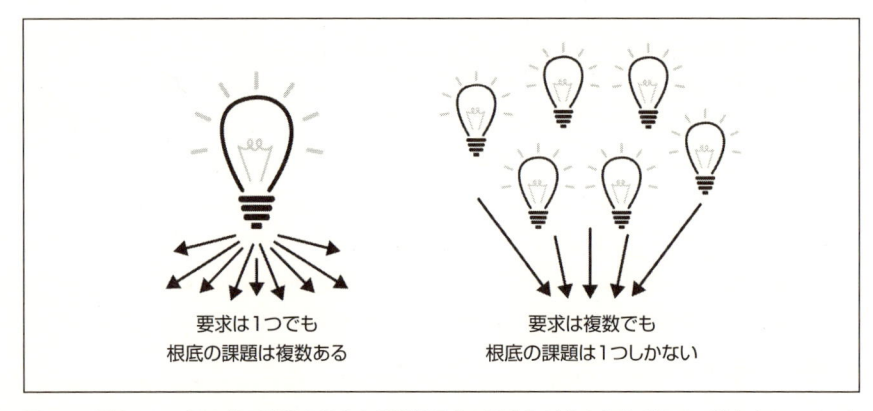

図9-1 顧客には、目の前の課題よりもただ機能要求の話をしがちな傾向がある。抽象度のレベルを1つ上げて話を理解しなければならない

9.2.2 機能の問題か？ デザインの問題か？

顧客から機能やインターフェイスについての不満を伝えられたときは、普段より丁寧な対応をする配慮が必要です。わたしはKISSmetricsで4つの「A」(「謝る(Apologize)」「非を認める(Admit)」「質問する(Ask)」「感謝する(Appreciate)」)をカスタマーサポートのガイドラインにしています[†]。顧客に迷惑をかけたことを謝罪し、自らの責任を認めることで顧客に質問をしやすいトーンを作りだせます（意図

[†] http://www.cindyalvarez.com/communication/

に反して顧客に「自分の方が悪いと責められている」と思われてはいけません)。電子メールの返信例を見てみましょう。

> 申し訳ございません。わたしたちは現状のデータセレクタの機能が直感的に操作しにくいことを認識しています。本来、翌月のレポートが利用できるようになる時期についてインラインのテキストで説明するべきですね。
>
> この機能をお客様がどのように使っておられるのかを理解するため質問をしてもよろしいでしょうか？　この機能は、毎月、同じ時期に使用していますか？　この機能を使うのはあなただけですか？　それとも、別の職種の人もこの機能を使っていますか？
>
> このつどはご連絡ありがとうございました。わたしたちは常に、製品の利便性の向上に努めています。わたしたちにとってお客様のご意見は非常に貴重なものです。

　こうした質問への回答から「影響を受ける人」「発生する状況」「発生頻度」「重大度」など、問題についての価値ある詳細情報が得られます。

　製品の使い勝手というものは標準的なユーザービリティテストで改良されているものの、実際の顧客の行動パターンを想定して最適化されているわけではありません。顧客の1人から機能やデザインについて苦情を言われた場合、その背後には何も言わずに我慢しながら（あるいはイライラして毒づきながら）それを使っている10人以上の顧客がいると考えるべきです。そしてこれらの顧客は、その製品／サービスから他へいつ乗り換えようかと考えているのです。

9.2.3　バグとエラー

　顧客がバグやエラーを申告してそのサポートを求めてきたとき、わたしたちが最初に頭に浮かぶのは、顧客開発のことではなく、その問題に対処し解決を目指すことです。でもカスタマーサポートで働いた経験のある人なら、顧客からの質問に答えることが必ずしも顧客が「本当に必要としている質問」に答えることにはならないと知っ

ているはずです。サポート担当者は、顧客の質問に答えながら、自然な形で別の質問をしていくテクニックを身につけているはずです。例を見てみましょう。

> この機能を使ってあなたがどのようなタスクを達成しようとしているのか尋ねてもよろしいでしょうか？ これは、できる限り適切な回答をしたいからです。より簡単で優れた方法がないか確認させてください。

　このような形で回答をすれば顧客が質問に答えようとしてくれるでしょう。そしてこれは、顧客開発にとっても役に立ちます。

　Web ベースの製品では電話やメールによるサポートだけではなく、顧客からの質問への回答や販売促進のためにライブチャットを用いることがあります。顧客が質問を出してきたら、顧客の課題を明確にしたり、こちらから質問をしたりするチャンスです。時間が20分も取れることはなくせいぜい2分程度しか取れないかもしれませんが、それでも何かを学ぶには十分です。

9.2.4　今週の質問

　顧客開発の質問として相応しいものが浮かばなかったり、会話中にスムーズに質問を差し込むことができなかったりする場合もあります。しかし、すべての質問が顧客の具体的な体験に関係するものである必要はありません。シンプルな調査形式の質問でも有益な背景調査が可能なものがたくさんあります。

　もっと簡単なのは毎週特定のトピックについて質問を1つ選ぶことです。わたしはKISSmetricsでカスタマーサポートのメールに答えるとき、メールの末尾に質問を追加します。数秒の手間しかかかりません。例を示します。

> 他に質問がある場合や、問題が完全に解決されなかった場合は、お知らせ下さい。
>
> わたしたちはいつもお客様について理解したいと考えています。そのために

> 1つ質問をさせてください（本件とは無関係ですが）。
>
> **先週は会議に何時間費やしましたか？**

サポートにチケットシステムを採用している場合は、簡単に回答できる質問でなければなりません。

こうした場合の一般的質問として良いのは数値や「誰が／何を／どのように／いつ／なぜ」などで回答できる、事実に関する質問です。主観的な答えを求める質問は、回答に時間がかかるだけでなく、こちらからフォローアップの質問をしない限り有益な情報は得られません。

9.2.5　バイアスを認識する

多くの場合、問い合わせをしてくるのは典型的な顧客ではありません。製品を使っている人の大半は苦情も言わなければ絶賛もしない「サイレントマジョリティ」という言葉で表現するのがぴったりな、「物言わぬ顧客」なのです。

Yodleeでは、サポートに問い合わせをしてきたり顧客用のフォーラムに投稿するのは、きわめて技術リテラシーが高く、金融ドメインの知識に詳しい人に偏っていました。相手は常に、わたしたちの製品の使用方法の限界を押し上げようとしていました。一方KISSmetricsではまったくの初心者と専門家の両極端を相手にすることが多くありました（専門家はウェブ解析についてわたしよりもはるかに詳しい知識をもっていました！）。Yammerでは、サポートの問い合わせや機能要求をしてくる人の多くはコミュニティマネージャーやプロジェクトマネージャーです。

にも関わらず、問い合わせやリクエストをしてくる人には共通した特徴があります。フィードバックにどんなバイアスがかかっているのかがわかれば、それに応じた軌道修正が可能になります。管理者や経営者などのパワーユーザーや、その代理である顧客からフィードバックを得た場合は、それによってどれくらいの数のユーザーが影響されるのかを調べてみると良いでしょう。パワーユーザーがユーザーの90%は触ったこともないような機能の改善を要求してくるのは珍しいことではありません。相当にローテクであったり経験が浅かったりする顧客がフィードバックを提供してきた場合、そうした顧客が妥当な顧客になりうるかどうか、経験が少ないために製品か

ら価値を得るには障壁が高過ぎはしないかを評価すると良いでしょう。

9.3　顧客開発のサイクルを循環させる

「社内の個別のチームはそれぞれに貴重な情報を得ているのに、どさくさに紛れて組織全体としてうまく共有されていない」といった事態を避けるにはどうすれば良いでしょうか？

情報の共有はできる限りインフォーマルに始めることをお勧めします。重要なのは、顧客開発のサイクルを循環させることです。継続的に実践できるようにするためには、情報共有のプロセスにできる限り「簡単に」参加できるようにするのが大事なのです。

サイクルは「情報の収集」「情報の要約」「適切な詳細レベルでの共有（過剰な情報で相手を混乱させない）」の3要素で成り立っています（6章を参照）。段階的に顧客開発を導入しているとき、わたしたちは特定の仮説を棄却する材料を探しているわけではなく、製品や顧客の変化に応じて継続的に学習しようとしています。このように段階的な顧客開発の際に記録をつけておくことで、新たに仮説を作ったり詳細なユーザービリティリサーチを実施したり、分析データを掘り下げたりするきっかけになるのです。

9.3.1　情報の収集

他の社員が作成した顧客開発メモをどう収集するのが良いかは、社内で使われているツールによって変わります。何回もクリックをしなければならなかったり長ったらしい指示を読まなければならなかったりしたら、手間をかけてメモを共有しようとする人は少なくなってしまうでしょう。チーム内での情報共有のためにもっとも簡単で手間のかからない方法は何でしょう？　顧客と話をした社員から顧客開発のインプットとなる情報を与えてもらうための手法について、わたしが実際に現場で見てきた例をいくつか紹介しましょう。

- Word か Google Doc の共有文書（誰でもメモを書き込める）。

- Evernote や OneNote の共有ノートブック（誰でもメモを書き込める）。

- 専用の電子メールアドレス（誰でもそのアドレス宛にメールやメモを送信で

- Google フォーム（メモをスプレッドシートに送信できる）。

KISSmetrics では Google フォームを使っていました。フォームには、質問者のヒントになるような一般的な質問をデフォルトで記載し、その下には自由にテキストを入力できる領域を設置します。また、末尾にはその他の質問についてのメモを入力できる領域も用意します。社員はこのリンクをブックマークしておき、インタビューの際に表示させてメモを直接入力し、インタビューが終わった直後に［Submit］をクリックすれば、社内で情報を共有できます。このアプローチには、2つの大きなメリットがありました。1つは、「メモを提出するように」と同僚に口うるさく言う必要がなくなること。もう1つは、同僚がフォームから初めてメモを提出したときに、すばやいフォローアップができることです（顧客開発の進め方についての簡単なフィードバックを与えたり、相手の答えを引き出す質問の方法や、フォローアップで使うべき質問などをアドバイスしたりできます）。

なんであれ、あなたにもっとも有用な情報が得られるのが一番です。ツールを使うよりも日常的に顧客と接している社員に直接電話をした方が効果的な場合も多くあります。こうした社員は外回りをして、顧客と対面で話をしています。その際、顧客開発のときのように手書きやPCでメモを取ることはないため、情報は頭の中にとどまったままです。

9.3.2 顧客開発の成果を共有する

あなたの目標は顧客の課題やニーズについて学んだことにもとづいて、製品に関する賢い意思決定を行なうことです。そしてその意思決定の結果を社内で明確に共有する必要があります。「特にこちらから説明しなくても、社員は顧客開発がどのような成果をもたらしているかを理解してくれる」などと想定してはいけません（顧客開発を実践する人は顧客の課題に焦点を当てているため、顧客の課題がわかった結果として選択される解決策に注目しないことがままあります）。

顧客開発によって時間やお金を節約できた場合、ミスを防げた場合、顧客満足を劇的に高めた場合などはおおいに祝福すべき勝利なのです。次のような形で社内に報告しましょう。

> わたしたちは、_____を学びました。
>
> そのため［機能／パートナーシップ／新製品］を開発／構築するのを見送りました。
>
> それによって、_____時間を節約できました！

　本書の冒頭で述べたように、わたしはKISSmetricsでの最初の1ヵ月を顧客開発インタビューに費やしたことで製品開発のスコープを大幅に削減できました。2ヵ月以上の開発期間と、複雑なコードをサポートするための継続的なコストを減らすことができたのです。
　顧客開発の成果を、さらに細かく社内に報告する方法を見てみましょう。

> わたしたちは、_____を学びました。
>
> そのため、_____に取り組みました。
>
> その結果、_____（指標値のポジティブな変化）を達成できました！

　このような成功事例は、プレゼンテーション用のスライドで表現するのにぴったりです。しかし、成果を社内に伝えていくチャンスを会議だけに限定するのはもったいないことです。成果を要約した紙をプリントアウトし、壁に貼りだしましょう。Yammerでは、顧客から学んだことのまとめを壁に貼ったり、オフィスの壁面ディスプレイに流したりします。会議に出席した人だけではなく社員全員の目に成果が触れることで、顧客開発が会社の文化として浸透しやすくなります。
　情報をどれくらいの頻度（毎週、毎月、ランダム）で伝えるかは、伝えるべきストーリーをどの程度持っているか、会社のリズム／テンポによって異なります。小さなスタートアップでは毎週報告すると良いでしょう。大企業では、顧客開発の成果を

毎週報告するのは、過剰と受け止められることがあります。

　Yammerのユーザーリサーチチームは、社内全員参加の月例会議で最新情報を共有します。またエンタープライズ向け製品のプライベートコミュニティでも4半期に1回、顧客ともインサイトを共有します。外部向けのブログに情報をアップすることもあります。わたしたちは、「顧客から学んだことと、その結果として実施したこと」を要約して顧客に伝えます。顧客が常にわたしたちの解決策に同意してくれるとは限りませんが、わたしたちが何を学び、どのような優先順位付けを行なったかをガラス張りにして伝えることで、そこからさらに質の高い疑問や課題が生まれやすくなります。つまり、顧客開発について話をすることも、また1つの顧客開発の実践にほかならないのです。

9.4　準備完了

　ここまでの9つの章では、思考をリフレームし、仮説を形成し、話をする顧客を見つけ出す方法を学んできました。インタビューや分析の方法、メモの内容を製品に関する意思決定につなげる方法もステップごとに見てきました。

　もし読者のみなさんがここまで読み進める途中で、本を脇に置いて顧客に電話をかけ、顧客が解決しようとしている課題は何かを探ろうとしたなら、筆者冥利に尽きます。この本を読み進めながら、仮説を棄却したり新たな仮説を作ったり、新たな質問を考え出したりしてくれていたならさらに嬉しいです。

　この本を読むことで、顧客開発が容易に感じられるようになり、インタビューも自然に行なえるはずです。それでも、ミスはつきもの（むしろ、ミスをしなければがっかりするくらいです）。しかしミスをすることによって短期間で多くを学ぶことができ、それが次の機会に活かされるのです。

　これからあなたが顧客開発を実践していくなかで疑問が浮かんだら、わたしにお聞かせください。わたしは、ブログ記事やテンプレート、成功事例の収集を続けています（http://www.leancustomerdevelopment.com）。わたしの連絡先は、cindy@leancustomerdevelopment.com です。みなさんの幸運を祈ります！

この章のまとめ

- 顧客と話をしている社員全員に、顧客開発に参加するための簡単な方法を教える。

- 顧客から機能要求をされたら、「もし今その機能があったら何をするか」を尋ねる。

- 顧客が何に価値を置いているかを理解するために、もっともアクティブで熱心な顧客にその製品を人にどのように説明するかを尋ねる。

- 顧客開発の成果を社内で共有する。顧客から学んだことを示すことで、ポジティブな変化が生まれる。

- 問題があることを示す最善のシグナルは、カスタマーサポートで生じている。

- 怒っている顧客に質問をし、話に耳を傾けることで、課題の詳細を学ぶことができる。真摯に話を聞くことは顧客から学ぶ機会になるだけではなく、顧客の態度を和らげる効果がある。

- 本当の課題を知るために、質問をしなければならない理由は、顧客が1つの根本的な課題を解決するために、異なる提案をする場合があるためである。また顧客は、根本的な課題が異なるのに、同じような提案をすることもある。

- 顧客に電子メールを送るときに、メッセージの末尾に質問を追加する。質問には、回答結果を集計して評価できるような枠組みを作る。

付録
効果的な質問

顧客開発では必ずしもスケジュールを定めた正式な形として行なったり、枠組みに従ったインタビューにこだわる必要はありません。

しかし、顧客との日常的なやりとりに顧客開発の質問を効果的に挟み込むのは容易ではありません。うっかり誘導尋問（「どのくらいの頻度でXを使うと思いますか？」とか）をしてしまったり、「はい／いいえ」の一言で答えられる質問（「Yはあなたの家族の昼食の良い選択肢になると思いますか？」など）をしてしまったりします。「はい／いいえ」形式の質問は、オープンエンドの答えを促さないので、効果的ではありません。ボールがすぐにあなたのコートに打ち返されてくるので、別の質問をする準備もしておかなくてはなりません。あなたがしなければならないのは、自分が話すことではなく、相手の話を聞くことです。ですから、「はい／いいえ」で答える質問は良い戦略ではないのです。

この付録では、顧客開発で使える質問を紹介していきます。それぞれの質問について、構成や効果的なタイミング、学べることを一緒に考えましょう。

注意

検索エンジンを使えば調べられる質問をしてはいけません。相手は、「自分にしか答えられない情報を提供することで役にたっている」という感覚を楽しんでいるのです。相手はあなたのリサーチアシスタントではありません。専門家に対するように、接するべきなのです[†]。

A.1　顧客開発インタビュー全般で使える質問

これらの質問は、スタートアップでも既存企業でも役立ちます。

A.1.1　前回＿＿＿＿＿をしたときのことを教えてください

この質問を使う状況

顧客は、あるタスクについて話をしている（それについて不満を述べている、ま

[†] 相手に「所属する業界の年次会議の開催日」や「地元の学校の一覧」などを尋ねてはいけません。このような客観的事実にもとづく情報は、調べればわかるからです。同様に相手の会社のウェブサイトを読んだり、マーケティングビデオを見ればわかることについても、尋ねるべきではありません。調べればわかることを尋ねられたときに感じる憤りの気持ちを表すために作られたのがLet Me Google That for You (http://www.lmgtfy.com) というウェブサイトです。同サイトのAboutには、「質問をしてきた相手に、Googleを使って調べて欲しいと考えるすべての人のためのサイト」と書かれています。

たは高速化や改善などの希望を述べている）か、何も話をしていない状態です。前回そのタスクをしたときの様子を尋ねるのは、相手の自由な話を促す質問ではありません。しかし、この時点では、時間や労力、コスト、価値を測定する質問をしても意味がありません。どの要素が興味深いかまだわからないからです。この質問でもう1つ重要なのは、将来の行動ではなく過去の具体的な行動について尋ねている点です。

学べること

あなたが、特定のタイプの情報を探していることを暗示しない限り、顧客は単純に、そのタスクについてもっとも重要だと考えていることを話します。「誰が」「何」「なぜ」「いつ」「いかにして」に関して話したり、ポジティブまたはネガティブな感情を伴って話してくれることが多くなります。

── ノート ──────────────────
顧客が最初に何を話したかが、会話をどう続けるかの指針になります。

A.1.2　もし魔法の杖を振って［タスクの実行］方法を何でも変えられるなら、何をしますか？

この質問を使う状況

この質問は、現行の解決策しか選択肢はないと思い込んでいる顧客や、現実または認識上の制約によって思考を制限されている顧客が、制約を越えて自由に解決策を考えるのに役立ちます。

学べること

この質問は、顧客に最大の課題が何かを明確にするよう仕向けます。また顧客が魔法の杖によって時間短縮や改善を実現しようとしたのか、障壁や官僚主義を取り除こうとしたのかなどを知ることで、顧客の背景情報や環境についての詳細を学ぶこともできます。

A.1.3 ＿＿＿＿＿＿のためにどのようなツールを使っていますか？

この質問を使う状況

この質問は、具体的な話を促します。顧客はタスクの実行や状況への対処の方法について、一般論ではなく詳細に説明しようとします。あなたが顧客の特定の体験に興味を持っていることを明確に伝えたとしても、顧客はそれを本心から信じずに、「この人は、わたしが使っているウェブサイトやアプリについての個人的な話をしゃべって欲しいとは思っていない。他の人にも当てはまる一般的な答えを求めているに違いない」と受け取ってしまうことがあります。

学べること

具体的なウェブサイト、機器、ソフトウェア、アプリケーション、他に顧客が使用しているメソッドなど。顧客が課題の解決のためにツールを試しているのなら良いしるしです。顧客が課題を認識し、その解決にコミットしていることを示しているからです（ある課題に対する解決策を試みる意図はあるが、まだそれを実施したことがない顧客は、たいていの場合、本気で解決を目指してはおらず、製品も購入してくれません）。

A.1.4 ［ツール］を使い始めたとき、どのようなメリットを期待していましたか？

この質問を使う状況

この質問は、顧客がすでに課題は解決済みと考えている場合に使います。顧客は少なくとも部分的には課題に対処できる製品を使っています。しかし積極的には、より良いソリューションを模索しているわけではありません。

学べること

顧客が当初、課題の解決に何を期待していたか。ツールが（紙や鉛筆のようなものではなく）市販の製品である場合、その製品のマーケティングのメッセージを見ることが役立ちます。製品のマーケティングメッセージが約束している価値と顧客の期待値を比較してみましょう。

解決されていない課題があるかもしれない

ある目的のために使い始めた製品やサービスが、別の目的のためにも便利そうだと気づくことはよくあります。このため、顧客は製品の新たな価値にすっかり満足していながら、未解決の課題は残っている状況が生じることがあります。この場合には、次のようなフォローアップの質問が効果的です。

> 当初は実現できると期待していたが、［ツール名］では実現できなかったことは何かありますか？

A.1.5 どのくらいの頻度で＿＿＿＿＿＿を行ないますか？たとえば先月は何回行ないましたか？

この質問を使う状況

わたしは通常、顧客がタスクやルーチンに関する課題の解決のために製品／機能に興味を示したときにこの質問をします。「どれくらい」という、くだけたスタイルで尋ねることで、身構えず率直に答えやすくなります。人は、出来事の発生頻度を把握するのが上手ではありません。そのため、過去の一定の期間をこちらから指定することで、正確な答えを引き出しやすくなります（この期間はあまり長くしてはいけません。この例ではわたしは1ヵ月間の期間を用いています）。頻度の枠組みで質問をすることで、顧客は、社会的にはあまり好ましいと思われていない行動や、答えるのが恥ずかしいことについても話しやすくなります[†]。

学べること

ある状況の発生頻度をはっきりと尋ねることで、それが解決のための投資に値する重要な問題であるかどうかを判断しやすくなります。またこの質問は、優先度についても暗黙に尋ねています。「その状況はいつでも生じている」と説明し

[†] わたしの友人に、低所得の都市部住民のための無料診療所で働いているナースプラクティショナー（診療看護師）がいます。彼女のような職業の人は「あなたはドラッグを使っていますか？」ではなく、「先週はドラッグをどのくらいの頻度で使いましたか？」と尋ねるように訓練されているそうです。前者よりも、後者の尋ね方の方が、患者が（程度の差はあれ）正直に質問に答えようとするからです。このような方法で患者の習慣を正確に把握しなければ、効果的な医療の提供は困難になります。

たはずの顧客が、先月の発生頻度を尋ねられると「1度も生じていない」と認めるのは珍しくはありません。そのとき顧客がどう反応するかを観察しましょう。「あれ？ この問題はたいしたことはなかったみたいですね」と笑いながら自分の誤りを認める顧客もいれば、防御的に「いや、それでもわたしはこの問題が、いつでも生じているように感じるのです」と言い張る顧客もいます。後者の場合、その問題が顧客にとって特に重大であることや、低レベルのストレスを常時引き起していることを示唆しています。つまり追求する価値のある課題があるのです。

A.1.6　この現象が発生した場合、どの程度の時間やお金が追加コストとして発生しますか？

この質問を使う状況

課題が何かが明確になったとしても、それを解決することで利益をあげられるかどうかがまだわかっていない場合に有効です。また顧客があまり感情を表に出さないために、課題の重大度がわからない場合にも有効です（当然ながら、カンファレンスや営業会議などの公共の場では、人は感情を抑えて会話をする傾向があります）。

学べること

この顧客が時間や費用についてどう考えているか。「その顧客には予算の権限があるか？」「その顧客は、製品の主なユーザーであるだけでなく、購買決定の権限も持っているか？」

顧客の定量化を助ける

多くの人は（消費者だけでなくビジネスパーソンであっても）、どれくらいの時間やお金を無駄にしているかを定量的に考えることに慣れていません。そして、こうした不確かな情報にもとづいて、不合理な決定を行なっています。しかし、次のように尋ねることで、顧客に正確なコストを把握するように促すことができます。

> **インタビュアー**：いまあなたは、ご自宅で食べるものが何もないことに気づく問題について話してくださいました。この問題が起こった場合、どの程度の時間やお金がかかりますか？
>
> **顧客**：ええと。その場合は食料品店に買い物にいくかピザのデリバリーを頼みます。
>
> **インタビュアー**：食料品店に買い物にいく場合、どれくらい時間がかかりますか？
>
> **顧客**：そうですね、多分20分くらいです。店が混雑していたら30分はかかります。
>
> **インタビュアー**：買い物に出かけて戻って来るまでに30分かかったとして、ご家族の夜の過ごし方にどのような影響が生じますか？
>
> **顧客**：まず、夕食の時間がいつもより遅くなります。それから子供たちに早く宿題が終わらせ、お風呂に入るように急かさないといけません。就寝時間も遅くなるでしょう。こうした理由もあって、食料がないときにはピザを注文したい誘惑にかられます。
>
> **インタビュアー**：食料があり、料理をした場合に比べて、ピザのデリバリーを頼んだ場合には、どれくらい余分にコストがかかりますか？

この会話の目的は、正確な金額（または時間）を算出することではなく、あなたが提供している価値の大きさについて具体的な感覚を得ることです。

A.1.7　他に誰がこの問題を体験していますか？

この質問を使う状況

新たな顧客セグメントを探しているとき。あるいはターゲットにしている顧客プロフィールが適切なことを確信できていないとき。

学べること

他にインタビューの対象にすべき相手について。この質問のもう1つのメリットとは、顧客は自分たちと他の顧客の共通点について、あなたよりもよく知っている場合が多いことです。たとえば赤ちゃん向けの製品を開発した場合、あなたはターゲット顧客を親だと想定するでしょう。でも実際には親は赤ちゃん製品の唯一の購入者ではありません。祖父母や、赤ちゃんを溺愛している叔母や隣人、その他ベビーシッターにした人などの大勢が含まれることを知っています。より正確なターゲット顧客とは、「赤ちゃんのためにプレゼントを購入する人かもしれない人」と記述すべきでしょう。

A.1.8　＿＿＿＿＿＿を行なう（または使う）とき、その直前に準備していることはありますか？

この質問を使う状況

この質問はいつでも使うことができます。タスクやルーチンにはたいていわたしたちがあまり気に留めることのない、準備手順が含まれています。この質問は、何も不満を持っていないと思われる顧客（たとえばルーチンにすっかり慣れてしまっている顧客）と話しているときに、会話の糸口を見つけるのに役立ちます。何も目に見える不具合は生じていないので、顧客には何かを改善させることを考えていません。あるいは、「どのように＿＿＿＿＿＿を行なっているかを教えてください」という質問をして、顧客の答えの範囲が狭過ぎると感じている場合にも、この質問は効果的です。

学べること

顧客が製品を使用するとき、その前提条件が必要な場合があります（わたしは出

張中だけXを使います）。顧客が製品を使う前に必ず行なう段取りがある場合、それは機能セットを拡張したり、補完的な製品やサービスとのパートナーシップを提携したりするチャンスなのです。

オンラインでの請求書支払いが、驚くほど手作業に依存していた話

　Yodleeにいたとき、わたしは所属していた開発チームで、オンライン請求書支払いについての快適な体験の構築を目指して、大手の銀行と協力して作業を進めていました。このプロジェクトは結局、エンジニアリングリソースを投入する前にキャンセルになったのですが、わたしはインタビューした何人もの顧客から聞いた話を通じて発見した驚くべきインサイトを忘れられません。

顧客：現状のオンライン請求書支払いについては何の不満もありません。問題なく処理ができるし、小切手を書いたり、切手を買うのを覚えておくよりも便利ですから。

わたし：先ほどはオンライン請求書支払いのステップについて説明していただきました。では銀行のウェブサイトを開く前に何か準備をすることはありますか？

顧客：ないです——。いや、ありますね。銀行のウェブサイトには残高が表示されますが、それは請求書を支払う際の正確な額ではありません。それまでにATMで現金を引き出しますし、他にも自動引落しにしているものがいくつかあるからです。そのため、請求書支払いの時の正確な残高がいくらなのかを把握する必要があります。

わたし：それはどのように行なうのですか？

顧客：いつも、メモ用紙を使って手書きで引き算をしています。現在の残高からATMで降ろす予定の額と、自動引き落としされる予定の額を引きます。残った額が正味の残高なので、それを上回らないようにしてオンラインでの請求書支払いをする額を入力するのです。

この顧客は、ウェブサイトを使ってオンラインでの請求書支払いをしていると述べていましたが、実際にはその前に、オフラインでの準備が含まれていたのです。実は同じような話を他の何人もの顧客から聞きました。

ビジネスの観点からは、ここでオンラインバンキングのサイトに計算ツールを追加したいと考えるかもしれません。実は、これは微妙な問題です。銀行は残高よりも多くの額を誤って引き出す顧客から、多額の金利収入を得ているからです。いずれにしても長年金融系のソフトウェアを設計してきた者として、それまで自分が想像もしていなかった顧客の行動がインタビューによって明らかになったのは驚くべき体験でした。

この質問は次のように尋ねることもできます。

> ＿＿＿＿を行なう（または使う）とき、その直後に行なうことはありますか？

前述の質問と同様、これは状況を幅広い角度から学ぶための良い方法です。4章では、質問をする際に抽象化のレベルを1つ上げることについて説明しました。タスク／習慣的行動の前後に何をしているかを尋ねるのは、これを別の形で行なう方法だと言えます。

A.1.9　ユーザーリサーチやベータテストにご参加いただけますか？

この質問を使う状況

インタビューの最後には、必ずこの質問をするようにしましょう。正式なベータテスト用プログラムが準備できるまで待っていてはいけません。将来的な協力に合意してくれた人のメールアドレスをいくつも持つことは、非常に心強く、有用なことです。

学べること

あなたが顧客の課題を解決しようとしているなら、顧客は「協力する」と言ってくれるはずです。「協力しない」と言われることが多ければ、それは仮説が棄却

されていると解釈しましょう。

この質問は、今後の製品開発にどのように役立つか

質問に積極的に答えてくれる人たちを得ることで、チームは将来の製品開発に検証が必要な仮説を劇的に減らすことができます。シンプルな仮説（「顧客のほとんどはこの機能を移動中に使っている」）を作り、それを前述の質問で「協力する」と答えてくれた少数の人にメールで送ってフィードバックを求めることができます。例を見てみましょう。

> 手みじかにお尋ねします。[機能] を使う際に生じる、特定の出来事や状況はありますか。もしあるなら、それは何ですか？
>
> わたしたちは、変更の優先度を決定する前に、お客様が [機能] をどのように使用しているかを詳しく理解しておきたいと考えています。ご協力ありがとうございます。

「はい／いいえ」以上の答えを引き出すために、質問の文面には工夫しましょう。（たとえば「週の途中で食料が不足することはありますか？」よりも、「食料が不足してしまうことが多いのは週のいつ頃ですか？」の方が良い質問です。後者の場合、顧客の答えが「食料が不足することはない」であったとしても、顧客はそう答えてくれるので問題ありません）。

これは9章で説明した「今週の質問」とはまったく性質が異なります。「今週の質問」は、顧客からの学びを継続するためランダムに選んだ質問を、その週に接触した顧客に尋ねるものです。求めるのは、後で検索しやすいようにするための、短く一貫した答えです（トラブル時や、チケットシステムへの応答など）。

しかしここでは、チームはまだ検証していない意見について議論をする無駄を節約するために、信頼できる顧客を選んで、個別のメールで特定の想定について詳しく尋ねるのです。

A.2　既存製品に関する質問

すでに製品があると、あなたと顧客の両方にとって、乗り越えなければならない先入観がある場合があります。顧客は、以前に行なわれた製品ロードマップのプレゼンテーションを見て、特定の機能を期待しているかもしれません。あなたの方も顧客が何を必要とし、何を欲しがっているかについて、バイアスを持っている場合があります。

A.2.1　［わたしたちの製品］を使用するとき、最初に行なうことは何ですか？

この質問を使う状況
　　顧客の主観的な体験について詳しく知りたい場合は、手順に関する質問をすることで詳細な答えが得られる場合があります。

学べること
　　製品の使用状況を定量的に測定している場合は、この質問に対して事実にもとづいた答えを得ることができるでしょう。しかし、顧客が主観的にとらえている自らの行動は、客観的なデータと驚くほど異なっていることがほとんどです。

A.2.2　わたしたちの製品で日常的に行なっていることのなかで、あなたにとってもっとも有益なのは何ですか？

この質問を使う状況
　　あなたが「顧客がもっとも価値を見い出しているものは何か」についての仮説を立てている場合。製品の向上のために、何に投資すべきかを検証したい場合。

学べること
　　製品の作り手は「顧客が最大の価値を引き出しているのは、操作が難しい機能や、技術的に高度な機能だ」と考えがちです。ところが実際にはそうでないことがほとんどです。わたしは顧客にとってもっとも使用頻度が高く、もっとも便利な機能は、「共有」や「エクスポート」などの簡単な操作に関するものだと説明するのを頻繁に耳にします。

A.2.3 もし、［要求された機能］があったとしたら、あなたの暮らしはどのように良くなるのですか？

この質問を使う状況

顧客から具体的な追加機能の実装や製品の変更を求められたとき。あなたは、その要求が製品のビジョンに合うものだとは思えなかったり、顧客が何を求めているのかをうまく理解できていないと感じていたりします。

この質問をするときは、顧客との関係に合わせて言葉遣いを調整する必要があります。表現の仕方によっては、相手を見下しているような印象を与えかねないからです。わたしは「暮らしはどのように良くなりますか」「仕事はどのように楽になりますか」などのように、漠然とした表現を使って、相手に個人的に尋ねる感覚で質問することをお勧めします。時間やお金の節約のような具体的な何かについて尋ねると、答えの幅が制限されてしまうからです。

学べること

顧客が解決しようとしている課題。

A.2.4 他の顧客は、［課題］を体験していると言っています。

この質問を使う状況

顧客開発インタビューで、最後の手段として使う質問です。ある課題が他の顧客でも存在していることを検証しようとしている場合、誰かが自発的にそのことに言及したのであれば、課題が存在することの強い証拠になります。

相手からまだ何も聞いてなくても「この顧客は当該の課題を体験している」という強い直感が働く場合があります。そのような場合にこの質問を使うことで、相手から話を引き出しやすくなるのです。インタビューのために十分な時間が取れない場合にも適しています。インタビューの時間がなくてもこの質問をすることで、すぐに本題に切り込むことができます（これは「はい／いいえ」形式の質問ではなく、相手に話を始めさせる効果のある質問です）。

パターンに気づき、それが本当に存在するかを確かめたいとき。この質問は、パターンが現れ始めたときに、「架空の他の人たち」がパターンとは反対の行動をとっていると述べるときにも使用できます。詳細は6章を参照してください。

学べること

他者について言及すると、なぜか顧客は単なる意見の一致や不一致以上の、思慮深く、正直な答えをするようになります。

おそらくそれは、不満を述べる許可が得られた感覚が生じるためとも考えられます。立腹した顧客からの電話を受けることの多い人には、にわかに信じられないかもしれませんが、ほとんどの顧客は苦情を述べることを心地よく感じてはいません。自分ひとりが不満を述べたところで、課題は解決されないだろうと思っているからです。

ストーリーテリング・デモを使用する

質問をするよりもストーリーを語り、質問を促す方が効果的な場合があります。

ここではわたしが Yammer で使っているデモスクリプトの一部を紹介します。目的は、新機能のコンセプトについて顧客からフィードバックを得ることです。

これから、わたしたちが考える『御社の従業員が Yammer を使う方法』について、具体的に順を追って説明します。みなさんのご意見をぜひ伺いたいと考えています。コメントや質問があれば、デモの途中でも遠慮なくお聞かせください。

では、架空の会社アルパインスタイルの従業員ジェシカを主人公にしてデモを進めていきます。ジェシカは営業支援スタッフで、この一週間はカンファレンスに参加しています。

[デモの最初のページをロードして、Yammer のログインビューを表示する。]

[下にスクロールし、ブライアンの投稿を表示する。ブライアンは、

REIの担当者とコンタクトを取る方法について他の社員と会話をしている。]

今、ジェシカはアルパインスタイルの従業員が投稿した会話を読んでいます。そして従業員のブライアンが直面している問題を見つけ、自分が力になれることに気づきます。Yammerを使っていなければこの投稿をしたブライアンはジェシカに助けてもらうことはなかったでしょう。電子メールで他の従業員の誰かに「REIにコンタクトを取りたいのだがどうすれば良いか」と相談しても、それがジェシカにまで伝わる可能性はきわめて低かったはずです。Yammerを使っていたからこそ、ジェシカはブライアンの投稿にレスポンスをつけることができたのです。

[ジェシカのレスポンスを入力する。「以前、REIのメアリー・スティーブンスと仕事をしたことがあります。彼女の電話番号を調べてみます」]

次にジェシカは、チームがREIとの過去の取引で使用した文書があるのを思い出し、それを見つけるために該当するグループに移動します。

[左側サイドバーのメニューをクリックして、デモの次画面に進む。西海岸セールスグループが表示される。]

今ジェシカは西海岸セールスグループを見ています。ここではファイルを探すこともできます。

[ファイルタブをクリックして、デモの次画面に進む。ファイルの一覧が表示される。]

ジェシカは目的のファイルを見つけます。そしてこのファイルの作成者に質問したいことがあるのに気づきます。ここで質問するために、別の画面に切り替えなければならないとしたら、注意がそれてしまうところ

でしたが、ジェシカはこの画面のまま質問ができるのです。

[「オンライン」メニューをクリックして、デモの次画面に進む。現在オンライン中の従業員の一覧が表示される。]

[「リック・チャン」をクリックし、次のデモ画面に進む。チャット用の画面が表示される。]

ジェシカはリックに、以前の REI との契約について質問します。

[ジェシカの質問を入力する。「リック、ブライアン・マコーネルが REI を明日訪問することになっているのですが、力になってくれませんか？」。クリックして、デモの次画面に進む。]

　ストーリーテリング・デモは、顧客に機能を見せることではなく、あなたが解決しようとしている課題を示すことに焦点を当てます。
　わたしの経験では、顧客はデモの間違いを指摘しようとします。「それはわたしたちが状況に対処する方法とは違います。説明させてください」。これはまさに、顧客開発で求めているタイプの情報です。

A.3　効果があるなら、質問を続けること

　この付録では、体系的に整理された顧客開発のインタビューと、限定した段階的な顧客との会話の両方で使える一般的な質問の例を紹介しましたが、しばらくすればこのリストは不要になっているでしょう。定期的に顧客と話をするようになれば、どのタイプの質問をすると顧客からうまく話を引き出せるかが、感覚的にわかってくるからです。あなたが自然体で質問し相手が 5 分間熱心に話をしたなら、その質問を続けるようにしてください。

索 引

数字
4つのA 232
5つのなぜ 116

A-Z
Balsamiq 186
Craigslist 55
Hotwire 26
KRAVE 52
LaunchRock 57
LinkedIn 44
MVP 12,158,185
　イテレーション 176
　オーディエンス開発型 167
　オズの魔法使い 172
　仮説検証 181
　欠陥 185
　コンシェルジュ 168
　最小限より実用性 187
　最小限では不満 189
　修正 177
　シングルユースケース 174
　スケッチで描く 186
　大企業 185

他社製品 178
フェイクに見せる 186
プレオーダー 165
別のドメインを使う 187
よくある反論 191
　〜の開発 158
　〜の目的 162
　〜の種類 163
Quora 47
SaaS型リコメンテーション 82
Think-Make-Check 11
Twitter 54
UIへの不満 232
VOC調査 211

あ行
アーリーアダプター 29,36
アイデアの盗用 14
アカウントマネージャー 225
アジャイル 7,218
アメリカ自転車連盟 149
謝る（Apologize） 232
『アントレプレナーの教科書』 3
一般業界でも有効 9

一般的部分化技法 89
イテレーション 79,176
イノベーション 6,29
　　大企業 208
　　〜の継続 211
　　〜のジレンマ 77
イノベーター 29
医療業界 150
インサイト 13,136,141,213,249
インスタントメッセージ 60
インターネットで募集 44
インタビュー 1-241
　　2回終了 143
　　5回終了 145
　　10回終了 147
　　相手 107
　　相手が現れない 68
　　相手を尊重する 109
　　遅れる 67
　　会話の流れ 111
　　額面どおり 231
　　間隔 66
　　既存顧客 184
　　基本的な質問 72
　　キャンセル 67
　　嫌われた 128
　　記録 101
　　くだけた調子 109
　　顧客開発 103
　　個人として接する 109
　　最初の1分間 107
　　最後の数分間 124
　　失敗 128
　　修正 144
　　重要なイベント 83

受容 154
使用頻度 215
書記 105
スケジューリング 61
製品仕様 122
セリフ 108
代替可能性 215
対面 59,64
脱線 117
次の1分間 110
定性分析 215
定量分析 215
テンプレート 137
電話 59,63
トラブル 67
長引く 67
何回まで？ 148
バイアス 114
パターン 145
話が長引く 123
反応がない 67
必要数 142
ビデオ 103
侮辱 128
ペア 106
訪問 212
掘り下げ 115
メモ 101,136,141
模擬 101
誘導尋問 114,242
録音 101
　　〜の後 126
　　〜の所要時間 43
　　〜のお礼 55
　　〜の計画 57

| 〜の直前 107
| ウェブサイトの測定 155
| ウォーターフォール 7,219
| 営業担当者 225
| エバンジェリスト 36
| エリック・リース 6,13
| オーディエンス開発型 MVP 167
| オープンエンド質問 73,117,217,242
| オズの魔法使い MVP 172
| 遅くてもしないよりマシ 218
| オフィスを飛び出す 101
| オフラインで探す 50
| オンラインコミュニティ 50
| オンライン支払い 88,249

か行

| 懐疑主義 133
| 開発前に顧客を見つける 35
| 確証バイアス 12
| 額面どおりに受け取らない 231
| カスタマーインテリジェンス 198
| カスタマーサポート 225,233
| 仮説 3,10,181
| 　〜の棄却 146
| 　〜の検証 132,143,158
| 　〜の明確化 20
| 課題 76,154
| 　〜の体験 24,248
| 　〜の内容 24
| 　〜は認識されない 87
| 課題解決 177
| 課題仮説 20,25
| 可能なことを認識できない 89
| 感謝する（Appreciate） 232
| 願望と現実 85

| 既存顧客 184,188,203
| 既存製品 252
| 　〜の価値 208
| 機能かデザインか？ 232
| 機能追加を要求されたら？ 211,225
| 機能的固定性 87
| 機能の半分は使われない 214
| 客観的な質問 95
| 迎合を差し引く 132
| 継続的な顧客開発 223
| 劇的な変化 196
| 検証済み仮説 155
| 現地訪問 212
| 効果的な質問 241
| 構築 - 計測 - 学習 10
| 顧客 1-241
| 　意思決定 94
| 　価値判断 94
| 　願望に過ぎない 133
| 　支出の決定 94
| 　特性尺度 96
| 　フラストレーション 93
| 　本当に欲しい 133
| 　モチベーション 93
| 　わかりにくさ 93
| 　インタビューの要約 140
| 顧客開拓 3
| 顧客開発 1-241
| 　5つの基本質問 78
| 　150年前 197
| 　MVP 167
| 　新しいやり方 199
| 　今していること 80
| 　医療業界 150
| 　観察 198

機能追加	230
共有	237
経験	149
継続	223
顧客ではない人と話す	206
サイクル	236
最高の顧客	196
使用頻度	213
使用方法	213
大企業	184,220
典型的なユーザー	204
匿名	205
古いやり方	199
訪問	212
メモ	235
目的は調査	202
顧客開発インタビュー	67,103
顧客が欲しいもの	74
顧客像	24
顧客にならない人	135
顧客になる人	135
顧客の課題	21
顧客プロフィール	20,27,248
顧客を素晴らしい気持ちにさせる	199
コダック	196
コンシェルジュMVP	168

さ行

サイクリングチーム	149
最高の顧客	196
最後に質問を追加	234
最小限に留められない人	189
最初の1分間	107
サイレントマジョリティ	235
時間重視	29,96

自己紹介の例	46
市場リスク	198
失敗の確率	9
質問	241
オープンエンド	242
課題	253
既存製品	252
体験	248
追加コスト	246
「はい／いいえ」	73,242
他の顧客	253
質問する（Ask）	232
質問に徹する	200
質問の追加	234
実用最小限の製品（MVP）	162
自分にしか答えられない質問	242
社会的期待	91
主観的な回答	95
紹介を依頼	42
使用頻度	215
将来よりも現在	84
初期仮説	11
書記役	105
シングルユースケースMVP	174
人口統計データ	31
スクラム	7
スタートアップ	2,6,184
スタートアップとは異なる	188
スターバックス	64
スティーブン・ブランク	2,23,37
ステークホルダー	59,94,154
ストーリーテリング	203,254
スピードが大切	27
すべてが間違い	12
成果の共有	237

成功確率	10
製品開発	3, 6
誰に対して	228
作るリスク	198
ないと生きていけない	194
～の仮説	24
～のロードマップ	211
製品仕様	122
制約条件	86
節約重視	29, 96
セリフのリハーサル	108
潜在顧客	93
想定の明確化	21
想定を検証	218
組織構築	3
ソリューション	30
存在しないソリューション	90

た行

ターゲット顧客	32, 206
大企業	208
～の顧客開発	184
代替可能性	215
他者から賢いと思われる	38
他社製品MVP	178
他者の役に立つ	38
脱線	117
チーム	139, 235
共有	139, 235
質問	141
成果	237
チームメンバー	141
抽象化のレベル	81
追加コスト	246
定性分析	215

定量分析	215
適切な顧客	193
徹底した説明	199
動機	154
匿名の顧客開発	205

な行

なぜ話したがるのか？	36
ニーズは隠せない	76
二面市場	151
認知バイアス	12

は行

バイアス	114, 132, 235
「はい／いいえ」質問	73, 242
バグとエラー	233
パワーユーザー	235
ビーフジャーキー	9, 51
ビジネスモデル	24, 151
ビジネスモデルキャンバス	23
ビデオコール	60
ビデオチャット	60
ビデオデッキの録画失敗	82
非を認める（Admit）	232
ファイナンスセキュリティ	133
フィードバックループ	10
フェイクが有効	186
フォーカスグループ	107
フォローアップ	61, 86, 112
フォロミーホーム	58
フット・イン・ザ・ドア	125
不適切な顧客	191
不満	154
プライバシーポリシー	185
プレオーダーMVP	165

プレゼンテーション 204
ブログへの投稿 53
プロダクトマネージャー 7,15,206,223
文化的制約 91
文脈を共有 140
ペアインタビュー 106,139
ベータテスト 250
訪問 58,212
　　オフィス 212
　　現地 58,212
　　自宅 58
欲しい物リスト 119

ま行

マーケティング 31
マイク・タイソン 23
マインドセット 4
魔法の杖 90,121,243
身近な人からの紹介 41
ミルクセーキ 76
メディスン・オブ・サイクリング 149
メモの共有 235
メモの要約 137
免許証更新 40
メンタルブロック 87
メンバーで共有 140

目的意識 39
目的は調査 202
もっともらしいドメイン名.com 206
物事を改善したい 39
モバイル表示 62

や行

ユーザーインターフェイスの不満 232
ユーザービリティテスト 15,67,108,233
ユーザーリサーチ 8,250
誘導尋問 114,242
要求は1つ、機能は複数 232
要求は複数、機能は1つ 232

ら・わ行

ライフサイクル 29
ランディングページ 56
リアルな観察 216
リーチ不可能な市場 149
リーン顧客開発 4
『リーン・スタートアップ』 6
リーンスタートアップ 209,218
リスクのある市場 198
リスクは製品そのもの 198
リソースが限られる 91
悪い市場 7

● 著者紹介
シンディ・アルバレス（Cindy Alvarez）
顧客を徹底的に理解することで、競争優位を生み出すプロダクトマネージャー。Microsoft が買収した Yammer において UX とプロダクトデザインのディレクターをしている。初期段階のスタートアップからフォーチュン 500 の大企業に至る幅広い企業において顧客開発を企業文化と製品開発プロセスに根付かせる活動をしている。

● 監訳者紹介
堤 孝志（つつみ たかし）
ラーニング・アントレプレナーズ・ラボ株式会社共同代表。総合商社、ベンチャーキャピタル勤務を経て 2014 年に当社設立。同社はスティーブン・ブランクをはじめとするシリコンバレーのリーダーと連携しながら顧客開発モデル等の「本当にツカえる起業ノウハウ」を研究紹介し、プロセス志向アクセラレーターとしてスタートアップから大企業の新規事業に至る幅広い事業創造の支援と投資活動を行う。東京理科大学工学部卒。McGill 大学経営大学院修了。訳書に『アントレプレナーの教科書』『スタートアップ・マニュアル』（翔泳社）、『クリーンテック革命』（ファーストプレス）がある。

飯野 将人（いいの まさと）
ラーニング・アントレプレナーズ・ラボ株式会社共同代表。大手金融機関、米系コングロマリットといった大企業勤務の後、日米複数のスタートアップの経営に参画。2003 年から 2012 年まで国内 VC にてベンチャー投資に従事。2012 年 4 月より西海岸発のハイテクベンチャーの取締役副社長を務めつつ、堤と共にラーニング・アントレプレナーズ・ラボを設立し共同代表として活動する。東京大学法学部卒。米国ハーバード大学経営大学院修了。訳書に『スタートアップ・マニュアル』（翔泳社）、『クリーンテック革命』（ファーストプレス）がある。

● 訳者紹介
児島 修（こじま おさむ）
英日翻訳者。1970 年生。IT、ビジネス、スポーツなどの分野で活躍中。訳書に『デザイニング・ウェブナビゲーション—最適なユーザーエクスペリエンスの設計』『SQL アンチパターン』『Lean UX』（オライリー・ジャパン）など。

リーン顧客開発 ——「売れないリスク」を極小化する技術

| 2015 年 4 月 24 日 | 初版第 1 刷発行 |
| 2015 年 6 月 24 日 | 初版第 2 刷発行 |

著　　　者	シンディ・アルバレス
監　訳　者	堤 孝志 (つつみ たかし)
	飯野 将人 (いいの まさと)
訳　　　者	児島 修 (こじま おさむ)
シリーズエディタ	エリック・リース
発　行　人	ティム・オライリー
印刷・製本	株式会社平河工業社
発　行　所	株式会社オライリー・ジャパン
	〒160-0002　東京都新宿区坂町 26 番地 27　インテリジェントプラザビル 1F
	Tel　(03)3356-5227
	Fax　(03)3356-5263
	電子メール　japan@oreilly.co.jp
発　売　元	株式会社オーム社
	〒101-8460　東京都千代田区神田錦町 3-1
	Tel　(03)3233-0641　(代表)
	Fax　(03)3233-3440

Printed in Japan (ISBN978-4-87311-721-8)
乱丁、落丁の際はお取り替えいたします。

本書は著作権上の保護を受けています。本書の一部あるいは全部について、株式会社オライリー・ジャパンから文書による許諾を得ずに、いかなる方法においても無断で複写、複製することは禁じられています。